커피학
개론

INTRODUCTION TO COFFEE

☕ Preface

　오늘날 커피는 식생활에서 중요한 부분을 차지하고 있다. 또한 커피 사업은 국내 시장에서 가장 안정적이고 성장이 뚜렷한 산업으로 자리 잡았다. 우리는 하루에도 여러 잔의 커피를 마시지만, 커피 한 잔과 관련된 지식은 부족한 것이 사실이다.

　따라서 본서는 커피를 더 잘 이해하고자 커피에 대한 전반적인 지식과 제조 과정 등을 다루었다. 맛있는 커피 한 잔에 들어 있는 융합적 이론과 실무적 방안을 다루어 커피 연구에 큰 도움이 되었으면 하는 바람이다.

　집필하는 과정 중의 부족한 부분은 학계와 산업 현장 실무가의 조언을 듣거나 향후 지속적인 연구를 통하여 보완할 것을 약속드린다.

　그리고 이 책이 나오기까지 물심양면으로 수고하여 주신 한올출판사 임순재 대표님 그리고 편집부 최혜숙 실장님 및 직원들께 깊은 감사의 말씀을 드린다.

2023년 6월
저자 일동

☕ Contents

🫘 01 커피의 이해

🫘 02 커피의 특성

☕ 03 커피의 재배 환경

☕ 04 생두와 원두의 선별

🫘 05 커피 가공법

06 커피 기계 운용

07 로스팅(Roasting)

10 원두 품질 평가

11 에스프레소

12 라떼 아트

13 여러 가지 커피 추출 방식

14 베리에이션 커피 메뉴

15 인스턴트 커피와 디카페인 커피의 이해

16 커피와 건강

17 바리스타 직무 이해

부록

01

커피의
이해

1 커피의 기원 및 어원

1 커피의 기원

커피라는 말이 어디에서 온 것인지 분명치는 않다. 커피가 시작된 시대와 배경에 대해서 이해하는 것은 커피를 단순 음료가 아닌 문화적 가치의 산물로 받아들이기 때문에 중요하다고 할 수 있다. 대부분의 사람은 커피의 기원을 서구 기독교권의 음료로 생각하겠지만 커피의 뿌리는 이슬람권의 음료이다. 커피라는 명칭은 원산지인 에티오피아의 지명에서 시작되었으며, 에티오피아에는 지금도 야생의 커피나무가 우거진 곳이 있어 상당한 신빙성을 지니고 있다. 커피의 시작에 대해서 역사적 문헌으로 전해지는 것은 없지만, 전해지는 전설이나 일화는 여러 가지이다. 양치기 '칼디'의 이야기와 이슬람교 사제이며 의사인 '오마르'의 이야기 그리고 아라비아의 주술사에 관련된 이야기 등이 그것이다.

1) 에티오피아 기원설

커피의 시원지를 두고 아프리카의 에티오피아와 서남아시아의 예멘이 꽤 오랫동안 논쟁의 대상이 되었다. 하지만 DNA 추적 결과 커피나무가 처음 자라기 시작한 곳은 에티오피아인인 것으로 판명이 났다. 대신 예멘은 인류가 최초로 커피를 경작한 곳이라는 타이틀을 갖게 되었다.

대부분의 커피 전문가들은 이 중에서 에티오피아 발견설이 가장 유력하다고 주장한다.

2) 칼디의 전설

서기 600년경 예멘에 있는 Shehodet 수도원 근처에 양떼를 돌보던 '칼디'라는 양치기가 있었다. 그는 저녁마다 양들이 소리를 지르며 날뛰는 모습에 놀라 수도원의 사제를 찾아가 도움을 청했다. 이에 사제들은 흥분한 양들을 관찰한 후 아마도 먹이 때문일 것으로 생각하고 다음날 양떼를 따라 다니며 먹는 것을 관찰했다. 그들은 양들이 전에 보지 못한 나무의 붉은 열매를 먹는 것을 발견하고는 호기심으로 그 나뭇가지를 꺾어와 열매를 맛보았다. 맛을 본 사제들은 자신들도 양떼처럼 흥분 상태를 느꼈다. 그 뒤부터 그 열매를

'졸음을 쫓고 영혼을 맑게 하며 신비로운 영감을 느끼게 하는 성스러운 것'으로 여겼다고 한다.

이렇게 맑은 정신을 갖기 위한 목적으로 칼디가 발견한 붉은 열매는 이슬람 수도승들에게 빠르게 전파되어 비로소 커피 음료로 탄생하게 되었다.

3) 오마르의 전설

옛날 아라비아 메카의 수호 성도 '오마르'가 그곳에서 추방당해 방랑의 길을 걷고 있었다. 어느 날 오바사 지방의 들길을 지나게 되었는데 너무 피곤하고 시장하여 더 이상 걸을 수가 없었다. 그래서 어떤 큰 나무 밑에서 쉬게 되었는데, 주위에 아름다운 꽃들이 피어 있고 열매가 열려 있는 것을 발견했다. 몹시 배가 고팠던 오마르는 그 나무의 열매를 따서 수프를 만들어 먹었는데, 향기와 맛이 일품이고 원기가 다시 솟아나 피로를 회복하게 되었다. 이를 신기하게 생각한 오마르는 그 열매를 채집해서 병든 사람들에게 수프를 만들어 먹여 많은 병자를 구하게 되었고, 그 지역 사람들도 그 열매가 '신성한 음료를 만드는 열매'라는 것을 알게 되었다. 그 후 그의 선행이 성역인 메카에까지 알려져 오마르는 추방당했던 그곳으로 다시 돌아가게 되었고, 그는 이 열매를 약용으로 널리 보급하게 되었다고 한다.

4) 마호메트의 전설

커피가 마호메트(Muhammad)에 의해 알려졌다는 이야기는 가장 오래된 전설이다. 그가 병상에서 알라신에게 기도할 때 천사 가브리엘(코란을 전해준 천사)이 검은색의 음료(as Black as the Kaaba of Mecca)를 가져다주었는데, 그것을 마신 후 그는 40명의 남자를 말안장에서

떨어뜨리고 40명의 여인과 사랑을 나눌 수 있는 힘이 생겼다고 한다.

그 외에도 커피의 기원에 대한 전설은 많지만, 중요한 것은 커피를 발견할 당시 커피의 각성 효과에 주목했다는 사실이다. 당시 이슬람 문화권에서 맑은 정신을 유지시켜 주는 커피 음료는 가치 있는 음료로 받아들이기에 좋은 환경이었다.

② 커피의 역사

서양의 커피 역사는 약 3세기 정도이지만, 중동은 고대 이후 모든 사회 계층에서 커피가 소비되었다. 커피 경작은 서기 575년 부터 시작되었을 것으로 추정하고 있으며, 가장 오랜 정설은 10 세기의 아라비아 내과 의사 라제스(Razes)에 의한 것이다. 그가  "커피는 소화나 심장박동 및 이뇨에 효과가 있다"라고 기록한 상세한 임상 결과는 커피에 관한 가장 중요한 초기의 문헌이 되고 있다. 커피는 11세기에는 아라비아의 예멘으로 전파되어 처음 재배되기 시작했고, 볶은 커피를 꿀로 추출하여 마시기 시작했다. 12~16세기에는 메카에서 카이로, 아덴, 페르시아, 튀르키예(터키) 등으로 전파되었지만, 생산국 예멘은 생 커피콩이 국외로 나가는 것을 금지하고 독점 재배했다. 17세기에 미국은 독립을 위해 홍차 대신 커피 마시기를 권장함으로써 세계 최대의 커피 소비국이 되는 계기가 되었다. 18세기에는 브라질이 개간한 대형 농장에 아프리카 노예를 이용하여 대규모로 재배하기 시작하여 세계 커피의 50%를 생산하는 커피의 나라가 되었다.

③ 커피의 어원

커피(가배, 흑차, 검은차) 또는 커피차(coffee beverage)는 커피나무 열매의 씨(커피콩)를 볶아 가루로 낸 것을 따뜻한 물과 차가운 물 또는 증기로 우려내어 마시는, 쓴맛이 나는 짙은 갈색의 음료이다.

영어식 표현인 '커피(Coffee)'는 그 어원이 에티오피아어로 힘을 뜻하는 '카파(Kaffa)'에서 비롯되었다. 칼디의 전설처럼 '마시면 온몸에서 힘이 솟는다'는 의미다. 실제로 에티오피아에는 카파라는 지역에서 지금도 야생 커피를 수확하고 있다.

표 1-1 커피의 역사

구분	내용
기원 후 6~7세기	• 아프리카의 에티오피아 고원에서 처음 커피 열매 발견 • 이슬람 수도승(예멘으로 전파), 의학적, 종교적 목적 • 중세기 악마의 음료로 하향세를 겪음
6~10세기	• 이슬람교 수도승들이 기도할 때 정신을 맑게 하기 위해 사용
11세기	• 아라비아 예멘으로 전파 • 처음으로 재배하기 시작함 • 약리 효과를 최초로 기록
12~16세기	• 메카, 카이로, 페르시아 등의 아랍 도시와 오스만르투크로 전파 • 원시적인 음용 방법으로 커피콩을 볶은 후 가루를 내어 마셨음
1616	• 예멘에서 처음으로 네델란드에 커피를 전파한 것을 시작으로 유럽으로 확산 • 예멘의 모카항에서 베니스항으로 커피가 수입되며 상업적 카페가 처음 생김
16세기 후반	• 교황 클레멘트 8세가 크리스트교 음료로 선포하면서 유럽에 널리 퍼짐
17세기	• 유럽으로 전파 • 영국 옥스퍼드와 이탈리아 베니스에 최초의 커피 하우스 탄생
17세기 후반	• 미국은 독립을 위해 홍차 대신 커피 마시기를 권장
17세기 말	• 네덜란드인이 커피나무를 인도네시아 자바와 서인도섬에서 재배 시작
18세기 초	• 중앙아메리카와 카리브해 연안에서 커피 재배
18세기	• 브라질이 대규모로 재배 → 세계 생산량의 50% 생산
1877	• 네덜란드인이 일본에 커피 전파, 1880년대 이노우에가 첫 카페를 오픈
1897	• 아관파천 시기 고종 황제가 처음으로 커피를 마심

　카파(Kaffa)는 에티오피아에서 커피나무가 야생하는 곳의 지명인 동시에 '힘'이라는 뜻을 가지고 있다. 이 단어는 희랍어에서 '힘과 정열'을 뜻하는 카웨(Kaweh)와도 연관이 있다고 추측하고 있다. 커피의 각성 효과 때문에 카파(Kaffa), 즉 힘을 뜻하는 단어로 불리게 된 것이다.

　이 말은 다시 오스만 제국에서 카훼(Kahweh)로 불리다가 유럽으로 전해지면서 카페(Cafe)로 불리게 되었다. 아랍에서 기운을 돋우는 커피의 효능을 나타내는 카와(Kahwa)로 불리다가 술의 의미가 있는 카와(Qahwa)가 오스만 제국에서는 카흐베(Kahve)로 불렸으며, 이후에는 유럽 각지로 전파되면서 프랑스에서는 Cafè, 이태리에서는 Caffè, 독일에서는 Kaffee, 네덜란드에서는 Koffie, 영국에서는 Coffee로 불리게 되었다. 현재 커피는 일본

에서는 고히(ㅋㅡㅌㅡㅣ), 러시아에서는 Kophe, 체코슬로바키아에서는 Kava, 베트남에서는 Caphe로 불리고 있다. 에티오피아인들은 커피를 Bun, 커피 추출액을 Bunchung으로 부르는데, 이 말은 독일의 Bohn, 영국의 Bean의 어원이 되었다. 커피는 또한 Mocha라고 불리는데, 이 이름은 커피를 운반하던 홍해의 모카항에서 유래된 것이다.

1) Bun

에티오피아인들은 커피를 Bun, 커피 추출액을 Bunchung으로 부르는데, 이 말이 독일에서는 Bohn, 영국의 Bean의 어원이 되었다.

2) Mocha

커피는 또한 Mocha라고 불리는데, 이 이름은 홍해의 커피를 운반하던 모카항에서 유래되었다.

② 커피의 전파 과정 및 한국의 커피

① 커피의 전파 과정

커피는 7세기 이전부터 에티오피아 고지대에서 자생했던 것으로 보인다. 전설에 따르면 염소 목동이었던 칼디(Kaldi)가 우연히 염소들이 먹던 열매를 발견해 마을로 가져왔다가 피곤함을 덜어주는 커피의 효능이 마을의 종교 수행자들에게 도움이 되자 널리 쓰게되었다고 전해진다. 그 후 커피는 이집트와 예멘으로 전파되었다. 커피는 주로 이슬람 수도승들이 수양 중 잠을 쫓는 원기 회복 식품으로 인식하여 곧 성스러운 것으로 여겨졌으며, 약 11세기경에는 에티오피아에서 홍해를 건너 예멘으로 이식되고 대량 경작이 시도되었다. 이 당시 커피는 주로 사라센 제국의 이슬람 사원 독점물이었다. 약 13세기 말경 사라센제국의 쇠락으로 재정적으로 어려움에 처하자 이슬람 사원은 커피를 일반인들에게 판매하기 시작했다. 15세기 쯤에는 페르시아, 튀르키예, 북아프리카에 이미 들어와 있었다. 일반인들에게 퍼진 커피는 열렬한 지지를 받으며 홍해를 중심으로 여러 국가에 전파되었다.

사라센 제국 몰락 이후 오스만 제국의 수도인 이스탄불에서는 16세기 전후에 커피를 마시는 장소(카프베)가 등장하기 시작했고, 커피는 그때부터 점점 대중들의 생필품이 되었다. 이 시기에 커피가 오스만 제국으로부터 이탈리아로 밀무역 형태로 흘러 들어가 예술·문학인들을 중심으로 이탈리아 전역에 유행되었다. 한편 로마의 교회 지도자들은 커피를 사탄의 음료라고 배척하며 교황에게 커피 음용 금지를 청원했지만, 이미 커피의 매력에 젖은 교황은 커피에 세례를 주었다.

커피가 본격적으로 세계 각국으로 전파되었던 시기는 17세기를 전후한 제국주의 시대로, 유럽 각국이 새로운 항로를 발견하고 식민지를 개척하면서 동시에 커피나무를 심기에 적합한 지역들을 발견했을 때부터이다. 네덜란드, 프랑스, 영국, 포르투갈 등 유럽의 제국주의는 식민지를 개척하고 그곳에 커피 묘목을 이식하기 시작하여 커피 벨트라는 오늘날의 커피 생산 지역을 형성했다.

한편 세계 제일의 커피 소비국인 미국은 콜럼버스가 신대륙을 발견한 이래로 유럽인들이 행운을 찾아 신대륙으로 몰려오면서 비로소 커피의 역사가 시작되었다.

1) 에티오피아

원산지 에티오피아에서는 농부들이 자생하는 커피 열매를 끓여서 죽이나 약으로 먹었다. 9세기 무렵 커피는 아라비아반도로 전해져 처음 재배되었으며 나중에는 이집트, 시리아, 튀르키예에 전해졌다. 이곳에서는 커피 열매를 끓여 그 물을 마시거나 열매의 즙을 발효해서 카와라는 알코올 음료를 만들어 마셨다. 이 음료는 13세기 이전까지는 성직자만 마실 수 있었으나 그 이후부터 일반 대중들에게도 보급되었다.

2) 유럽

유럽에는 12세기 십자군 전쟁 때 처음 들어왔으나 이교도의 음료라 하여 배척당했다. 그러나 밀무역으로 이탈리아에 들어온 뒤 교황으로부터 그리스도교의 음료로 공인받게 되었고, 곧 유럽 전역으로 퍼져나갔다.

3) 모카

15세기에 이르러 수요가 늘자 아라비아 상인들은 이를 독점하기 위하여 수출 항구를 모카로 한정하고 다른 지역으로의 반출을 엄격하게 제한했다. 그러나 16세기부터 인도에서 밀반출한 커피를 재배하기 시작했고, 17세기 말에는 네덜란드가 인도에서 커피 묘목을 들여와 유럽에 전했다.

2 한국의 커피

우리나라에 커피가 처음 들어온 것은 구한말 아관파천을 전후하여 러시아와 일본이 우리나라의 이권을 찬탈하려 각축을 벌이던 때였다. 러시아인이 전했다고 하는 이도 있고, 일본인이 전했다고 하는 사람도 있지만, 문헌에 의하면 "우리나라에서 최초로 커피를 마신 사람은 고종 황제로, 1896년 아관파천으로 러시아 공사관에 머물면서 커피를 마셨다"라고 되어 있다.

고종 독극물 사건

커피가 우리나라에 처음 들어온 때는 우리 민족이 가장 암울했던 일제 강점기였다. 시대적 분위기 탓이었는지 커피에 대한 국민의 인식이 좋지 않았다. 아관파천 시절 세도를 부렸던 역관 김홍륙이 하루 아침에 몰락하자 앙심을 품고 덕수궁 주방에서 숙수(熟手: 큰일에 음식을 만드는 사람)를 매수하여 황제와 세자가 즐겨 마시는 커피에 독을 넣게 했다. 고종 황제는 입에 머금었던 독차를 뱉어 내어 괜찮았지만, 한 모금을 마셔버린 세자는 그것이 유약 체질의 원인이 되고 말았다. 당시 커피에 대한 국민의 인식이 어떠했을지는 짐작하고도 남는다.

우리나라 최초의 다방은, 러시아 공사 베베르(Karl Ivanovich Waeber)의 미인계 전략을 위해 한국 사교계에 침투했던 손탁이란 여성이 러시아 공사관 앞에서 경영했던 '정동구락부'이다. 이곳은 당구장과 다방을 겸한 곳으로 각종 다류와 양식을 선보였다고 한다. 한편에서는 일본인 나까무라가 서울에 문을 연 '나까무라'가 최초의 근대식 다방이라고도 한다. 이러한 일본식 다방(깃샤텐)은 한일 합병 직후에 명동에 다수 문을 열었으나 이들은 모두 일부 고위층만 드나들던 곳으로 일반인들은 감히 출입할 엄두도 낼 수 없었다. 그런데 이러한 카페들이 단순히 커피 영업만 하는 것이 아니라 풍기문란을 일으키는 등 여러 가지 사회적인 문제를 일으켰다. 이에 당국이 이들 카페에 대하여 엄중한 주의와 개선 조항을 하달한 정황이 포착되었다(강찬호, 2013).

그림 1-1 카페 엄중 단속

출처: 강찬호(2013). 문헌을 통해 본 우리나라 커피의 역사: 개화기와 일제시대를 중심으로. 관광연구, 28(3), 205-229)

이 당시에 커피를 처음 마셔 본 우리나라 사람들은 이를 이상한 서양의 국물이라 하여 '양탕국'이라고 이름 붙였다.

커피가 처음 판매되었던 당시, 커피 한 잔 값이 너무나 비싸 부유한 사람만이 마실 수 있었다고 한다. 그러던 중 6·25 전쟁이 발발하여 미군이 진주하면서 1회용 인스턴트 커피가 등장하여 무질서하게 유출됨으로써 일반화되었다. 그 당시 미군으로부터 유출된 인스턴트 커피는 카페인이 너무 많이 함유되어 과음하게 되면 불면증에 걸려 많은 사람이 고통을 겪었다고 한다. 1960년 다방 문화는 15년 동안 인스턴트 커피와 국산 차류를 주로 판매하며 지하실이나 건물의 2층 등에서 고객에게 단순한 공간 서비스를 제공했다.

1970년에는 국내 최초로 미국 제너럴푸드사와 기술 제휴하여 인스턴트 커피 생산에 성공해 커피를 생산·판매했고, 동서식품은 1976년 세계 최초로 커피믹스를 개발했다. 이후 미원 음료, 한국 네슬레 등이 뒤를 이어 커피 생산에 나서면서 한국은 인스턴트 커피가 성황을 이룬다. 국외에서는 원두커피가 주종을 이루지만, 한국에서는 인스턴트 커피가 시장을 장악했다. 또한, 1976년에는 한국에 처음 자판기가 등장하게 되어 1,100여 대의 자판기들은 1일 평균 15만 잔의 커피를 쏟아냈다. 그리고 고급 엘리트 다방 '난다랑'이 생겨났는데, 일본에서 커피를 볶는 기술을 배워와 원두커피를 판매했다. 1988년 서울 올림픽을 계기로 원두커피 수입이 개방되어 원두커피 소비가 가파르게 상승했다. 1999년 7월 스타벅스가 서울 이대점을 시작으로 국내에 원두커피 문화를 정착시켰다. 그 이후 국내 토종 브랜드 프랜차이즈 커피 전문점과 외국 브랜드의 커피 전문점이 기

🫖 표 1-2 개화기와 일제 강점기의 커피 관련 역사적 사건

연대	사건 및 사료	주요 인물과 배경
1980	일본의 개항	• 1854년 페리 제독에 의한 개항으로 외국 문화가 본격적으로 유입
	배론 신학교	• 1855년 충북 제천에 설립한 배론 신학교는 프랑스 신부들이 주축이 되었으므로, 당시 신부들을 통해 커피가 유입되었거나 소개되었을 개연성이 높음
1870	이와쿠라 시절단	• 일본에서 1871년 파견된 이와쿠라 사절단은 약 2년여 동안 20여 개국을 방문하여 일본의 서양 문화 유입과 적용에 절대적 영향을 미침 • 동행한 60명의 유학생들은 미국과 유럽에서 유학한 후 일본의 중요한 지도자들이 되었기 때문에 일본 상류층에 서구화된 문화 양식이 보편화되는 계기가 됨
	강화도조약	• 일본 문화 침략의 시작
	수신사 파견	• 1876, 1880년 조선이 문화 공급자에서 문화 수혜국으로 입장이 바뀜 • 파견된 수신사가 커피 문화를 접했을 개연성이 큼
1880	조사시찰단 파견	• 1881년 일본에 파견된 조사시찰단이 커피 문화를 접했을 개연성 또한 큼 • 유길준의 경우 조사시찰단으로 갔다가 후쿠자와 유지키가 운영하던 게이오 의숙에 입학하여 유학
	영선사 파견	• 1881년 청나라에 파견된 영선사들은 당시 이미 외국 문화 유입이 활발했던 청나라를 통해 커피 문화를 접했을 개연성이 큼
	보빙사 파견	• 1882년 조미수호통상조약 체결 이후 보빙사를 미국에 파견함. 당시 보빙사들이 미국에서 커피 문화를 접했을 개연성이 매우 큼 • 1883년 유길준은 보빙사로 갔다가 미국 유학. 보빙사를 보좌한 미국인 로웰(Percival Lowell)이 조선에 초빙되어 고위 관리의 집에서 커피를 마신 기록이 있음
	Life in Corea	• 칼스(William Richard Carles)가 1883년 당시 조선에 머물렀던 묄렌 도르프(Paul George von Moellendorf)의 집에서 커피를 마신 기록이 있음
	윤치호 일기	• 윤치호는 현재까지 우리나라 사람 중에 커피를 가장 먼저 마신 사람으로 기록됨
	미국 선교사들의 신식 교육 기관 설립	• 제중원(1885), 배재학당(1885), 경신학교(1886), 이화학당(1886), 정동여학교(1887) 등을 설립한 알렌(Allen, Horace Newton), 아펜 젤러(HenryGerhard Appenzeller), 언더우드(Horace Grant Underwood), 스크랜튼 부인(Scranton,M.F.), 엘러스(A.J. Ellers) 등 미국 선교사와 친밀한 관계를 유지했던 고종은 아관파천 이전에 이들을 통해 커피 문화를 접했을 개연성이 높음
	다이부츠 호텔	• 일본인 호리 큐타로(堀久太郎)가 1889년 건립 추정. 식사와 함께 커피 제공
1890	The Korean Repository	• 1895년 벙커(Annie Ellers Bunker)가 명성황후 알현 당시 커피를 대접 받은 기록이 있음
	Korea and Her Neighbours	• 비숍(Isabella Bird Bishop)이 명성황후 알현 당시 양식과 커피 대접을 받은 기록이 있음
	대조선독립협회회보	• 1897년 3월 31일 자에는 세계 각국의 기후와 특산품들이 자세히 조사되어 실려 있는데, 튀르키예(土耳其)·멕시코(墨西哥)·하와이(布哇)·인도(印度)의 특산물로 커피콩(珈琲豆)을 소개함
	각부청의서존안	• 1898년 동래감리서에서 외국인 접대 연회비의 지출 조서에 가배차와 가배 다관을 구매하기 위해 청구한 항목이 있음

연대	사건 및 사료	주요 인물과 배경
	고종실록	• 1898년 김홍륙 등이 커피에 아편을 넣어 고종을 독살하려다 미수에 그친 사건 수록
	대한계년사	• 1898년 만민공동회에 함께 참석한 각국 대신들에게 커피를 하사한 기록이 있음
1900	손탁 호텔	• 1902년 영빈관인 호텔을 손탁이 운영함
	태극학보	• "茶, 珈琲 等은 適當히 飮ᄒ면 良好ᄒ나 量에 過ᄒ면 消化作用을 妨害ᄒ고…(1906)
	서유견문 출간	• 커피가 중국으로부터 우리나라에 유입되었음을 기록
1910	청목당	• 1914년 구보덴킨지로(久保田金次郎)가 설립한 것으로 양식과 커피 제공
	조선 호텔	• 1914년 당시 일본인이 경영한 조선 최고의 호텔로 양식과 커피 제공
	순종실록 부록	• 1915년 이완용이 순종에게 가배기구(珈琲器具) 1조를 하사 받은 기록이 있음
1920	평상점(平商店)	• 平幸四郎과 馬崎勝이 1920년 7월 20일 경상남도 창원군 진해면에 커피를 제조 판매하는 평상점(平商店)이 설립됨
	The New Statesman	• 1920년대에 일본 정부는 브라질로 커피 이민을 장려했으며, 1930년에는 브라질로 이민한 일본인의 수가 10만 명까지 이름
	후다미, 금강산	• 1923년 후다미와 금강산이라는 이름의 본격적인 다방과 카페 출현
	가정용 커피	• 가정에서도 본격적으로 커피를 마시게 됨으로써 집에서 커피를 맛있게 끓이는 법에 대해 각종 신문에 소개(1926, 1927)
1930	브라질 커피 값의 폭락	• 1930년 세계 커피 생산량 증대로 브라질 커피값 폭락
	브라질의 커피 재배 금지	• 1932년 커피값 폭락에 따른 완화 조치로 브라질이 향후 3년간 커피 재배를 금지함으로써 국내로의 커피 수입이 원활하지 못하자 커피 소비를 줄이기 위한 신문 기사들이 등장하게 됨
	공설 카페의 출현	• 1933년 카페의 퇴폐적인 에로 서비스로 인해 공설 카페가 출현함
	커피 대용품 출현	• 커피 수입이 원활하지 못하자 치커리, 오크라 등을 커피 대용으로 사용하거나, 커피향을 첨가한 대용품이 출현함(1938, 1939)
1940	커피값 폭리	• 커피 값으로 폭리를 취한 다방 업주들 구속(1940)
	국내 커피 제조 회사의 설립	• 1940년 콩으로 국산 커피를 제조하기 위한 일본인 소유의 회사 설립. 동아커피유한회사와 함남식품공업회사(함경남도 원산), 흥아커피유한 회사(황해도 해주)
	태평양 전쟁 발발	• 1941년 전쟁 발발로 커피 수입이 차단됨에 따라 조선과 일본의 다방과 카페 운영자들이 폐업하거나 전업함
	미 군정기	• 1945년부터 1948년 남한에 단독 정부가 수립되기 전까지 미 군정이 통치하는 시기가 도래하면서 커피 문화가 대중화될 수 있는 계기가 됨
	커피 자판기 생산	• 1948년 미국 텍사스주 자동판매기 회사에서 커피 자동판매기 제작 발표

출처: 강찬호(2013). 문헌을 통해 본 우리나라 커피의 역사: 개화기와 일제시대를 중심으로. 관광연구, 28(3), 205-229

하급수적으로 늘어나 현재 국내외 브랜드와 프랜차이즈 매장(로스터리 카페), 중소 규모의 개인 매장이 성업 중이다.

③ 커피 산업의 시장 규모

① 세계 커피 시장 규모

지난 2018년 기준 전 세계 커피류 제품 시장 규모는 2015년 1,256억 달러 대비 약 15.4% 성장한 1,449억 달러(미국 달러화 기준)로, 이 중 규모가 가장 큰 나라는 일본인 것으로 조사되었다.

2019년 가공식품 세분 시장 현황에 의하면 시장 조사 기관 글로벌 데이터 기준 전 세계 커피류 시장 규모는 2015년부터 지속적으로 증가했으며, 2018년 기준 1,499억 달러(성장률 15.4%)에 달했다. 향후에도 지속적인 증가세를 보여 오는 2023년에는 2018년 대비 약 24.6% 신장된 1,850억 달러 규모의 시장으로 성장(5년 연평균 4.9%)할 것으로 전망되고 있다.

2019년 기준 세계 커피 시장에서 가장 큰 비중을 차지하고 있는 품목은 분쇄 원두(36.1%)이며, 이어서 커피 음료(28.8%), 인스턴트 커피(21.1%), 원두(14.1%) 순이었다. 또한 국가별 세계 커피 시장 규모 Top 5는 일본이 371억 달러, 시장 점유율 25.6%로 부동의 1위를 지켰고, 미국(244.7억, 16.9%)이 2위, 독일(79.7억, 5.5%)이 3위로 나타났다. 이어 브라질(66.7억 달러, 4.6%) 4위, 프랑스(65.2억 달러, 4.5%) 5위의 순으로, 이들 5개국 중 브라질과 프랑스만 자리를 맞바꿨고, 나머지 3개 국가는 동일한 순위를 보였다.

세계 커피 시장은 2020~2024년간 5.32%의 연평균 복합 성장률(CAGR)로 성장하여 2024년에는 1억 3,425만 달러에 달할 것으로 예측된다. 2014년 대비 2018년도에 시장 규모가 가장 성장한 품목은 커피 음료로 118.6% 증가하였으며, 이어서 분쇄 원두(85.4%)가 성장했다. 반면, 원두(-85.1%)와 인스턴트 원두(-26.3%)는 감소한 것으로 나타났다.

그림 1-2 세계 커피 시장 규모 현황 및 전망

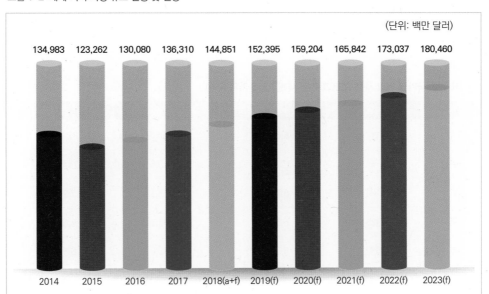

(단위: 백만 달러)

| 2014 | 2015 | 2016 | 2017 | 2018(a+f) | 2019(f) | 2020(f) | 2021(f) | 2022(f) | 2023(f) |
| 134,983 | 123,262 | 130,080 | 136,310 | 144,851 | 152,395 | 159,204 | 165,842 | 173,037 | 180,460 |

※ Global Market Data, Canadean intelligence
※ 2018년도는 Actual과 Forecast 데이터의 합계 값임
※ 본 보고서에 인용된 Global Market Data 자료는 국가별 화폐 단위를 달러로 변환한 값으로 환율 변화에 따라 시장 규모에 차이가 발생할 수 있음

©www.hanol.co.kr

표 1-2 세계 커피 종류별 시장 규모(2019)

(단위: 백만 달러, %)

구분	내용
원두 (Coffee Beans)	20,370.0 (14.1)
분쇄 원두 (Roast and Ground Coffee)	52.255.6 (36.1)
인스턴트 커피 (Instant Coffee)	30,542.2 (21.1)
커피 음료 (Iced/RTD Coffee Drinks)	41,683.4 (28.8)

출처: 국내외 커피 시장 산업동향 분석보고서(2021), p.42

국가별로 선호하는 커피 품목이 조금씩 차이가 있는데, 일본은 커피 음료의 호응이 높은 반면, 미국을 포함한 대부분의 커피 소비국에서는 커피 음료보다 원두를 베이스로 한 시장 규모가 큰 특징이 있다.

표 1-3 국가별 커피 시장 규모(2019년 세계 Top 5 커피 국가) (단위: 백만 달러)

순위	국가명	원두 베이스 규모	커피 음료 규모	합계
1위	일본	8,623.4	28,485.8	37,109.3
2위	미국	15,387.8	9,080.5	24,468.3
3위	독일	5,772.2	2,195.1	7,967.3
4위	프랑스	5,519.7	1,093.1	6,612.8
5위	브라질	5,351.6	1,182.9	6,534.5

출처: 국내외 커피 시장 산업동향 분석보고서(2021), p.43

2 국내 커피 수출입 시장 분석

국제커피협회(IOC)가 발표한 통계에 따르면 한국은 유럽연합, 미국, 일본, 러시아, 캐나다, 알제리에 이어 커피 수입 7위 국가이다. 지난 10년간 국내 커피류(생두, 원두, 인스턴트 커피, 커피 조제품) 수입량은 비교적 꾸준히 증가했다.

신종 코로나 바이러스 감염증(코로나19) 사태로 카페는 가장 큰 타격을 받은 업종 중 하나이다. 사회적 거리두리 강화로 수개월 간 카페 착석이 금지되었고, 테이블 수도 절반씩 줄여야 했다. 그러나 원두커피 수입 규모는 역대 최대치였다. 관세청에 의하면 지난해 커피 수입량은 17만 6,000t(7억 3,000만 달러어치)으로 사상 최대치를 기록했다. 전년 대비 28%(수입액은 35%) 증가했다. 이는 커피 주요 소비처가 편의점과 가정으로 바뀌며 소비량이 오히려 증가했기 때문이다.

그림 1-3 커피 수입량·수입액 추이

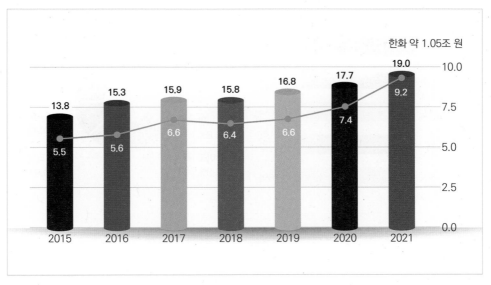

한편 커피(음료, 조제 커피 등) 수입량은 2019년 2만 3,845t, 2020년 2만 4,265t으로 비슷한 수준이지만 국내 생산량은 수입량보다 34배 많은 것으로 나타났다. 이는 커피 소비가 늘어나면서 국내 생산 시 원료로 사용되는 '커피 원두'의 수입이 꾸준히 증가(최근 3년간 연평균 5.5% 증가)한 것이 반영되었다고 볼 수 있다.

지난해 커피 수입액을 국가별로 살펴보면 스위스가 1억 3,012만 달러로 가장 많았고, 이어 콜롬비아(1억 2,815만 달러), 브라질(1억 1,568만 달러), 미국(1억 1,217만 달러), 에티오피아(7,565만 달러), 베트남(6,228만 달러) 등의 순이었다. 수입량은 브라질이 3만 9,884t으로 1위였고, 그 다음은 베트남(3만 6,469t), 콜롬비아(3만 40t), 에티오피아(1만 6,667t), 미국(1만 655t), 온두라스(1만 295t), 페루(7,233t) 순이었다. 커피는 주로 적도 인근의 중남미, 아프리카 국가에서 생산된다. 커피 수입액과 수입량 상위에 브라질, 콜롬비아, 에티오피아 외에도 미국과 스위스가 포함된 것은 이들 나라에서 가공된 원두나 인스턴트 커피 등을 수입하기 때문으로 풀이된다.

커피류의 국내 수출 실적을 살펴보면 주요 수출국 내 커피 제품의 현지 생산 증가로

그림 1-4 한국의 주요 커피 수입원·수입액

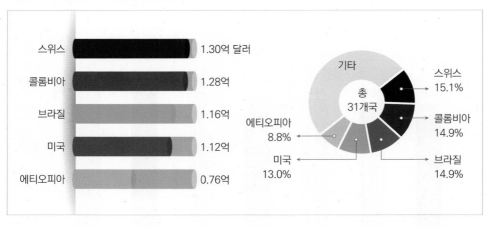

한국산 취급이 감소 추세이나 커피 수요가 증가하면서 RTD 제품, 커피믹스 및 드립 커피 등 다양한 수출 품목이 소폭 증가한 것으로 확인된다.

표 1-5 커피류 국내 수출 실적

주요국	2019(A)		2020(B)		증감률(B/A)	
	물량	금액	물량	금액	물량	금액
합계	76,544	274,320	73,595	278,561	△3.9	1.5
중국	6,582	34,394	5,971	35,401	△9.3	2.9
인도네시아	18,511	37,615	16,881	34,704	△8.8	△7.7
러시아	16,753	30,381	16,044	26,294	△4.2	△13.5
이스라엘	1,719	22,136	1,645	21,754	△4.4	△1.7
미국	2,308	12,337	3,328	19,429	44.2	57.5
대만	6,635	14,044	5,902	13,164	△11.0	△6.3

출처: 농림수산식품 수출입동향(2020), p.46

① **중국**　편의성 있는 드립 커피, 커피 믹스 제품 판매 증가 및 온라인 몰 입점 등 판매 경로 다양화

② **인도네시아**　현지 생산 커피 크리머 취급 확대로 한국산 커피 크리머 수출 감소. 대인니 커피 크리머 수출 실적은 2019년 3억 6,800만 달러에서 2020년 3억 3,700만 달러로 8.5% 증가

③ **러시아**　커피 크리머 현지 수요 감소, 동결 건조 커피 제품이 현지 제품으로 소비가 대체되면서 수출 감소

④ **미국**　집에 머무는 시간이 늘면서 간편하게 마실 수 있는 스틱형의 커피믹스 제품 판매 증가

④ 커피 산업의 현황 분석

① 세계 커피 시장 현황

　커피 시장 국가별 현황은 세계적으로 커피 시장 규모가 큰 5개 국가인 미국, 일본, 프랑스, 독일, 브라질을 중심으로 살펴보았으며, 추가로 커피 시장 규모의 성장성이 높은 중국과 베트남을 살펴보았다.

🫖 표 1-6 세계 커피 시장 현황

구분	시장 규모 (2018)	세분 시장 비중	주요 판매 채널	주요 제조사/브랜드	시장/소비 특성
미국	· 244.7억 달러 (최근 5년 CAGR*= 5.9%)	· 분쇄 원두 (48.2%) · 커피 음료 (33.0%) · 원두 (14.7%)	· 체인 커피 전문점 (79.0%) · 독립 커피 전문점 (18.7%) · 독립 카페(2.3%)	\<Coffee> · Folgers(9.4%) · Starbucks-Starbucks Crop(7.2%) \<Cafes/Bars> · Starbucks(77.0%) · Tropical Smoothie Cafe(2.0%)	· 커피 빨대나 플라스틱 컵과 같은 일회용품 사용 규제 강화 · RTD 커피, 기능성 커피의 시장 호황세
일본	· 371.1억 달러 (최근 5년 CAGR= 1%)	· 커피 음료 (65.8%) · 분쇄 원두 (12.5%) · 인스턴트 커피 · (11%)	· 독립 카페(41.4%) · 체인 커피 전문점 (39.9%) · 체인 카페(21.9%)	\<Coffee> · Nescafe Gold(14.8%) · Nescafe(12.8%) \<Cafes/Bars> · Starbucks(9.3%) · Doutor Coffee Shop(5.1%)	· 우치쥬족** 증가로 인해 홈카페족 증가 · 편리성 소구 증가로 커피백 제품 인기
중국	· 59.1억 달러 (최근 5년 CAGR= 13.9%)	· 커피 음료 (45.0%) · 인스턴트 커피 (39.8%) · 원두 (10.8%)	· 체인 커피 전문점 (48.9%) · 독립 카페(29.1%) · 독립 커피 전문점 (15.6%)	\<Coffee> · NesCafes(68.4%) · Kopiko(2.1%) \<Cafes/Bars> · Starbucks(59.2%) · McCafe(6.4%)	· 루이싱 커피의 무서운 질주 · 커피 전문점의 왕홍*** 마케팅 확대
프랑스	· 71.8억 달러 (최근 5년 CAGR= -2.1%)	· 분쇄 원두 (55.9%) · 원두 (18.6%) · 인스턴트 커피 (15.5%)	· 독립 카페(89.0%) · 체인 커피 전문점 (11.0%)	\<Coffee> · Nespresso(19.4%) · Carte Noire(14%) \<Cafes/Bars> · Au Bureau(33.5%) · Starbucks(27%)	· 기존 노천 카페 발달 문화에서 미국식 커피 전문점 등장 추세 · 환경 문제로 캡슐 커피 용기에 대한 우려 증가
독일	· 79.7억 달러 (최근 5년 CAGR= -1.6%)	· 분쇄 원두 (58.5%) · 인스턴트 커피 (18.6%) · 원두 (14%)	· 독립 카페(61.8%) · 체인 커피 전문점 (23.4%) · 체인 카페(11.5%)	\<Coffee> · Jacobs(16%) · Melitta(7.7%) \<Cafes/Bars> · McCafe(18%) · Starbucks(14%)	· 고품질 원두를 사용한 프리미엄 커피 소구 증가 · 브루(brew) 커피의 수요 증가

구분	시장 규모 (2018)	세분 시장 비중	주요 판매 채널	주요 제조사/브랜드	시장/소비 특성
브라질	· 66.1억 달러 (최근 5년 CAGR= 0%)	· 분쇄 원두 (75.6%) · 인스턴트 커피 (16.5%) · 원두 (7.9%)	· 독립 카페(87.8%) · 체인 커피 전문점 (8.3%) · 체인 카페(3.1%)	\<Coffee\> · 3 Coracoes(10.7%) · Pilao(8.5%) \<Cafes/Bars\> · McCafe(14.7%) · Rei do Mate(12.1%)	· 에스프레소 형태로 주로 가정에서 음용 · 인스턴트 커피에 기능성 추가하여 시장 다양성 확보
베트남	· 85.6억 달러 (최근 5년 CAGR= 8.7%)	· 인스턴트 커피 (49.3%) · 원두 (31.3%) · 분쇄 원두 (16.8%)	· 독립 카페(63.8%) · 독립커피 전문점 (20.4%) · 체인 커피 전문점 (15.3%)	\<Coffee\> · NesCafes(35.7%) · Vinacafe(20.3%) \<Cafes/Bars\> · Highlands Coffee(15.2%) · Vuvuzela Beer Club(6.9%)	· 인스턴트 커피에서 원두커피로 소비 이동 · 2016년 위조 커피 소동으로 로컬 제품에 대한 신뢰도 하락 · 글로벌 커피 전문점의 유입으로 경쟁 본격화

출처: 한국농수산식품유통공사(2019), p.4

* CAGR: 연평균 증가율
** 우치쥬: 일본에서, 집에서 충실하게 생활하는 이들을 뜻함
*** 왕홍: SNS상에서 인지도가 높고 인기가 많은 이들을 뜻함

② 국내 커피 시장 현황

우리나라 국민이 마시는 커피 양은 갈수록 늘어나고 있다. 통계에 따르면 2018년 한 해 우리나라 성인 1인이 소비한 커피는 약 353잔으로 세계 인구의 연간 1인당 소비량인 132잔과 비교했을 때 약 3배 높은 수준으로 나타났다. 2015년 291잔 대비 약 21% 증가한 것이다.

특히 지난 2020년 시작된 코로나19로 카페는 매장 내 시식 금지, 5인 이상 이용 금지 등 사회적 거리두기 대상이 되었다. 하지만 이 같은 제재에도 불구하고 카페 창업은 크게 늘었다. 스타벅스, 투썸 플레이스, 이디야 등 커피 전문점 매장은 지난해 100~300여 곳씩 증가했다. 특히 한 테이크아웃 커피 전문점은 매장이 2019년에 만 400곳 넘게 늘었다.

국내 커피 산업은 2018년 연간 매출액 기준 약 6.8조 원으로 성장했으며, 2023년 약 8.6조 원 수준까지 시장 규모가 확대될 전망이다. 특히 커피 시장은 커피 전문점을 중심

그림 1-5 국내 커피 산업 성장 전망 그래프

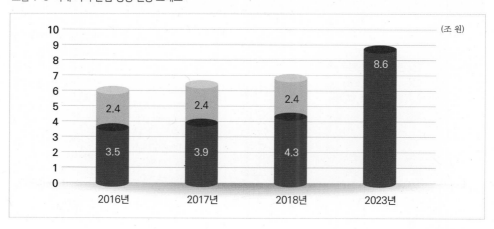

©www.hanol.co.kr

으로 확대되고 있으며, 글로벌 브랜드의 성장이 국내 토종 브랜드를 압도하고 있다.

국내 커피 산업은 대형 프렌차이즈 전문점과 완제품을 생산하는 대형 제조사로 양분되어 있다. 커피 전문점 시장에서 국내 토종 브랜드는 가맹점 중심, 해외 브랜드는 직영점 중심의 사업 전략을 추구한다. 대형 제조사의 경우 인스턴트, 액상, 조제 등을 중심으로 완제품을 생산하는 소매 기업으로 구성된다.

소매 시장의 매출 규모는 2016년 이후 약 2.4조 원 수준으로 정체 상태인 반면, 커피 전문점 시장은 2016년 3.5조 원에서 2018년 4.3조 원 수준까지 확대된 바 있다.

국내 유통 채널의 선두주자로 자리 잡아가고 있는 편의점 업계가 커피 시장의 판도를 바꾸고 있다. 그간 커피 전문점 외 소매점을 통해 가장 많이 팔린 제품은 이른바 '믹스 커피'로 불리는 상품군이였는데, 이제는 '액상 커피'가 대세로 자리 잡는 분위기다. 사무실이나 집에서 믹스 커피를 타 마시는 시대에서 편의점에서 간편하게 액상 커피를 사서 마시는 시대가 된 셈이다. 식품·음료 업체들도 꾸준히 신제품을 내놓으면서 다양한 제품들을 선보이고 있어 앞으로도 시장이 지속적으로 커질 전망이다. 업계에서는 액상 커피 시장이 앞으로도 꾸준이 성장할 것으로 전망하고 있다. 구매와 음용의 간편함을 추구하는 최근 트렌드에도 맞는 데다 다양한 제품이 출시되면서 선택권도 확대되고 있기 때문이다.

코로나 팬데믹으로 카페가 문을 닫으며 수혜를 입은 업종은 배달업과 편의점업이다. 2020년 GS25 편의점에서 팔린 커피는 1억 5,000만 잔, 즉 월 평균 1,300만 잔씩 팔렸다. GS25가 2015년 프리미엄 원두커피 기기와 함께 카페25를 도입한 지 5년 만에 12배 증가했다. 2019년과 비교해도 20% 이상 늘었다. 인스턴트 커피와 원두커피의 판매 비중도 달랐다. 2015년에는 인스턴트 커피가 전체 커피 매출의 83%, 원두커피가 17%를 차지했으나 지난 2020년에는 이 구성비가 각각 28%, 72%로 바뀌었다. 이용자층도 20~30대 중심에서 중장년층으로 확대되었다. 2020년 GS25 커피 이용자 중 40~50대가 67%를 차지하여 2019년보다 25% 포인트 이상 증가했다.

카페 메뉴를 배달 서비스로 즐기는 소비자도 크게 늘었다. 2019년 이디야의 배달 주문 건수는 전년 대비 평균 180% 증가했다. 매장 내 카페 취식이 금지된 2019년 12월 배달 매출은 전월 대비 57% 늘어나 최고치를 달성했다.

❸ 웰빙 트렌드로 인한 커피 시장 변화

최근 음료 시장의 트렌드로 건강이 떠올랐다. 커피 시장 역시 이런 트렌드의 영향을 받아 인스턴트 커피보다는 원두커피에 대한 선호가 증가하고 있는 추세이다. 원두커피는 인스턴트 커피에 비해 원두 추출 시간이 짧기 때문에 카페인 함량이 적으며, 원두 역시 상대적으로 좋은 품질을 사용한다는 인식이 있어 인스턴트 커피보다는 건강에 좋다는 인식이 강하다. 또한 설탕이나 프림이 함유돼 있지 않아 칼로리가 낮기 때문에 몸매 유지에 민감한 젊은 여성들이 선호하고 있다.

2015년 Consumer and Innovation Trends in RTD Coffee(Canadean) 보고서에 따르면 25개국 24,537명의 설문 조사 응답자 중 약 15%가 커피 음료에 든 카페인을 꺼려하며 조제 커피에 함유된 우유나 설탕의 젖당 섭취를 최소화하고 싶어 한다고 답했다. 이에 일본의 음료 제조사 Asahi Wonda의 'Green cafe'는 기존의 RTD 커피 제품들보다 97% 카페인을 감소시킨 카페인 무첨가 커피를 출시했다. 타 브랜드 커피들이 바쁜 라이프 스타일에 따라 잠을 깨기 위해 마시는 고카페인 커피를 출시하는 것과 반대로 건강한 커피 음료로 시장에 진입한 것이다. 그런데 코로나19가 발발하기 전과 발발한 후, 전년 동기 대비 전체 커피 시장의 금액 성장률이 12%로 크게 증가했다. 커피 형태로는 원

그림 1-6 코로나 전후 커피 형태별 성장률

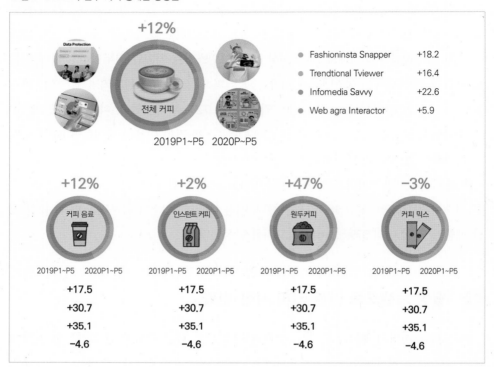

Fashioninsta Snapper			+18.2
Trendtional Tviewer			+16.4
Infomedia Savvy			+22.6
Web agra Interactor			+5.9

©www.hanol.co.kr

두커피는 47% 상승하며 가장 큰 성장률을 보였고, 커피 음료(액상 커피 음료)는 22%, 인스턴트 커피(분말 커피)는 2% 증가했다.

　코로나19 발발 후(약 2020년 1월부터 5월까지) 미디어 그룹별 인 홈(In-home) 커피 시장 구매 변화를 살펴보면 가장 큰 비중을 차지하는 Infomedia Savvy 그룹은 전년 대비 35.1% 커피 음료 구매를 늘리면서 커피 음료 성장에 이바지했다. 전년 대비 47% 성장률을 보인 원두커피 경우에는 Web Agora Interactor 그룹과 Trendtional Tviewer 그룹의 구매 증가가 성장에 크게 기여한 것으로 나타났다. 이는 언택트(비대면) 소비 문화 확산에 따라 집 안에서의 커피 수요도가 증가한 것으로 풀이된다. 이에 따라 커피 시장 경쟁 또한 커질 것으로 예상된다.

　지난 2020년 폴란드 연구진은 최근 커피 소비자들은 '착한 커피'를 좋는다는 연구 결과를 밝혀냈다. 단순히 맛과 향만을 따지는 것이 아닌, 진정한 경험을 추구하는 소비자들이 늘어난다는 것이다. 이러한 소비 행태는 지금까지 꾸준히 확산되고 있다. 이에 따라 커피 생산자들은 오랫동안 고수해온 소비자 중심의 생산 방식에서 벗어나 친환경적이고 윤리적인 방식을 추구하고 있는데, 한 설문 조사 결과에 의하면 커피를 마시는 미국인 중 절반 이상이 윤리적으로 생산되는 커피 원두와 친환경적인 음료를 원한다고 답했다.

④ 코로나19 이후 커피 시장 트렌드

1) 회복세를 보이는 커피 산업

모든 지수가 하향 곡선을 그렸던 지난 2020년과 달리, 2021년 커피 시장은 다시 활기를 띠고 있다. 국제커피기구(International Coffee Organization, ICO)의 발표에 의하면 지난 5월 기준 ICO 종합 지표는 10.4% 성장했다. 커피 수출량은 2021년 4월 1,140만 개로 2020년 4월(1,129만 개) 소폭 증가했다. ICO는 전반적인 생산량 감소에도 불구하고 전 세계 커피 소비량은 상승하고 있다고 설명했다.

2) 기후 위기로 인한 커피 수확량 감소

국제무역센터는 강수량 감소와 비정상적인 높은 기온 등 기후 변화에 따른 농업 수율 저하를 커피 수확량을 낮추는 주요 원인으로 지목했다. 이 같은 생태적 요인들은 민감한 커피 재배 환경에 영향을 미친다. 이상 기후로 인한 불행은 여기서 멈추지 않는다. 고온은 커피 생육 환경에 악영향을 끼치는 해충 발생을 확산시킨다.

3) RTD 커피 시장의 성장

빠르고 편하게 커피를 음용할 수 있는 'RTD 커피(Ready To Drink Coffee)' 시장도 꾸준히 확대되는 추세다. 글로벌 커피 기업 스타벅스는 지난 2005년부터 RTD 커피 생산에 앞장서 왔다. 다른 커피 프랜차이즈들 역시 같은 행보를 뒤따라가는 중이다. 일례로 영국

의 커피 프랜차이즈 코스타 커피는 코카콜라의 캔 음료 노하우를 활용한 RTD 커피를 생산 중이다. 이디야, 폴바셋, 엔제리너스 등 국내 커피 프랜차이즈들도 다양한 종류의 RTD 커피를 선보이고 있다. 전문가들은 RTD 커피 시장이 2021년을 기점으로 큰 성장세를 보일 것으로 전망한다.

4) 싱글 컵 커피메이커의 호황

최근 몇 년 새 싱글 컵 커피메이커가 빠르게 자리잡고 있다. 미국 조사 결과에 의하면 커피를 음용하는 이들 중 40% 이상이 싱글 컵 커피메이커를 가지고 있는 것으로 나타났다. 싱글 컵 커피메이커는 빠른 성장세를 보이고 있다. 2000년에는 미국 커피 소비자의 1% 미만만이 커피메이커를 소유했으나 15여 년이 지난 2019년에는 42%로 집계됐다.

5) 커피 구독 모델의 확산

코로나19로 사람들의 이동이 제한됨에 따라 구독 산업이 크게 성장했다. 커피 시장에서도 다양한 구독 모델이 나타나고 있다. 2주에 한 번 혹은 한 달에 한 번, 정기 배송을 통해 집에서 편하게 커피 원두나 드립백, 캡슐 등을 받아볼 수 있도록 하는 커피 구독 모델은 국내에서도 쉽게 찾아볼 수 있다. 전문가들은 이 같은 구독에 대한 수요가 감염병 사태가 종식된 이후에도 이어질 것으로 내다본다.

6) 드라이브 스루 매장 확대

사람과 사람 사이의 접촉을 최소화하기 위해 드라이브 스루(Drive-Thurs) 매장도 빠르게 확대되는 추세다. 주문부터 픽업까지 차량에 탑승한 채로 이루어지기 때문에 이용 편의성과 효율성은 물론 안전성도 높다.

이 같은 변화는 국내도 마찬가지이다. 일례로 스타벅스는 국내 230여 개의 드라이브 스루 지점 'DT 매장'을 운영 중이다. 전체 매장 수에서 DT 매장이 차지하는 비중은 약 15% 수준이다. 투썸 플레이스와 할리스 커피 등 국내 토종 브랜드들도 드라이브 스루 매장을 늘려가고 있다.

커피학개론

02

커피의
특성

1 식물학적 관점에서의 커피의 의의

1 린네의 분류

1753년 스웨덴의 식물학자 린네(Linnaeus)는 커피나무를 아프리카 원산지의 꼭두서니과(Rubiaceae) 코페아(Coffea)속에 속하는 다년생 쌍떡잎 식물인 상록수로 분류했다. 커피나무는 아프리타 북부 에티오피아가 원산지로 1년 내내 푸르고, 하나의 열매에 2개(간혹 피베리라는 하나짜리가 있다)의 씨앗을 가지고 있다. 심은 지 2~4년이 지나면 흰 꽃을 피우고, 꽃이 지면 녹색의 열매(Cherry)가 열리며, 열매는 익어감에 따라 붉은색을 띤다.

커피나무는 루비아스종의 하나이고, 약 650~6,560피트(200~2,000m) 고도의 열대 지역에서 자란다. 커피나무는 9.5~40피트(3~12m)까지 성장할 수 있는 쌍떡잎 과실수이다. 그러나 재배되는 작물은 보통 채취를 위해 나무의 키를 낮게 유지한다. 관목은 보통 가지가 탄력성이 있고, 얇은 주둥이 모양의 뿌리와 같이 옥수수 모양을 하고 있다. 지름 1cm의 작고 흰 꽃이 잎 겨드랑이에 3~7개씩 송송히 피어나고, 재스민 향기가 나며, 매우 짧은 개화 기간을 가지지만 지역 간에 다소 차이가 있다. 체리라고 부르는 열매는 15~18mm 정도 되는 초록색의 열매로 성숙기에 이르러서 밝은 빨간색으로 변화한다. 부드럽고 노란 빛을 띤 신선한 체리는 얇은 은백색 양피지와 딱딱한 보호막으로 덮여 있고, 2개의 씨와 열매를 포함한다. 열매의 안쪽은 길이나 넓이만큼 홈이 파져 있는 납작한 모양이고, 바깥쪽은 볼록한 형태를 가지고 있다.

2 식물학적 분류

커피는 꼭두서니과(Rubiaceae) 코페아속(Coffea)으로 분류되는데, 코페아속의 모든 식물이 씨앗에 카페인을 함유하고 있지는 않으며, 카페인을 함유하고 있다 하더라도 상업적으로 중요한 것은 극히 드물다. 적도를 중심으로 아열대 지방에서 자연적으로 자라는 커피의 종은 60여 종 정도이다.

코페아(Coffea)는 수많은 종류가 있는데, 식물학적으로는 4개 그룹으로 나뉜다. 그중 하나인 유코페아(Eucoffea)가 우리가 말하는 커피나무이며, 이 유코페아에는 이리트로코페아(Erythrocoffea), 나노코페아(Nanocoffea), 패키코페아(Pachycoffea), 멜라노코페아(Melanocoffea), 모잠비코페아(Mozambicoffea) 그룹이 있다. 이 중에서도 이리트로코페아 그룹의 코페아 아라비카(Coffea Arabica), 코페아 카네포라(Coffea Canephora) 2종이 상업적으로 가치가 있다.

코페아 아라비카는 우리가 흔히 말하는 아라비카종으로 자기수분(Self-Pollination)을 통하여 원형을 유지하는 습성을 가지고 있다. 우리가 가장 잘 알고 있는 타이피카(Typica=Tipica)와 버번(Bourbon=부르봉) 두 품종이 아라비카 고유 품종이다.

타이피카는 주로 중남미와 아시아에서 재배되고 있다. 나무 모양은 원추형이고 콩의 모양은 길쭉하고 얇은 형태이며 갈색을 띠는 나뭇잎은 상대적으로 작고 길쭉한 편이다. 주요 질병과 해충에 약하여 생산성이 낮아 높은 가격대를 형성하고 있다.

버번 스타일은 1715년 프랑스가 예멘에서 모카 품종의 커피나무를 가져와 아프리카 동부 인도양에 위치한 부르봉성에 이식한 데서 유래한 품종이다. 커피 품질은 뛰어나지만 질병에 약하고 강한 바람이나 비에 잘 떨어진다. 티피카에 비해 줄기와 가지가 단단하고 수직의 형태이며, 수확량은 20~30% 정도 높다.

코페아 카네포라는 로부스타종으로 자가불임성(Self-Sterile)나무이며 원형을 유지하려는 습성이 없고, 자연스럽게 변종이 많다. 나무의 생김새에 따라 두 가지로 분류되는데, 코페아 카네포라는 나무의 모양이 위로 뻗어 있고, 코페아 카네포라 느간다(Coffea Canephora Nganda)는 나무의 모양이 옆으로 퍼져 있다. 세계 커피 생산의 약 20%를 차지하는 종으로 흔히 로부스타라 부르지만, 정식으로는 카네포라의 변이종이다.

패키코페아 그룹의 리베리카(Liberica)는 1794년에 아르젤리우스(Arzelius)가 쉐라레오네에서 발견했다. 1872년에는 종자를 런던의 왕립 식물원으로 보내고, 1874년에는 불(Bull)이라는 사람이 리베리카라고 명명했다.

2 커피의 3대 원종 분류

　500종 이상의 속과 6,000종 이상의 종을 포함하는 커피에 대한 과학적인 연구는 린네(Linnaeus)에 의해 시작되었다. 커피는 아라비카·로부스타·리베리카의 3대 원종으로 분류된다. 그러나 리베리카는 거의 생산되지 않아 일반적으로 아라비카에서 분류된 마일드와 브라질, 그리고 로부스타가 세계 커피의 3대 원종으로 구별되고 있다.

 표 2-1 커피의 3대 원종 분류

구 분	아라비카		로부스타
	마일드	브라질	
색깔과 모양	• 청록색 또는 연녹색 • 크고 긴 타원형	• 노란색 또는 연녹색 • 마일드종보다 작고 원형	• 연갈색 또는 황갈색 • 작고 원형
향미 특성	• 향기 풍부 • 중간 정도의 중후함 • 좋은 신맛과 단맛	• 중후하고 잘 조화된 맛 • 향기와 신맛이 약함	• 향기가 약함 • 맛이 거칠고 씀 • 신맛이 매우 약함
재배지 특성	• 해발 고도 600~2,000m의 높고 서늘한 곳	• 800m 이하의 평탄하고 온난한 지역	• 800m 이하의 평탄하고 온난한 지역
쓰임새	• 스트레이트 커피	• 블렌드 커피	• 인스턴트
주요 생산국	• 콜롬비아, 하와이, 케냐, 탄자니아, 멕시코, 과테말라, 에티오피아	• 브라질	• 인도네시아, 인도, 베트남, 필리핀, 우간다, 아이보리코스트

③ 커피의 3대 원종 특성

① 아라비카종(Coffee Arabica: Arablan Coffee)

1) 특성

에티오피아의 남동 고산 지대에서 기원된 아라비카(Arabica)의 경우, 커피 전체 생산의 약 70% 정도를 차지한다. 아라비카의 주된 생산지는 브라질·콜롬비아·과테말라 등의 중남미, 쿠바·자메이카 등의 카리브해, 탄자니아·케냐·에티오피아·예멘 등의 동아프리카에서 아라비아 반도, 인도와 인도네시아 등이다. 상업적으로 재배되는 대부분의 원두는 녹색의 긴 타원형으로 납작하고 길며 표면에 홈이 굽어 있고 잎은 짙은 녹색으로 긴 타원형이다. 다 자랄 경우 높이가 4~6m 정도 된다. 기온은 15~25℃, 강수량은 1,200~1,500mm 정도의 기후에 적합하다. 고온에 약해 30℃ 이상에서는 2~3일 정도밖에 견디지 못하는 아라비카는 적도 지역의 경우 평균 기온이 높기 때문에 기온이 낮은 고산 지대(해발 1,000~2,000m)에서 주로 재배된다. 유명한 아라비카종들의 원산지가 그 지역의 대표적인 산이름을 사용하고 있는 이유가 여기에 있다. 특이한 아라비카로는 마라고기페(Maragogype)라는 것이 있는데, 그 크기가 일반 원두보다 두 배나 큰 것으로 유명하다. 가격이 비싸지만 향미는 별다른 장점이 없어 그 재배량이 줄고 있다. 풍미와 향이 강한 것이 특징이며, 로부스타종에 비해 절반의 카페인을 함유하고 있다. 세계 수출량 중 10%만이 스페셜 커피 스탠더드에 부합된다.

그림 2-1 아라비카(Arabica)

❶ 원산지: 에티오피아

❷ 15~25℃에서 잘 자라며, 병충해에 약한 반면 미각적으로 우수하다.(단맛, 신맛, 감칠맛)

❸ 성장 속도는 느리지만 향미가 풍부하고 카페인 함유량이 적다.

❹ 전 세계 산출량의 약 70%를 차지한다.

❺ 열매 수확까지 3~5년, 연간 1~2회 수확한다.

❻ 고랑이 깊으며 활처럼 굽은 모양이다.

❼ 주로 원두커피점에서 사용한다.

2) 분류

❶ 마일드(Mild)

에티오피아 고산 지대가 원산지로 맛과 향이 뛰어나고 산출량도 많다. 모카를 비롯하여 콜롬비아, 코스타리카, 멕시코, 과테말라, 온두라스, 엘살바도르, 에콰도르, 에티오피아, 베네수엘라 등에서 재배되고 있다.

- **모카**(Mocha): 흔히 아라비아라고 부르는 예멘 지방에서 생산되며, 원두는 황록색이다. 신맛과 단맛이 좋으며, 뛰어난 향기를 지니고 있어 '커피의 귀족'이라고 불린다.

- **콜롬비아**(Colombia): 브라질 다음으로 산출량이 많으며, 청록색 원두로서 알맹이가 크고 일정하다. 풍미와 신맛·단맛 등이 뛰어나며, 향기와 맛이 진하고 추출량도 브라질보다 20% 이상 많다.

- **과테말라**(Guatemala): 긴 타원형 또는 둥근 모양의 청록색 원두로 신맛과 단맛이 있고, 향과 맛이 진하다.

- **에티오피아**(Ethiopia): 아라비카종을 탄생시킨 커피의 발상지이다. 원두의 모양이 길고 색깔은 청록색·황록색으로 모카와 비슷한 맛을 내며, 특히 신맛이 강하다.

- **엘살바도르**(El Salvador): 대체로 원두의 크기가 굵고 고르며, 아름다운 녹색을 띠고 맛과 향이 진하다. 산지의 고도에 따라 등급을 나눈다.

- **멕시코**(Mexico): 중미의 대표적인 커피로서 신맛이 강한 편이다. 좋은 제품으로는 코프도바·베라쿠르스·오라자바 등이 있으며, 배합용으로 많이 사용되고 있다.

② 브라질(Brazil)

세계 제일의 산출량(세계 총 생산량의 약 1/3)을 자랑하는 품종으로, 원두의 모양은 원형 또는 타원형으로 부드럽고 신맛이 강하다. 주로 배합의 기초로 많이 사용되고 있으며, 특히 브라질 산토스는 브라질에서 생산되는 커피 가운데 가장 좋은 품질로 평가되고 있다. 브라질 커피는 No.2를 표준으로 No.2에서 No.8까지 등급에 따라 번호를 붙여 출하되고 있으며, 미나스·리오·빅토리아 등 유명한 것도 있다.

- **블루마운틴**(Blue Mountain): 서인도 제도의 카리브 연안에 위치한 자메이카섬 동부의 2,500m 고지대에서 산출되는 커피로 생산량은 극히 적으나 세계에서 맛이 가장 좋으며, 향기가 뛰어나서 세계 1급 커피로 알려져 있다. No.1, 2, 3으로 나뉘어 있다.
- **탄자니아**(Tanazania): 쓴맛과 신맛이 잘 조화되어 있는 커피이며, 특히 탄자니아의 킬리만자로 산록에서 생산되는 킬리만자로는 신맛이 대단히 강하다. 향기가 높은 커피로 모카와 콜롬비아를 배합한 것 같은 맛을 지니고 있어 스트레이트용으로 많이 사용된다.

3) 아라비카종의 주요 품종

❶ 티피카(Typica)

아라비카 커피의 대표적 품종으로 18세기 유럽 식물원에서 육종되어 전파되었다. 커피콩은 장방향의 둥근 모양으로 품질이 우수하나 수확량이 적다. 향미의 특성은 꽃향기가 나며, 상큼하고 달콤하면서 뒷맛이 깨끗하다.

❷ 버본(Bourbon)

에티오피아의 자연 교배종으로 18세기 버본섬에 전파된 후 중 남미 대륙에 퍼졌다. 상큼한 맛, 와인 맛과 달콤한 뒷맛이 특징이다. 고지대에서 재배한 커피콩은 꽃향기가 나며, 모양은 티피카종보다 작고 둥글다.

❸ 카투라(Caturra)

브라질에서 발견된 후 중남미로 퍼졌다. 버본의 변종으로 품질이 좋고 수확량도 많다.

상큼한 맛이 뚜렷하며 고지대에서 재배한 커피콩이어서 감귤과 레몬 향기가 있으나 버본이나 티피카같이 달콤한 맛은 부족하다.

④ 카투아이(Catuai)

카투아이종은 문도노보와 카투라 사이의 교배종으로 강우에 잘 견디고 뚜렷한 향미 특성이 없으나, 천연 유기질 시비를 하면 향미가 좋아진다.

⑤ 문도노보(Mundo novo)

티피카종과 버본종의 자연 교배종으로 수확량이 많고 병충해에 강하다. 향미는 좋지 않으며 달콤한 맛이 부족하고 쓴맛이 약간 있다.

⑥ 마라고지페(Maragogype)

브라질 마라고지페라는 곳에서 발견된 티피카종의 변종으로 열매가 매우 크다. 향미 특성은 달콤하고 상큼한 맛이 있으나 매우 약하다.

⑦ 카티모르(Catimor)

아라비카-로부스타 변종과 카투라종의 교배종이다. 병에 강하고 수확량이 많으며, 향미 특성은 약간 떫고 신맛이 있다.

⑧ 게이샤(Geisha)

파나마의 커피 경연 대회에서 커피 패널들은 게이샤의 깨끗하고 레몬 맛이 나는 향미에 놀라 주저하지 않고 90점 이상의 최고급 원두 등급을 주었다. 에티오피아에서 유래되어 파나마에서 육종되고 재배되었으며, 파나마 게이샤는 꽃향기, 상큼한 맛, 깨끗한 뒷맛 그리고 적당한 중후함을 가지고 있다.

⑨ SL28

가뭄에 강하고 커피 품질이 우수하지만 녹병이나 잎마름병 등 질병에는 취약하다. 추출률이 매우 좋은 편이고 고산 지대로 올라갈수록 품질과 추출률이 좋아지는 특징이 있다. 재배 면적당 식재 수량이 적어 생산성은 떨어진다. 그러나 한 번 식재되면 80년 동안 커피를 생산하는 장점이 있다. 총 42개의 SL 품종이 개발되어 그중 가장 우수한 SL28이 보급되었다. 케냐, 말라위, 우간다, 짐바브웨에서 주로 생산한다. 유전적으로는 버본(Bourbon)종과 가장 가깝다.

⑩ 에어룸(Heirloom)

일반적으로 알고 있는 에티오피아의 에어룸(Heirloom)은 전통적으로 내려오는 품종으로 토종이라고 할 수 있다. 부드러운 신맛과 꽃향기와 과일 향이 나서 풍미가 좋다. 예가체프 지역과 시다모 지역 등 에티오피아의 커피 산지에서 거의 재배되고 있다.

② 로부스타종(Coffee Robusta: Wild Congo Coffee)

아프리카 콩고가 원산지인 로부스타(Robusta) 품종의 커피는 원래 '코페아 카네포라(Coffea Canephora Pierreex Froehner)의 대표 품종이므로 카네포라라고 부르는 것이 더 정확한 표현이다. 하지만 로부스타라는 이름이 널리 알려져 있어 관습상 로부스타와 카네포라를 같은 의미로 받아들이고 있다.

1898년 콩고의 남동 지역에서 처음 발견된 로부스타는 아라비카에 비해 고온(24~30℃)과 많은 비(강수량은 1,500~2,000mm)에도 더 잘 견디며, 상대적으로 낮은 고도(0~800m), 높은 습도에 적합하고, 병충해에 강하다. 다 자랄 경우 12m에 이르기도 하며, 잎의 크기도 크다. 그러나 원두는 아라비카보다 작으며, 갈색의 둥근 모양을 하고 있다. 중앙·서 아프리카와 동남아 및 남아메리카 등지에서 주로 재배된다. 이외에 브라질의 로부스타는 코닐론(Conilon)으로 널리 알려져 있으며, 아라비카종보다 2배 정도의 카페인을 가지고 있다. 로부스타는 모든 것에 잘 견디는 강인한 관목이다.(단, 결빙만은 예외이다. 로부스타를 남·북회귀선 사이에서만 볼 수 있는 것은 이런 이유 때문이다.) 병충해에 강한 로부스타는 서아프리카와 같은 열대 삼림 지대의 습하고 더운 기후에서 잘 자란다. 열대 삼림 지대에서 야생 상태로 자라던 로부스타가 재배되기 시작한 것은 18세기부터였다.

로부스타종은 전 세계 생산량의 20~30%를 차지하지만, 아라비카에 비해 카페인 함량이 많으며, 쓴맛이 강하고 향이 부족하여 스트레이트 커피로 만들기에 적합하지 않다.

하지만 경제적 이점이 있기 때문에 상업적으로 재배하여 인스턴트 커피의 주원료로 사용되고 있다. 오늘날 로부스타는 삼림 왕국인 세계 3대 원산지에서 재배되고 있다. 인도네시아는 1877년 곰팡이병으로 완전히 황폐해진 아라비카를 대신하여 20세기 초부터 네덜란드에서 로부스타를 이식하여 재배하기 시작했다. 일반적으로 크레마를 잘 일어나게 하며, 맛의 복합성 때문에 에스프레소 커피와 블렌딩용으로 많이 사용한다.

그림 2-2 로부스타(Robusta)

① 원산지: 콩고
② 평지와 해발 800m 사이의 저지대에서 재배한다.
③ 병충해에도 강하다.
④ 빠른 성장률의 정글 식물로 자극적이고 거친 향을 낸다.(쓴맛이 강하다.)
⑤ 전 세계 산출량의 30% 점유 중이다.
⑥ 1년이면 수확 가능하고, 연간 3~5회 수확도 가능하다.
⑦ 일직선에 가까운 모양이다.
⑧ 경제적인 이점으로 인스턴트 커피에 주로 이용된다.

- **아리보리 코스트**(Ivory Coast): 아프리카에서 가장 많이 생산되는 품종으로 세계적으로 브라질, 콜롬비아, 인도네시아, 멕시코 다음의 생산량을 자랑한다. 맛은 중성이며, 특히 인스턴트 커피의 로부스타용으로 널리 쓰이고 있다.

- **우간다**(Uganda): 동부 아프리카의 우간다에서 생산되며 원두는 둥글고 작다. 맛은 약간 단조롭고 쓴맛이 강하여 일반적으로 아이스커피용이나 배합용으로 많이 쓰인다.

- **앙골라**(Angola): 우간다에 비해 원두의 크기가 굵고 신맛과 단맛이 있으며, 특히 쓴맛이 강하다.

- **인도네시아**: 아프리카에서 이식해 온 로부스타종이 재배되고 있으며, 신맛이 있으나 쓴맛이 강하다. 품종으로는 WIB와 EKI가 있다. 그러나 수마트라섬에서 재배되는 커피는 품질 면에서 대단히 우수하며, 만델링(Mandheling)이라고 불리고 있다. 이는 신맛과 쓴맛이 고르게 조화되고 있다.

❸ 리베리카종(Coffee Liberia: Liberian Coffee)

라이베리아가 원산지인 리베리카(Coffee Liberia)는 3대 품종으로 분류가 가능하지만, 현재는 상업적 가치가 없어 거의 사멸되고, 아라비카를 마일드(Mild)와 브라질(Brazil)로 구분하여 로부스타와 함께 3대 원종으로 분류하고 있다.

콩의 크기가 크고 쓴맛이 강하며, 품질이 그다지 좋지 않다. 생산량도 적고 세계적으로 거래가 잘 이루어지지 않는다. 서부 열대 아프리카인 라이베리아에서 발견된 리베리카는 고온 다습한 저지대에서 재배가 가능하고, 수확량도 많다. 외관은 마름모꼴로 쓴맛이 강해 수요가 줄어들어 현재는 극히 일부 지역에서만 생산되어 현지에서 소비되고 있으며, 종자 개량을 위한 연구용으로 여러 나라에서 재배되고 있을 뿐이다.

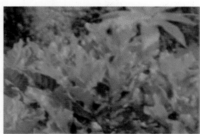

그림 2-3 리베리카(Liberia)

❶ 원산지: 라이베리아

❷ 뿌리가 깊어 저온이나 병충해에도 강하다.

❸ 100~200m 저지대에서도 환경 적응력이 우수하지만 향기와 맛이 별로 좋지 않다.

❹ 산출량이 거의 없다.

④ 아라비카와 로부스타의 비교

🍳 표 2-2 아라비카와 로부스타의 비교

구분	아라비카	로부스타
사진		
원산지	에티오피아	콩고
품종	티피카(Typica) 버본(Bourbon)=티피카의 변종	로부스타(Robusta)
번식	자가수분	타가수분
기온	15~24℃ (고온과 저온에 모두 약함)	24~30℃ (고온에 강함)
고도	1,000~2,000m	700m 이하
적정 강수량	1,500~2,000m	2,000~3,000m
병충해	약함	비교적 강함
카페인 함량	평균 1.4%	평균 2.2%
맛	향미가 우수, 신맛이 좋음	향미가 약함, 쓴맛이 강함
주요 생산 국가	브라질, 콜롬비아, 코스타리카, 과테말라, 케냐, 탄자니아	베트남, 인도네시아, 인도, 카메룬, 우간다
생산	60~70%	30~40%
소비	원두커피용	인스턴트 커피용

출처: 서진우, 커피 바이블, 2018, 대왕사 p.32

4 커피 산지의 중남미 품질 특성

1 브라질(Brazil)

커피 하면 연상되는 나라로 한때 브라질은 전 세계 커피 생산량의 절반 가량을 차지했다. 브라질의 본격적인 커피 생산은 포르투갈로부터 독립한 1822년부터이며, 1845년에는 세계 커피의 45% 정도까지 생산했다. 1950년대까지 전 세계 커피의 40%를 충당했으며, 오늘날에도 20~30% 정도의 점유율을 차지하고 있는 세계 최대의 커피 생산국이다. 1727년 브라질 대위 팔레타에 의하여 프랑스 기아나로부터 늦게 전파되었으나 대량 재배로 세계 커피의 상당량을 생산하고 있다. 생산량에 치우친 생산 증대, 즉 대량 생산 정책으로 다른 나라의 아라비카에 비해 중·저급 커피로 평가되고 있다. 브라질 커피의 대부분은 상파울루 산토스 항구로

그림 2-4 브라질(Brazil)

출처: 서진우, 커피 바이블, 2018, 대왕사 p.76

집결되어 수출된다. 그래서 브라질 커피를 흔히 '산토스'라고 부르고 있다. 브라질의 유명 커피로는 'Brazil Santos NY2', 'Brazil Santos bourbon NY2'가 있다. 티피카와 버본 품종이 섞인 아라비카와 로부스타를 함께 생산하며 한번 수확하여 자연 건조한다. 향기와 상큼한 맛은 약하나 중후하고 달콤하여 다른 커피와 잘 조화를 이루며, 특히 에스프레소 커피의 기본 콩으로 적합하다. 펄프 가공한 커피는 수세 가공 커피보다 달콤하면서 자연 가공 커피의 중후함을 가지고 있다. 수출 커피는 결점두에 따라 NY2, 4, 6, 8 등급으로 구분한다.

브라질 커피 중 마르고지프 커피는 보통의 커피나무에서 매우 큰 열매를 딸 수 있도록 개량한 품종인데, 신맛과 향기가 강하다. 이 품종은 과테말라와 멕시코 등지에서 재

배되며, 미디엄 로스트로 볶아 사용하면 가장 이상적이다. 가장 좋은 것은 배합용이나 인스턴트 커피를 만드는 데 이용된다.

② 콜롬비아(Colombia)

세계 2위의 생산국이며 1799년부터 커피를 경작하여 1900년을 기점으로 브라질 다음으로 최대 커피 생산국으로 부상했다. 브라질이 생산량에 중점을 둔 반면, 콜롬비아의 경우 품질에 중점을 두어 최고의 커피를 생산한다는 자부심 또한 대단하다. 커피 품질을 평가하자면 세계 최고의 커피를 생산하는 나라이다. 대부분 안데스산맥의 해발 1,400m 이상의 고지대에서 경작하는데, 아라비카 커피만 생산한다. 주로 티피카, 버본, 카투라 품종이 섞여 있다. FNC(콜롬비아커피 생산자조합)의 효율적 생산 관리로 품질이 안정되고 수프레모와 엑셀소의 상품급만 수출한다. 콜롬비아 커피는 스트레이트로 마셔도 좋다. 향기가 풍부하고, 상큼하고, 달콤

그림 2-5 콜롬비아(Colombia)

출처: 서진우, 커피 바이블, 2018, 대왕사, p.80

하고, 부드러우며 배합하기에 매우 좋은 커피일 뿐만 아니라 감미가 있는 부드러운 커피이다. 콜롬비아의 경우 대형 농장이 별로 없으며, '카페테로'라고 불리는 농부들의 중소 규모 자영 농장에서 생산된다. 오히려 이러한 중소 자영 농장에서 생산되기 때문에 품질 관리가 철저히 이루어져 세계 최고의 품질을 생산해 낼 수 있는 것이다. 메델린, 아르메니아, 마니살레스, 보고타, 부카라망가 등이 주요 생산지이다.

③ 코스타리카(Costa Rica)

코스타리카 커피는 1779년 쿠바로부터 이식되면서 경작되기 시작했다. 로부스타 커피의 경작을 불법 행위로 규정하는 등 엄격하지만 효율적인 커피 산업 정책으로도 유명하

다. 연간 10만t의 커피를 생산하고 있으며, 특히 태평양 연안 산지의 커피가 우수한 평가를 받고 있다. 코스타리카 커피를 대표하는 것은 단연 '타라주(Tarrazu)'이다. 유기농법으로 경작되어 생두의 크기는 크지 않으나 그 맛과 향은 최고급으로 평가된다. 타라주 중에서도 '라미니타' 농장의 커피가 최상급으로 알려져 있다. 신맛, 감칠맛, 와인 맛이 특징이며, 완벽한 맛과 향이 조화를 이루는 커피이다. 코스타리카는 열대 우림 지역으로 고지대 활화산이라는 지형 조건으로도 그 품질이 좋다는 것을 알 수 있다.

그림 2-6 코스타리카(Costa Rica)

출처: 서진우, 커피 바이블, 2018, 대왕사, p.80

④ 과테말라(Guatemala)

1750년경에 커피가 도입되었으나 본격적인 커피 생산은 19세기 초에 시작되었다. 과테말라 커피 중 대부분은 시에라마드레산맥의 고원 지대에서 생산되고 있다. 이 산맥의 태평양 연안 경사면 지역에는 무려 33개나 되는 화산이 있다. 바로 이러한 화산들로 인해 고급 스모크 커피가 생산될 수 있는 것이며, 이 스모크 커피의 대명사는 단연 '안티구아(Antiqua)' 커피이다. 안티구아 커피는 쏘는 듯한 스모크 향과 깊고 풍부한 맛, 살며시 느껴지는 초콜릿 맛이 일품인 과테말라의 대표 커피이다. 과테말라에서는 다른 나라에 비해 전형적인 커피 품종인 티피카종, 버번종이 주로 경작되고 있다. 상당 부분 그늘에서 경작되는 그늘 경작법인 셰이드 그로운(shade grown)을 사용하고 있는데, 대형 농

그림 2-7 과테말라(Guatemala)

출처: 서진우, 커피 바이블, 2018, 대왕사, p.84

장과 소규모 농장들 모두 이 그늘 경작법을 많이 사용하고 있다. 향기가 풍부하고 상큼하며, 호두향이 특징인 고급 커피이다. 다양한 기후를 가진 나라로 안티구아(Antigua), 코반(Coban), 우에우에테낭고(Huehuetenango) 등이 유명한 생산지이다. 최고급 커피는 1,600m 이상의 지역에서 재배한 SHB 등급으로 세계적으로 명성이 높다.

⑤ 멕시코(Mexico)

1790년경부터 커피의 경작을 시작했으며, 화산 지대가 형성되어 있는 남부 지방에서만 커피가 생산되고 있다. 북부 지역은 커피존을 벗어나 있기 때문이다. 멕시코 커피는 한동안 중앙아메리카 저급 커피의 대명사였다. 커피의 포장 봉투에 "우리는 멕시코 커피를 사용하지 않습니다."라는 문구들이 적힐 정도였다. 오늘날에도 눈에 띄는 최고급 커피는 '멕시코 아라비카'라고 부르는 '멕시칸'이다. 커피 구매자들에게 멕시코 커피는 매력 있는 커피이며, 무엇보다도 가격이 품질에 비해 저렴하다. 세계 4위의 커피 생산국이면서도 가격은 지난날의 저급 커피 이미지를 벗어나지 못하고 있어 유기농법이나 그늘 경작법으로 커피의 품질 향상에 박차를 가하고 있다. 최상급 커피는 1,600m 이상 고지대에서 재배하는 '에스트리크멘테 알투라(Estricmente Altura)' 등급이며, 구스테피(Gustepee), 프러시아(Prussia), 리퀴드암바(Liquidambar), 산타 크루즈(Santa Cruz) 등의 농장 이름을 붙여서 품질을 구분한다. 1,000~1,600m에서 재배한 고급 커피에는 '알투라(Altura)' 등급을 붙인다.

그림 2-8 멕시코(Mexico)

출처: 서진우, 커피 바이블, 2018, 대왕사, p.85

⑥ 자메이카(Jamaica)

영국의 식민지 시절이었던 1725년에 니콜라스 라웨즈 경이 마르티니크섬으로부터 커피나무를 들여와 커피를 경작하기 시작했다. 재배 조건이 우수한 자메이카는 9년 후에

40t의 커피를 수출하게 되고, 1768년까지 커피 산업이 크게 발전하면서 서서히 그 경작지를 블루산맥(Blue Mts.)으로 확대시켜 나갔다. 그리고 세계의 커피 시장은 블루산맥에서 생산된 자메이카 커피의 품질을 높이 평가하게 되었고, 이 커피를 '커피의 황제'라고 부르기 시작했다.

블루마운틴 커피의 부드럽고도 조화로운 커피 맛의 원천에 대해 블루산맥의 독특한 기후 조건을 살펴보지 않을 수 없다. 블루산맥 고지대는 연중 짙은 안개가 덮여 있다. 이 짙은 안개는 강렬한 햇빛이 커피나무에 직접 내리쬐지 못하게 하는 일종의 차단막 역할을 하면서 커피나무의 성장을 더디게 조절해준다. 그 결과 블루마운틴 커피는 같은 고도의 타 지역보다 높은 밀도의 커피로 생산될 수 있었다. 1962년 영국으로부터 독립한 자메이카 정부는 커피 산업이야말로 자메이카의 대표 산업임을 강조하면서 자메이카 커피를 발전시키려고 했지만 미약한 자본력이 한계였다. 1969년 일본 자본이 투자되면서 일본인 특유의 생산 관리 기법이 도입되고, 그러한 엄격한 관리하에 블루마운틴 커피는 다시 살아나게 되었다. 생산량과 품질의 엄격한 관리, 전체 생산량의 90%를 일본이 수입하는 독점 구매 정책, 높은 가격으로 수입한 커피를 더 높은 가격으로 재수출하는 가격 정책과 상품의 희소화 정책 등으로 자메이카 블루마운틴은 커피의 황제 자리에 성공적으로 재등극하게 되었다. 오늘날에도 자메이카 블루마운틴의 80%는 일본으로 수출되고 있고, 나머지 20%의 커피를 전 세계가 나누어 먹고 있다.

어쩌면 우리는 자메이카 블루마운틴 커피의 맛과 향보다 이름 있는 상품의 희소가치에 더 끌리고 있다고 볼 수 있다. 실제로 오늘날 자메이카 블루마운틴 커피에 대한 의구심은 크게 증가하고 있으며, 카리브해의 다른 커피들과 맛과 향이 크게 차이가 없다는 평가까지 받고 있다. 그럼에도 불구하고 자메이카 블루마운틴은 여전히 세계 최고의 커피이다. 자메이카 블루마운틴 커피는 오직 블루마운틴 지역에서 생산되고, 자메이카 정부의 공인 가공 공장에서 가공되며, 품질 보증서가 들어 있는 것만이 진짜로 인정된다.

자메이카 커피는 주로 네 가지로 분류된다. 블루마운틴은 해발 1,100m 이상에서 생산된 '자메이카 블루마운틴', 해발 1,100m 이하에서 생산된 '하이 마운틴', 저지대 커피로서 중·저급의 '프라임 워시드' 그리고 저지대 생산 커피인 '프라임 베리'가 있다. 일찍이 일본에서 투자해 대부분의 커피가 일본으로 수출되기 때문에 우리나라에서 구입하기는 참으로 어려운 상황이다. 따라서 백화점이나 유명 브랜드에서 판매하는 자메이카 블루마운틴은 향만 조금 섞인 커피이거나 원재료가 5% 미만인 커피일 확률이 높고 비

그림 2-9 자메이카(Jamaica)

출처: 서진우, 커피 바이블, 2018, 대왕사, p.84

싼 가격으로 거래된다. 블루마운틴은 대표적인 연질의 원두로서 열의 흡수와 통과가 용이한 특징을 가진다. 블루마운틴은 강하게 로스팅하면 향미가 줄어들고 맛의 균형이 깨지기 때문에 로스팅의 적절한 포인트는 중배전인 '하이'에서 '시티' 정도가 적당하다. 약한 불로 느긋하게 로스팅하는 것이 권장되는 원두이다. 또 블루마운틴은 블렌딩이 필요 없을 정도로 맛과 향에서 조화로운 원두로 알려져 있다. 신맛과 쓴맛이 균형을 이루고, 향이 부드럽고 풍부하다.

'Blue Mountain' 상표는 포트란드, 성 토마스, 성 앤드류스 고지대에서 재배한 커피 콩에만 사용한다. 낮은 지대의 콩은 'High Mountain Supereme'과 'Prime Washed Jamaica'로 분류한다. 매우 부드러우면서 향기가 풍부하며, 상큼한 맛과 초콜릿 향이 있다.

⑤ 아프리카 커피 산지의 품질 특성

① 에티오피아(Ethiopia)

커피의 고향 에티오피아는 커피가 처음 발견된 곳이며, 지금도 전국 곳곳에서 야생의 커피를 흔히 만날 수 있는 커피의 나라이다. 커피는 에티오피아 사람들의 생활이며, 수출의 절반 이상을 차지하는 주요 수출품으로서 나라 경제의 근간이다. 그러나 열악한 사회 간접 자본, 낙후된 경작법과 가공 처리 시설 등으로 인하여 커피 산업 인구에 비해 그 생산량은 상대적으로 적은 편이다. 거의 대부분의 커피가 전통적인 유기농법과 그늘 경작법으로 재배되고 있다. 고유한 본래의 아라비카 품종만이 생산되고 있으며, 몇몇 고급 수출용 커피를 제외하고는 거의 건식법으로 생두를 가공하고 있다. 연간 26만t의 커피를 생산하는데, 이 중 약 90% 정도의 커피가 '가든 커피'라고 불리는 소규모 커피 농가에서 생산되며 총 생산량의 절반 가까운 양이 내수용으로 소비된다. 에티오피아는 천혜의 커피 재배 조건을 갖추고 있으면서도 열악한 경제 사정으로 인해 효율적인 커피 생산을 하지 못하고 있는 형편이다. 에티오피아 정부도 커피 산업 진흥 정책을 통해 양과 질을 크게 향상시키기 위해 노력하고 있다.

그림 2-10 에티오피아(Ethiopia)

출처: 서진우, 커피 바이블, 2018, 대왕사, p.88

1) 하라

'에티오피아의 축복'이라고 불리며 에티오피아를 대표하는 정통 커피로 전통적인 건식법으로 생산된다. 거친 듯 깊고 중후한 향미, 감미로운 와인과 과실의 기분 좋은 단맛, 상쾌한 흙냄새 등이 어우러진 최고의 커피 중 하나로 평가되고 있다. 예멘의 모카 커피와 함께 세계 최고급 커피 중 보기 드문 건식 가공 커피이다.

2) 예가체프

하라의 커피가 다소 투박하고 거친 반면 예가체프는 에티오피아 커피 중에서 가장 세련되고 매끄러우며 깔끔한 최고급 커피이다. 습식법 가공 처리를 거치면서 건식으로 가공된 하라 커피에 비해 투박하고 거친 듯한 향미가 부드럽게 바뀌고 과실의 상쾌한 신맛과 초콜릿의 달콤함, 꽃과 와인에 비유되는 향미와 깊은 맛을 가졌다고 평가된다.

3) 시다모, 짐마, 리무

이곳의 커피들 또한 습식 가공으로 생산된 에티오피아를 대표하는 고급 커피이다. 산

지에 따라 조금씩 차이가 있으나 모두 하라, 예가체프의 커피와 아주 비슷하다고 평가되는 커피들이다. 이중에서도 특히 시다모는 부드럽고 상쾌하며, 리무는 중후한 맛이 있다고 한다. 짐마와 시다모의 커피는 그 크기가 다른 커피에 비해 더 작은 것으로 알려져있다.

2 예멘(Yeman)

세계 최초로 커피를 경작한 나라로 한때 최대의 커피 무역항이었던 모카가 있었다. 그래서 모카항을 통해 수출되었던 모든 커피를 '모카'라고 불렀다. 아라비카 커피는 예멘의 커피에서 유래되었으며, 예멘은 에티오피아에서 발견된 커피를 전 세계로 전파시킨 나라이다. 예멘에서는 자연 건조된 커피 열매를 씨앗을 발라낸 후 통째로 가루로 빻아 그 가루를 뜨거운 물에 넣어 홍차와 같이 옅은 색깔의 커피로 주로 마신다. 우리가 마시는 것처럼 생두를 로스팅하고 그것을 분쇄하여 추출한 커피를 마시기도 하지만, 이런 커피는 주로 아침에만 마신다. 예멘 커피는 에티오피아의 하라 커피보다 한층 더 강한 맛의 커피로 세계에서 개성이 가장 뚜렷한 커피로 알려져 있다. 생두 모양도 작고 불규칙하여 한마디로 제각기 못생긴 형태이다. 생두

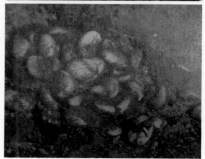

그림 2-11 예멘(Yeman)

출처: 서진우, 커피 바이블, 2018, 대왕사, p.90, 91

가공 수준도 세련되지 못해 생두를 로스팅해 놓으면 원두의 색깔도 제각각이다. 그런데 이렇게 못난 커피가 맛은 일품이다. 예멘의 커피는 상당한 고지대 커피이다. 당연히 생두의 밀도는 높고 깊고 풍부한 맛과 향이 있다. 또 커피 품종은 전통적인 티피카와 버본뿐만 아니라 각 지역마다 수많은 개량 변종도 있는데, 이러한 변종 커피 중에서 유명한 것으로 '마타리', '이스마일리'가 있다.

1) 마타리

수도 사나(Sana's)의 바로 서쪽에 위치한 베니 마타르(Bani Mattar) 지방에서 생산되는 커피로 예멘 최고의 커피다.

2) 이스마일리

초콜릿과 과일의 향미가 두드러지면서도 마타리보다 부드러운 커피로 평가된다.

3) 히라지

신맛과 과실 맛이 강하면서 마타리보다 부드럽고 가벼운 맛을 지녔다고 평가된다.

4) 사나니

다른 커피들에 비해 약하고 부드러우나 균형 잡힌 맛과 향이 있다고 평가된다.

③ 케냐(Kenya)

1893년 에티오피아를 통해 커피를 도입한 케냐는 1963년 말 영국으로부터 독립을 쟁취한 후 커피를 주요 수출 품목으로 육성하면서 빠르게 커피 산업 구조를 구축했다. 미래 지향적인 정확하고도 치밀한 연구 개발과 마케팅 전략, 농가 지원 정책과 기술 교육을 통하여 오늘날 세계 최고의 가장 신뢰 받는 커피 생산국의 자리를 확고히 하게 되었다.

케냐는 광활한 고원 지대, 적절한 토양과 강수량, 기온 등 고급 커피를 생산할 수 있는 자연환경이 이미 주어져 있어 이러한 자연환경을 최

그림 2-12 케냐(Kenya)

출처: 서진우, 커피 바이블, 2018, 대왕사, p.92

대한 활용하고자 하는 의지와 목표가 있었다. 수십만의 커피 농장을 육성하여 그 농가들을 단위 협동조합으로 구성하고, 별도의 대형 커피 농장도 조성했다. 단순히AA, AB 등의 등급에 의해 가격이 정해지고 팔리는 것이 아니라 전국의 모든 커피는 수도인 나이로비로 바로 집결되고, 이곳에서 LOT별로 경매를 통해 판매된다. 그늘 경작법은 거의 사용되고 있지 않으나 농약이나 제초제, 화학 비료 등도 거의 사용하지 않으며 습식 가공법으로 아라비카 커피만을 생산한다. 케냐의 커피는 강하면서도 상큼한 맛이다. 짙은 향미와 강한 신맛, 과실의 달콤함, 와인과 딸기의 향미를 가진 커피라고 평가된다. 부드럽고 신맛이 없는 커피를 즐기는 사람들에게는 오히려 그리 만족스럽지 못할 수 있을 정도로 그 맛이 깊고 강렬하며 거칠다.

4 탄자니아(Tanzania)

1964년 독립 국가로 출발한 탄자니아는 아직 어려운 경제 상황에서 벗어나지 못하고 있는 나라이다. 1893년부터 경작을 시작했던 커피 산업도 아직 후진성을 면하지 못하고 있다. 생산량이 좀처럼 늘지 않고 품질 개선도 잘 되지 않고 있다. 천혜의 자연 조건을 갖추고 있으면서도 경작 방법을 제대로 알지 못하는 농부들은 토양의 성질을 모른 채 아무 곳에나 커피나무를 심는다. 그러나 그런 중에서도 '탄자니아 킬리만자로'는 세계 명품 커피의 자리를 유지하고 있다.

탄자니아에서는 최고급의 아라비카부터 로부스타 커피까지 경작되고 있다. 대부분의 커피는 탄자니아인들의 식량인 바나나나무와 함께

그림 2-13 탄자니아(Tanzania)

출처: 서진우, 커피 바이블, 2018, 대왕사, p.93

경작되어 자연스러운 그늘 경작이 이루어지고 있다. 어떻게 보면 커피나무는 적지 않은 현금을 만질 수 있는 환금 작물로서 식량 농사와 더불어 재배되고 있는 모습이다.

탄자니아를 대표하는 킬리만자로 커피는 깔끔하면서도 기품 있고 섬세하면서도 거칠며, 풍부한 맛과 향, 날카로운 신맛을 지닌 아프리카다운 커피로 "케냐AA와 구별하기 힘들다."라고도 하며, 에티오피아의 수세 건조 커피를 떠올리게 하는 맛이라고도 한다. 상큼한 맛과 과실 향기가 특징으로 맛이 부드럽다. 크기가 가장 큰 규격을 AA로 표기한다.(북탄자니아산의 경우 일본과 한국에서는 킬리만자로(Kilimanzaro)라고도 부른다.)

❻ 아시아와 하와이 커피 산지의 품질 특성

❶ 인도(India)

인도는 1585년 이슬람의 순례자인 바바부탄이 메카로부터 커피 씨앗을 몰래 가져와서 커피 경작이 시작된 오래된 커피 역사를 가진 나라이다. 그러나 커피가 본격적인 경제 작물로 생산되고 수출된 것은 1840년 이후부터이다. 현재 인도는 아라비카 커피와 로부스타 커피가 모두 생산되고 있지만, 전체 커피 생산량의 약 60% 정도를 로부스타가 차지하고 있다.

인도의 아라비카는 깊으면서도 부드럽고 달콤하며 산도가 낮고 향신료나 초콜릿 맛이 있다고 평가된다. 이러한 짙은 바디와 달콤함으로 에스프레소 커피의 블렌딩에 많이 사용되고 있다.

생두의 가공법에는 습식법과 건식법이 모두 사용된다. 습식법으로 가공된 아라비카 커피를 '플렌테이션 아라비카', 습식법으로 가공된 로부스타 커피를 '파치먼트 로부스타'라고 부른다. 인도는 고급 로부스타가 생산되는 것으로도 유명한데, 습식법으로 가공된 로부스타 '카피 로얄'이 유명하다.

현재 인도 커피 중 가장 유명한 것은 몬순 커피인 '몬수니드 말라바르(Monsooned Malabar)'일 것이다. 약 3~4개월 동안 몬순 바람에 건조시킨 커피로서 노르스름한 색을 띠고 있으며 신맛이 줄어들고 무게도 가벼워진 커피이다. 'Plantation A' 또는 'Monsoon

AA'가 최고급 등급이며, '말라바르(Malabar)'는 자연 건조 아라비카로 수주간 해풍을 쏘여 '몬순' 처리한 커피이다. 독특한 몬순 향기와 중후함이 특징이다.

2 인도네시아(Indonesia)

인도네시아는 아시아 최고의 커피 생산국이다. 커피 산업은 1696년 네덜란드인에 의해 커피나무가 이식되면서 시작되었고, 1706년에는 자바 커피가 유럽으로 수출되기 시작했다. 1977년 이후부터 병충해에 강한 로부스타가 경작되면서 오늘날 인도네시아 커피의 90% 이상은 로부스타이다. 질 좋은 아라비카는 5~8% 정도에 머물고 있지만, 이 소량의 커피가 세계적인 고급 커피로 평가받고 있다. 인도네시아 커피의 생산지는 자바, 수마트라, 술라웨시, 발리, 티모르와 같이 섬 단위로 구분되고 있다.

1) 자바

다른 지역의 커피에 비해 보다 철저한 습식 가공법으로 생두를 가공하며, 유명한 '모카 자바' 브랜드를 탄생시킨 자바 커피의 생산지이다. 옅은 신맛과 짙은 바디, 초콜릿의 달콤함과 흙냄새 등이 어우러진 조금은 거칠고도 쓴 듯한 고급 커피로 유명하다.

2) 수마트라

야생의 이미지를 풍기며 원시의 낭만을 느끼게 하는 커피로 매끈하고도 통통한 원두의 모양과 함께 짙은 바디, 깊은 맛과 향으로 특히 유럽 사람들이 좋아하는 고급 커피이다. 유명 커피로는 '만델링(Mandheling)', '린통(Lintong)', '가요 마운틴(Gayo mountain)', '코피 루왁(Kopi luwak)' 등이 있다.

3) 술라웨시

이곳의 커피도 역시 고급 커피이며, 토라자(toraja) 지방에서 주로 생산된다고 하여 '술라웨시 토라자'라는 이름으로 불린다. 과거 '셀레베스 칼로시(celebes kalasi)'라고 불렀지만,

이는 네덜란드 식민지 시대의 명칭이며, 현재는 더 이상 사용되지 않는다. 진한 향과 감칠맛, 초콜릿 맛이 조화를 이루고 있다고 평가된다.

3 하와이(Hawaii)

　하와이는 세계적인 최고급 커피의 하나인 '코나(Kona)' 커피의 생산지로, 태평양 연안 기슭에 자리한 소규모 농장들에 의해 세계의 유명 커피인 코나가 생산되고 있다. 코나는 철저하게 손으로 한 알 한 알 수확하여 습식 가공으로 생산하는 티피카 품종의 커피이다. 규칙적인 비와 배수가 잘 되는 화산재 토양 그리고 적절한 기온 덕분에 비교적 낮은 고도에서 경작됨에도 불구하고 고지대에서와 같은 고급 품질의 커피가 생산되고 있다. 단맛과 신맛 그리고 산뜻하고도 조화로운 맛과 향을 가진 부드러운 커피로 평가받고 있다. 진하며 깊고 풍부한 맛의 커피를 즐기는 사람들에게는 오히려 너무 부드러워 가벼운 커피라는 느낌을 주기도 한다. 그래도 '카우아이 이스테이트(Kauai Estate)'라고 하는 카우아이 커피는 신맛이 적으면서 바디가 짙은 커피로 알려져 있고, 몰로카이섬에서는 '마루아니 이스테이트'와 '몰로카이무레스키너'라는 커피가 알려져 있다. 하와이에는 코나 커피만 있는 것이 아니라 카우아이, 몰로카이, 오아후, 마우이섬에서도 커피가 생산되고 있는데, 이들 커피는 아직 코나의 명성에는 미치지 못하고, 하와이 코나 지역에서 재배한 커피에만 '코나(Kona)'란 이름을 붙인다. 등급은 크기와 결점에 따라 Kona Extra Fancy, Kona Fancy, Prime으로 분류한다. 매우 부드러우면서도 상큼하고 향기가 풍부하다.

03

커피의
재배 환경

① 커피 존

커피 벨트 또는 커피콩 벨트(Bean Belt)는 커피나무를 재배할 수 있는 위도 범위를 뜻한다.

일반적으로 커피는 남위, 북위 25도 사이 지역, 즉 적도를 중심으로 남회귀선과 북회귀선 사이에서 재배되기 때문에 이 지역을 커피 존(Coffee Zone) 또는 커피 벨트(Coffee Belt)라고 부르고 있다.

중남미(브라질, 콜롬비아, 과테말라, 자메이카 등)에서는 중급 이상의 아라비카 커피(Arabica Coffee)가 생산되고, 중동·아프리카(에티오피아, 예멘, 탄자니아, 케냐 등)는 커피의 원산지로 유명하지만, 최근에는 다른 나라보다 이들 나라의 커피 산업이 뒤쳐지고 있다.

아시아 태평양(인도네시아, 인도, 베트남) 지역에서는 대부분 로부스타(Robusta Coffee)가 생산되고 있지만, 소량의 아라비카 커피를 생산하여 최상급의 커피로 인정받는 품목도 있다.

그림 3-1 커피 존

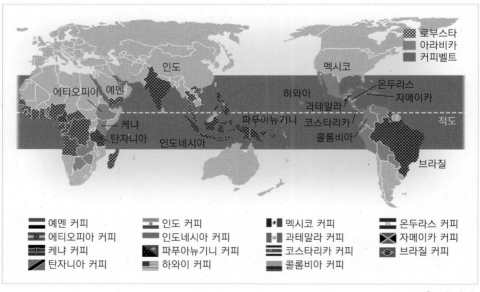

©www.hanol.co.kr

세계 3대 커피는 자메이카의 블루마운틴(Blue Mountani), 하와이의 코나(Kona), 예멘의 모카(Mocha) 커피이다.

커피 재배에 적합한 곳은, 기온은 연평균 20℃의 열대와 아열대 지역으로, 햇볕이 너무 강한 조건에서는 잘 자라지 못하기 때문에 바나나, 망고 등을 심어서 그늘을 만들어 주기도 한다. 강수량은 연 1,500~2,000mm, 토지는 화산질 토양의 비옥토(유기질 풍부)로 배수가 잘 되어야 한다.

따라서 국내에서는 노지(露地) 재배는 불가능하다. 제주도, 강릉, 남양주 등에서 하우스 재배가 이루어지고 있으며, 화분으로 된 커피나무를 분양하기도 한다.

세계적으로 유명한 커피들은 이런 커피 벨트의 고산 지대 언덕에서 그 지역의 토양에서 비와 햇볕 등을 받고 자란 커피 열매를 손으로 일일이 수확하기 때문에 지역마다 고유의 독특한 맛과 향을 지닌다.

국내에서는 커피 재배보다 커피를 가공하는 기술 개발을 통해 미국, 일본, 스위스 등 커피 가공 수출 국가로서의 입지를 구축하는 것이 바람직하다.

1 특징

① 북위 25도~남위 25도
② 열대 또는 아열대 기후
③ 풍부하지만 뜨겁지 않은 햇볕
④ 적당한 강우량
⑤ 배수가 잘 되는 화산 지대 토양

2 생산지

① **아프리카** 라이베리아, 탄자니아, 우간다, 에티오피아
② **중남미** 멕시코, 브라질, 콜롬비아, 엘살바도르, 베네수엘라, 코스타리카, 페루
③ **아시아·태평양** 아라비아, 인도, 인도네시아, 베트남, 하와이, 파푸아 뉴기니
④ **서인도 제도** 쿠바, 자메이카, 하이나, 도미니카

② 커피의 구성

① 커피나무

커피나무는 쌍떡잎 식물로 다른 식물들과는 달리 하나의 나뭇가지에 달콤한 크림향이 나는 흰 꽃이 피며, 미성숙된 녹색의 체리(Cherry), 숙성된 붉은색의 체리가 함께 달린 것을 흔히 볼 수 있는 아주 특이한 열대 관목이다.

커피는 종에 따라 차이가 많아 작은 관목에서부터 10m 이상(18m도 있음) 자라는 종도 있지만, 일반적으로 재배종은 수확을 용이하게 하고 최적의 수확량을 얻을 수 있는 나무 모양을 유지하기 위해 3~5m 정도로 관리한다. 특별히 콜롬비아에서는 2m 정도로 재배되고 있어 개화 및 수확이 쉽고, 보다 경제적인 경작이 가능하다. 잎의 색깔은 주로 광택이 나는 녹색이지만, 다소 보라색이 나는 것부터 노란색까지 다양하다.

커피나무를 심은 후 주로 아라비카종은 3~4년 만에 꽃이 피고 5년생부터 정상적인 수확이 가능하나, 일부 로부스타종은 2년 만에도 상당량의 수확이 가능하다.

세계 최대 커피 수확 국가인 브라질이 서리로 인해 큰 피해를 입을 경우 로부스타종 품귀 현상에 대비하기 위해 많은 나라가 로부스타종을 심고 있다. 커피나무는 약 20~30년 동안 수확이 가능하다.

커피는 파치먼트 상태에서 묘상(苗床)으로 종자되어 약 40~60일 사이에 발아된다. 이후 약 5개월간 팟트로 이식되어 성육되는데, 이 기간은 직사광선을 피하기 위해 햇빛가리개를 씌우는 경우가 많다. 종자에서부터 약 6개월 후 커피 묘목이 40cm 정도로 성장했을 때, 농장으로 이식한다. 묘목이 뿌리 내리기 위해서는 수분이 필요하기 때문에 농장으로의 이식은 우기(雨期)에 행해지는 경우가 많다.

그림 3-2 커피나무

이식의 간격은 브라질의 경우, 약 2.5×2.5m라고 한다. 즉 브라질과 같이 열매를 쳐서 떨어트려 수확하는 경우 간격이 좁으면 습기가 많아서 콩에 흙냄새가 배어 커피에 영향을 미치게 된다. 중미 지역 등과 같이 손으로 수확하는 경우는 수확을 효율적으로 하기 위해 싹 트는 가지를 손으로 집어서 가능한 위쪽으로 가지를 모아준다.

커피는 모종을 심은 뒤 1년이 되면 꽃이 피고 약간의 수확도 가능하지만, 수확의 효율성을 위해 품종을 개량하며 3년째 되는 해부터 커피를 수확하고 있다.

커피의 수확은 약 7~8년째에 최고의 번성기로 들어가며, 그 후부터 서서히 수확량이 떨어진다. 약 10년째에 접어들면 나무가 지나치게 커져서 수확에 지장을 주기 때문에 가지치기를 하는데, 가지치기는 약 3m 지점에서 줄기를 끝까지 자르고 새로운 싹이 트도록 하는 작업으로 가지치기를 하면 수확량이 오르는 경우가 많다. 15~20년에 나무를 바꾸어 심는다.

② 커피꽃

커피꽃은 2cm 정도 크기로 흰색이고, 잎이 붙어 있는 가지 부분에 여러 개가 한꺼번에 핀다. 일반적으로 커피꽃은 멀리서 보면 마치 하얀 국화처럼 매우 둥근 반구 모양을 하고 있다.

꽃은 대개 한 개의 암술과 다섯 개의 수술, 다섯 장의 꽃잎으로 구성되어 있으며, 피어 있는 시간은 1주일 미만으로 길지는 않지만, 달콤한 크림향(재스민향과 유사)이 아주 강하다.

그림 3-3 커피꽃

한 나무의 가지라도 꽃이 피는 시기는 다소 차이가 있어 한 나무에 꽃이 피었다가 지는 기간은 약 한 달이 걸린다.

개화기부터는 많은 수확을 위해 충분한 물의 공급이 필요하다.

3 커피 열매

건기와 우기의 구별이 대체로 뚜렷한 고산 지대의 경우, 꽃이 피는 시기와 열매가 열리는 시기가 뚜렷이 구분이 되어 꽃과 열매를 동시에 볼 수 없다. 그러나 연중 비가 오는 낮은 지대의 경우, 1년 내내 꽃이 피고 열매가 열리는 것이 반복되어 꽃망울, 흰 꽃, 녹색의 열매, 붉은색의 열매를 한 나무에서 흔히 볼 수 있어 커피의 신비로움을 더한다. 붉은 열매는 바로바로 수확하므로 커피 농장에서는 이러한 장면을 사실 보기 힘들다.

생두는 꼭두서니과(Rubiaceae)에 속하는 상록수인 커피나무에서 열리는 열매이다. 다른 식물과 마찬가지로 꽃이 피었던 자리에 열린다. 가지를 따라 일렬 또는 포도송이(Cluster) 형태로 달린다.

열매는 체리(Cherry) 또는 베리(Berry)라 불리는데, 우리가 먹는 커피는 이 열매의 씨앗이다.

커피는 커피 벨트라고 불리는 남북회귀선 사이인 적도 25도 이내, 연평균 강우량 1,500m 이상인 열대 및 아열대 지역에서 자라고, 커피 재배에 적합한 지역은 더운 나라의 시원한 고지대나 서리가 내리거나 춥지 않은 지역이어야 한다.

그림 3-4 커피 열매 1

체리는 겉에서부터 볼 때 단단한 외과피(Skin, Exocarp), 과육(Pulp, Mesocarp), 다갈색의 단단한 내과피(Parchment, Hull, Endocarp), 얇은 은색의 종피(Silver Skin, Testa) 그리고 씨앗인 생두(Bean, Cotyledon)의 순으로 이루어져 있다.(원두 안에는 배〈Embryo〉가 있다.)

외피는 열매가 익어 감에 따라 초록, 노랑, 빨강순으로 변해 가며, 수확을 앞두고는 거무스름해진다. 과육은 연노란색으로 약간 달고 신맛과 특이한 향을 가지고 있다. 씹을 때의 촉감은 대추와 비슷한 느낌이지만, 과실로 먹기에는 부족한 면이 많다.

일반적으로 체리 안에는 두 개의 씨앗이 마주보고 들어 있는데, 이를 평두(Flat Bean)라고 부른다. 평두는 한쪽 면은 둥글고 반대쪽은 평평한 모양을 하고 있다. 그러나 때때로 수정이 충분하지 못하거나 영양 상태가 좋지 못할 때, 또는 나무 윗부분에서 따낸 열매

중 둥근 모양의 씨가 하나밖에 없는 경우가 있는데, 이를 환두(Peaberry)라고 한다. 생김새가 다른 환두는 커피를 균일하게 볶기 위해 별도로 분리하는 것이 바람직하다.

열매가 익는 데 걸리는 시간도 종별로 차이가 있다. 아라비카는 약 6~8개월, 로부스타는 약 9~10개월의 시간이 걸린다. 커피 원두 100개의 무게는 아라비카가 약 18~22g, 로부스타는 약 12~15g 정도이다. 카페인 함량은 이와는 반대로 로부스타가 2~3%, 아라비카는 1~1.3% 정도로 로부스타가 2배 정도 높다.

그림 3-5 커피 열매 2

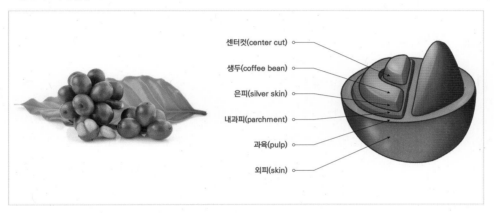

센터컷(center cut)
생두(coffee bean)
은피(silver skin)
내과피(parchment)
과육(pulp)
외피(skin)

©www.hanol.co.kr

③ 커피의 재배 조건

① 커피 재배지

적도를 중심으로 남위 25℃에서 북위 25℃ 사이의 열대·아열대 지역에 속하는 나라에서 생산되고, 이를 커피 벨트(Coffee Belt) 또는 커피 존(Coffee Zone)이라고 한다.

② 재배 조건

1) 기온

연간 평균 기온은 15~24℃ 정도가 가장 적합하며, 30℃를 넘을 때 또는 5℃ 이하로 떨어지거나 서리가 내리면 엽록소가 파괴되거나 꽃이 말라서 커피 체리가 열리지 않을 수 있으며 성장에 치명적일 수 있다. 밤 기온도 18℃ 이하이거나 평균 일교차가 최대 18~20℃를 넘지 않는 것이 좋다. 자칫 기온이 높으면 커피나무에 가장 치명적인 병인 커피녹병(CLB)을 확산시키는 원인이 되기도 한다. 25℃ 이상에서는 광합성이 위축되고, 30℃ 이상에서는 엽록소가 파괴되어 잎이 시든다. 4℃ 이하로 기온이 너무 내려가면 잎이 하얗게 변하거나 누렇게 변색되어 잎이 뒤틀리고 반점이 생겨 결국 시들어 죽게 된다.

2) 강우량

커피나무에 꽃이 피기 위해서는 반드시 몇 달 동안은 건기가 필요하며 꽃이 동시에 피어야 수확이 용이하다. 건기와 수확기가 2~3개월 동안 같이 시작되면 가장 이상적이며 아라비카종은 연간 1,400~2,000mm, 로부스타종은 2,000~2,500mm 정도 비가 오면 가장 적당하나 배수가 잘 되는 토양이라면 2,500~3,000mm가 와도 문제는 없다. 만약 강우량이 너무 많으면 커피나무에 문제도 발생하지만 수확 후 햇볕에 건조시키는 시간이 줄어들 수 있기 때문에 커피에 영향을 미칠 수 있다.

❶ 아라비카: 연 1,400~2,000mm / 로부스타: 2,000~2,500mm
❷ 과도한 강우량: 토양 침식, 건조 시 장애 발생

3) 습도

커피를 재배하기에 가장 적합한 습도는 아카비카는 60%, 로부스타는 70~75%이며 강한 바람이 불지 않아야 하고 또한 우기와 건기의 구별이 뚜렷해야 한다. 대기 습도는 80% 이상이 되면 커피 품질에 좋지 않고 커피 잎에 곰팡이가 발생하여 포자 덩어리가 만들어질 수 있다.

❶ 아라비카: 60% / 로부스타 70~75%
❷ 85% 이상은 좋지 않음.

4) 토양

표토층이 깊고 유기질이 풍부한 화산성 토양으로 암반층이나 지하수층 위에 있는 배수가 잘 되는 약산성의 비옥한 토양이 좋다. 뿌리가 충분히 뻗을 수 있고 물 저장을 충분히 할 수 있는 토양을 선택해야 하는데, 표토층은 2m 이상이 좋으나 건조한 지역은 표토층이 더 깊이 형성되어 있어야 한다.

❶ 화산성 토양의 충적토가 적당(암반층, 지하수층 위)
❷ 표토(top soil)는 2m 이상되는 것이 좋음
❸ 약산성(pH 5~6), 다공질, 점토(Clay) 70% 이하, 모래 20~30% 이하
❹ 적합한 토양
· 유기질이 풍부한 화산암이나 화산재, 염기성 암석, 충적토 침전물로 구성된 토양
· 표토층이 깊고 투과성이 좋고 약산성이며 다공질인 토양
· 현무암성 토양
· 무기질이 풍부하고 침식이 잘 안 되며, 물과 영양분 저장 능력이 뛰어난 토양

❺ 부적합한 토양
· 점토가 너무 많이 포함된 토양

- 물 저장 능력이 안 좋은 모래나 암석 또는 홍토(紅土)화된 토양
- 하수면이 높은 지역
- 범람(Flood)이 자주 발생하는 토양
- 화강암성 토양
- 물이 너무 잘 빠지거나 잘 안 빠지는 토양

5) 일조량

❶ 커피 열매 수확의 적정 일조량인 2,200~2,400 시간/년이 필요하다

❷ 일조량이 많은 건기 시는 너무 강한 햇빛과 열 때문에 커피나무에 여러 가지 악영향이 생기기도 하는데, 이런 경우에는 바나나나무나 망고나무 등 햇빛을 막아주는 셰이드 나무(Shade Tree)를 함께 심어 그늘막이 되도록 하기도 한다. 주로 기후의 변화에 민감한 아라비카종에 많이 이용되며 로부스타는 특별한 경우 외엔 심지 않는다.

6) 지형과 고도

아라비카는 경사진 언덕과 약간의 평지로 이루러진 곳에서, 로부스타는 평지에서 주로 재배하고 있다. 표토층이 깊고 물 보유 능력이 좋으며 배수가 잘 되는 지형에서 가장 우수한 커피를 생산할 수 있다. 평지와 경사도 20° 이하인 지형에서는 기계로 수확하기 좋은 반면 경사도가 20° 이상이면 침식이 심하고 기계화가 어려워 사람의 손으로 직접 수확하게 되어 그만큼 노동에 대한 비용 단가가 올라간다.

아라비카종은 재배 기온 15~24℃ 정도를 유지하는 것이 좋기 때문에 적도를 기준으로 2,200~2,500m 정도까지가 좋으며 24~25℃를 유지하기 위해서는 1,000m 고도가 적당하다.

로부스타종은 0~600m의 고온 다습한 저지대에서 재배되므로 고지대에서는 적합하지 않다.

그림 3-6 셰이딩(shading)과 선 커피(sun coffee)

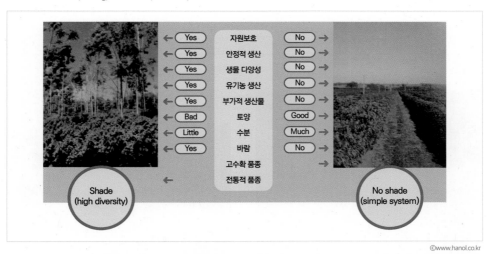

고지대에서 재배되는 커피는 단단하고 밀도가 높아 향과 풍미(Flavor)가 풍부하고 맛이 좋다. 반대로 온도가 높고 습도가 많은 지역에서 생산된 커피는 풍미와 열매의 조직면에서 뒤떨어진다.

그림 3-7 위도별 커피 재배 고도

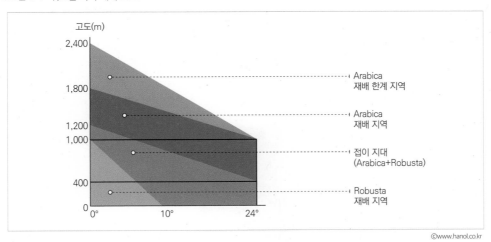

    ❶ 평지, 약경사

    ❷ 고도가 높을수록 밀도가 높고 진한 청록색을 띠며, 풍부한 향과 신맛이 좋아진다.

그림 3-8 저지대(브라질)

그림 3-9 고지대(콜롬비아)

7) 바람

    ❶ 나무를 심어 그늘을 만들어주거나 방풍림을 조성한다.

    ❷ 바람이 강한 지역은 나무의 키가 작고 가지가 튼튼하여 바람에 강한 품종을 선택
    하는 것이 좋다.

커피학개론

04

생두와 원두의
선별

1 커피 생두 품종별 선택

1 크기에 의한 분류

1) 생두의 등급을 분류하는 방법

생두의 등급을 분류하는 방법에는 크기가 일정할수록 좋은 생두라는 관점과 크기가 클수록 좋다는 관점이 있다. 전통적으로는 생두의 크기가 클수록 우수한 품질을 가진 다는 관점인데, 생두의 크기는 여러 층의 스크린을 통과하는 장치를 만들어 생두를 넣고 흔들어서 크기를 선별한다.

2) 크기에 의한 분류법

생두 크기에 의한 분류는 생산 국가에서 생두의 품질을 구별하고 로스팅에서 일정한 볶음도를 유지하기 위해서 중요하다. 이를 통해 생산 국가를 분류함으로써 원산지 분포도와 함께 크기를 정리해서 생두 리스트를 작성하는 데도 도움이 된다. 또한 일정한 크기를 가진 블렌딩(blending)을 만드는 데 도움이 되어 상품성이 높은 블렌딩 원두를 만들 수 있다.

3) 크기의 일정성

생두의 크기가 일정할수록 로스팅에서 열전달이 고르게 된다는 점에서 크기의 일정성은 중요한 요소이다. 국제 규격(ISO)의 스크린 사이즈에 따라 커피의 크기를 결정하고 또 일정한 크기로 선별해서 규격을 부여한다.

표 4-1 생두의 스크린 사이즈

Screen No.	크기	명칭
20	8mm	very large bean
19	7.5mm	extra large bean
18	7mm	large bean
17	6.75mm	bold bean
16	6.5mm	good bean
15	6mm	medium bean
14	5.5mm	small bean
13	5mm	peaberry
크기 계산	스크린의 지름 크기 = 스크린 No / 64*25.4	

표 4-2 SCA specialty grade의 조건

(350g/원두 100g 기준)

defects bean 점수	5점 이하(단, primary defects는 인정되지 않음)
bean size	95%가 같은 사이즈
수분 함유량	10~13%
quaker	quaker 100g당 3개 이하
cupping score	80점 이상 (하나 이상의 매력적인 특성이 부각되어야 함.)
green odor	생두 외의 향에 오염되어서는 안 됨

출처: 한국직업능력개발원, 커피 생두 선택, 2019, p.17

2 형태에 따른 분류

생두의 형태는 같은 품종이더라도 생산되는 지역이나 매년 변하는 기후 환경에 따라 모양이 약간씩 다르다. 따라서 품종보다 여기서는 육안으로 생두에서 결점두를 찾아낼 수 있다. 현대적으로는 생두 생산자가 정확한 정보를 제공하고 있으므로 중요도가 떨어지고 있다.

③ 밀도와 무게에 따른 분류

1) 생두의 무게와 밀도

생두의 무게는 밀도를 의미하는 것으로 생두가 포함하고 있는 수분율과 크기에 의해 결정된다. 생두의 밀도는 로스팅을 진행하면서 시간과 열량의 공급 차이를 가져오므로 로스터가 생두를 분류할 때 중요한 기준이 된다.

2) 밀도에 영향을 주는 수분의 함수량

밀도에 영향을 주는 수분의 함수량은 생두가 생산된 연도나 보관 상태에 따라 다르므로 생두의 분류에 있어서 중요하다. 즉, 생두의 무게는 밀도를 의미하는 것으로 생두가 포함하고 있는 수분율과 크기에 의해 결정된다.

3) 밀도측정기의 원리

밀도(P)는 질량(M)을 부피(V)로 나눈 값이다. 부피가 일정하고 무게가 무겁다면 밀도가 높다는 뜻이다. 이러한 원리로 밀도측정기에 생두 1kg를 넣어서 그 부피가 큰지 작은지를 판단한다. 생두를 취급하는 곳에서는 주로 밀도 측정을 위해 기계를 사용한다. 생두의 경우에는 함유하고 있는 수분이 밀도에 영향을 주는 원리 때문에 약한 전류를 흘려보내 밀도를 측정한다.

그림 4-1 수분측정기를 통해 밀도와 수분을 동시에 측정

출처: 한국직업능력개발원, 커피 생두 선택, 2019, p.19

2 커피 생두 가공 처리 방법별 분류

1 가공 처리 방법에 따른 생두 분류

커피의 가공 방법은 전통적으로는 풀 워시드(full washed)와 내추럴(natural) 방식으로 분류되고 있다. 이후 세미 워시드(semi washed)와 펄프드 내추럴(pulped natural)로 세분화되었다. 최근 들어 펄프드 내추럴 방법을 중미에서는 허니드(Honeyed) 방법이라고 부르면서 점액질의 정도에 따라, 그리고 건조하는 속도에 따라 색깔이 달라지는 것을 표현한 단어들도 많아지고 있다. 블랙 허니(black honeyed), 레드 허니(red honeyed), 옐로우 허니(yellow honeyed), 화이트 허니(white honeyed)가 대표적인 단어들이다. 2015년 이후부터는 발효 과정에서 공기와의 접촉을 최소화하고 단맛을 증가시키는 에나로빅(anarobic, 무산소 발효)과 카보닉 메서레이션(carbon maceration, 탄소 침전법)을 이용하는 방법에 이르기까지 가공 방식은 생두의 품질을 결정하는 중요한 요인으로 자리잡고 있다.

1) 내추럴(Natural)

커피를 수확해서 과육을 제거하지 않고 그대로 건조하는 방식이다. 전통적으로 사용했던 방법이며, 주로 수확기에 비가 오지 않고 맑은 날이 지속될 때 가능한 가공법이다. 브라질에서 많이 사용되며, 기계로 수확해 건조하다 보니 품질이 일정하지 않고 체리의 성숙도가 다른 경우가 많다.

그림 4-2 **내추럴 드라이 체리**

출처: 한국직업능력개발원, 커피 생두 선택, 2019, p.29

❶ 과거에는 저품질의 커피에서 사용했다.

❷ 현대에는 고품질의 커피를 생산할 때도 사용하며, 체리 드라이라고 부른다.

❸ 유리 온실과 그린하우스가 보급되면서 계속 발전하고 있다.

❹ 이 방식은 수확 방식 및 가공법, 건조법을 모두 포함한다.

2) 워시드(washed)

습기가 많은 지역에서 체리 상태로 건조할 경우 체리가 부패하게 된다. 따라서 체리가 부패하는 것을 방지하기 위해 외과피, 과육, 점액질을 제거하고 건조하는 방식으로 각각의 농장마다 발효 시간과 온도 등을 달리해 고유의 발효법(fermentation)을 보유했다. 이것이 농장별로 품질의 차이를 보이는 이유이다.

그림 4-3 **워시드 파치먼트**

출처: 한국직업능력개발원, 커피 생두 선택, 2019, p.29

❶ 고품질의 커피를 생산하는 방식을 의미한다.

❷ 콜롬비아와 중미에서 발전했으며 마일드 커피로 불리기도 했다.

❸ 발효에 사용된 박테리아가 그린 커피까지 침투하지 않도록 물로 씻어내는 작업이 많다고 해서 붙여진 이름이다.

❹ 물로 씻어내는 과정에서 파치먼트 상태의 커피 중 미성숙한 생두가 떠오르면 제거할 수 있기 때문에 퀘이커가 없다는 장점이 있으며 로스팅 품질이 좋다.

3) 세미 워시드(semi-washed)

워시드 방식(발효, fermentation)에서 점액질을 제거하고 버려지는 물과 발효에 사용된 박테리아가 하천을 오염시키는 문제를 해결하기 위한 하나의 방법으로 점액질을 발효가 아닌 기계를 이용해 제거하는 방식이다. 기계를 이용하고 발효 과정을 거치지 않기 때문에 비슷한 지역에서는 비슷한 품질을 가지게 되었다.

❶ 농장의 개성이 사라지는 문제가 발생해 이를 해결하기 위해 발효 과정을 거친 후 박테리아를 씻어낸 물을 정화하는 과정이 발전하기 시작했다.

❷ 발효 과정에 필요한 시간이 없어서 건조 기간이 단축되었다.

4) 펄프드 내추럴(pulped-natural)

브라질에서 발전한 방식으로 외과 피와 과육을 제거하고 점액질 상태로 건조하는 방식이다. 중남미에서 온실 건조가 가능해지자 당도가 높으면서 부패되지 않는 건조가 가능해졌는데, 이를 허니 가공(honey process)법이라고도 부른다.

그림 4-4 허니 가공된 생두(좌) 허니 건조 중인 파치먼트(우)

출처: 한국직업능력개발원, 커피 생두 선택, 2019, p.30

❶ **블랙 허니**　점액질을 그대로 유지하면서 3주 정도 천천히 건조

❷ **레드 허니**　점액질을 그대로 유지하면서 1주 정도로 빠르게 건조

❸ **옐로우 허니**　점액질을 20~50% 제거하고 건조

❹ **화이트 허니**　점액질을 90% 제거하고 건조

허니 가공법에 의한 맛과 향의 차이는 레드와 블랙에서 큰 편이다. 두 가공법 모두 chocolate, fruity를 기본으로 레드 허니는 crispy, zesty가 특징이며, 블랙 허니는 spicy, sweetness, clean, complex aroma, mouthfeel 등이 좋다. 그러나 블랙 허니는 지나치게 오래 건조하면 woody, simple해지는 단점이 있다.

② 생두 건조 방식에 따른 색상 구분

생두는 가공 처리 후 건조하는 방식에 따라 태양광에 건조하는 방식과 기계로 건조하는 방식으로 나누어진다. 태양광에 건조하는 방식은 건조대의 종류에 따라 아프리칸 베드(african seed bed), 시멘트 바닥, 콘크리트 바닥 그리고 이 세 가지 방법으로 온실에서 건조하면서 간접적인 건조가 이루어졌느냐에 따라 구별한다. 여기에서 구별해야 할 점은 가공법 중 내추럴 방식(natural) 방식은 가공 방식이면서 건조 방식이라는 것이다. 즉, 풀워시드나 세미 워시드 그리고 펄프드 내추럴이 체리 과육을 제거하는 가공과정을 거친

이후에 건조되는 방식이라면, 내추럴
은 체리를 수확해 그대로 말리는 방
식이다. 이는 건조가 끝난 이후에 건
조된 체리를 제거하는 방식에 해당되
어 색상이 풀 워시드나 세미 워시드
와는 다른 컬러를 가지게 된다. 또 허
니드 가공의 경우 블랙, 레드, 옐로
우, 화이트로 구별하는 것도 건조된
파치먼트 상태의 커피를 기준으로 하
므로 파치먼트가 제거된 상태의 생두

그림 4-5 가공법에 따른 생두의 컬러

출처: 한국직업능력개발원, 커피 생두 선택, 2019, p.31

가 되면 구별하는 것이 어려워지게 된다. 결론적으로 내추럴 가공 건조를 거친 생두이거
나 허니드 가공 후 건조를 거친 생두는 녹색의 컬러가 아닌 노란색 또는 아이보리 그리
고 붉은색을 띠게 되는 경우가 많다. 반면 풀 워시드나 세미 워시드는 녹색에 가까운 색
을 보이게 되어 그린커피(green coffee)로 부르게 된다.

③ 생두의 색상에 따른 수분 함량

수분 함량은 생두의 현재 상태를 측정하는 기준이 된다. 너무 메마르거나 수분이 과
한 상태가 되면 품질이 저하된다. 생두의 대부분을 수입하는 한국에서는 수입되는 생두
의 수분율을 측정해 현재 생두 상태를 파악한다. 생두의 수분을 측정하는 도구는 곡물
의 수분을 측정하는 방식을 그대로 사용하고 있으며, 특별히 커피 전용으로 만든 제품
은 생두의 수분율뿐만 아니라 볶아진 원두의 수분까지 측정 가능하도록 설계되어 있다.

생두의 색상은 수분 함량에 따라 빛의 투과율이 달라지면서 색상 역시 바뀌게 된다.
보통 진한 녹색에 가까울수록 수분율이 높고 흰색에 가까울수록 수분율이 낮다고 평가
한다. 하지만 수분 측정계를 이용해 정확히 측정하는 것이 좋다.

특히, 수분은 생두의 무게에 영향을 미치는 요인으로 무게를 측정해 로스팅하는 현실
적인 문제에서 볼 때 로스팅 시간과 온도에 영향을 미친다. 또한 무게는 부피와의 관계
에서 밀도에 영향을 준다. 즉, 로스팅 프로파일에 영향을 주게 되는 요인이므로 생두의

수분율을 적정하게 유지하기 위한 저장 공간은 중요하다. 보통 워시드 방식으로 가공된 커피는 은피가 제거되어 색을 눈으로 확인하기 쉽다. 이 방식을 이용해 수분의 함수량을 색깔을 통해 구별하기도 한다. 즉, 수분의 함량이 많은 생두일수록 블루, 블루그린, 그린 순으로 색상을 띠고, 수분 함량이 낮아질수록 펄그린, 아이보리, 흰색에 가까워진다. 이 현상을 이용해 생두의 색상으로 수분 함량을 구별하면서 수확된 시기가 얼마나 오래되었는지 그리고 보관 상태는 얼마나 좋았는지를 파악하기도 한다. 요즘에는 생두의 수분 함량은 색상이 아닌 밀도측정기를 이용하는 것이 일반적이다.

4 육안으로 생두의 은피 확인

생두의 은피(sliver skin)는 가공과 건조 방식에 의해 선명하게 육안으로 확인이 가능한 생두도 있고 어려운 것도 있다. 또 건조 후 파치먼트를 제거하는 과정을 거치면서 은피를 제거하는 과정을 거치기도 하는데 이를 폴리싱(polishing) 과정이라고 한다. 만약 폴리싱 과정을 거쳐 은피를 제거한 커피의 경우에는 은피를 확인할 수 없다. 보통 자메이카의 블루마운틴이나 하와이 코나의 경우에는 폴리싱 과정을 거친다. 또한 은피는 일반적으로 생두의 성숙도에 따라 잘 익은 상태가 되면 얇아져 생두의 녹색을 그대로 표현하지만 미성숙된 상태에서는 두꺼워 녹색을 더 갈색에 가깝게 표현한다. 따라서 육안으로 은피의 존재 여부를 구별하기 어려워질수록 품질이 높을 확률이 높다.

그림 4-6 은피가 없는 생두 / 은피가 있는 생두 / 물로 제거하면서 구별하는 방법

출처: 한국직업능력개발원, 커피 생두 선택, 2019, p.33

이를 확인하는 방법으로는 몇 알의 생두를 따뜻한 온수에 넣어보면 '얇은 막' 상태로 확인할 수 있다. 하지만 이 방법은 단순히 생두의 은피 존재 여부를 확인하는 방법으로만 사용할 뿐 일부러 물에 넣지는 말아야 한다.

폴리시드 커피(polished coffee)

일반적으로 생두는 은피, 즉 실버스킨(sliver skin)을 제거하지 않고 수출된다. 그러나 워시드 처리된 생두는 상대적으로 실버스킨이 내추럴 처리된 생두에 비해 적다. 일부 고급 커피를 생산하는 자메이카나 하와이 코나의 경우에는 은피를 제거하는 폴리싱(polishing) 과정을 거쳐 상대적으로 품질이 우수한 생두를 만들기도 한다.

5 생두의 냄새를 맡아 상태 확인

생두는 수확, 가공, 건조, 운송, 보관의 상태에 따라 생두 외의 향에 오염될 수 있다. 생두의 향에는 특유의 향이 포함되어 있고, 가공 처리법과 건조법에 따라 향이 약간씩 다르다. 향을 통해 생두의 상태를 확인하는 과정은 생두 향기 외의 향기로 인해 생두가 오염되었는지 확인하는 과정의 하나이고, 보관 상태가 좋은지를 판단하는 과정이다. 따라서 워시드 가공된 커피는 신선한 풀 향기와 약간 매운 향이 포함되어 있어야 한다. 체리 드라이(내추럴)나 허니드 가공을 거친 커피에서는 말린 과일이나 꽃향기 그리고 캐러멜 향이 나기도 한다.

따라서 생두는 독립적으로 가공, 건조, 운송, 보관되어야 한다. 발효 과정의 향과 과육의 향이 다르기 때문에 향기로 생두의 가공법을 알 수 있다.

③ 커피 생두 원산지별 분류

1 결점두(defects bean)

결점두는 재배 과정, 수확, 가공, 건조, 운송, 보관 등 전 과정에서 만들어질 수 있다. 결점두는 커피의 맛과 향에 심각한 영향을 미치며 결점두의 함유량이 적을수록 좋은 생두라고 할 수 있다. 보통 스페셜티 등급의 생두라고 하면 전체 무게에서 2% 이하의 결점두를 가지고 있어야 한다. 미국 한 회사의 시험에서는 결점두의 종류를 구별하고 이에 따라 점수를 부여해 감점하는 방식을 택하기도 한다. 그러나 로스터나 바리스타로서 이 결점의 원인이 농부나 가공업자의 잘못으로 판단하고 오로지 정상적인 커피에서 비정상적인 커피의 비율만을 확인하는 방식으로 생두의 품질을 결정하는 방법 또한 사용되고 있다.

표 4-3 SCA 결점두 점수에 따른 등급 분류 　　　　　　　　　　　　　　　　300g/SCA

등급	specialty grade	premium grade	exchange grade	below grade	off grade
점수	0~5	6~8	9~23	24~86	87 이상

그림 4-7 생두의 결점두

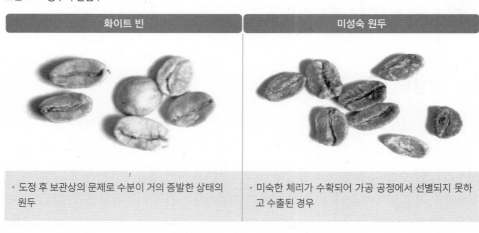

화이트 빈	미성숙 원두

- 도정 후 보관상의 문제로 수분이 거의 증발한 상태의 원두
- 미숙한 체리가 수확되어 가공 공정에서 선별되지 못하고 수출된 경우

검은 원두	이물질

- 빛이 반영되지 않은 검은색 원두
- 나무와 돌, 그림의 옥수수와 같이 커피 외의 이물질이 들어 있는 경우

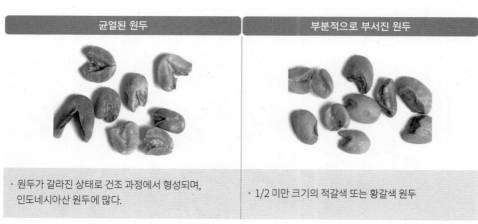

균열된 원두	부분적으로 부서진 원두

- 원두가 갈라진 상태로 건조 과정에서 형성되며, 인도네시아산 원두에 많다.
- 1/2 미만 크기의 적갈색 또는 황갈색 원두

기형 원두	깨지거나 잘린 원두

• 원두의 형태가 기형으로 일정하거나 규칙적이지 않다.	• 가공이나 운송 도중에 부서진 원두를 말한다.
배아가 없는 생두	파치먼트

• 그린 빈 중 안쪽 배아 부분이 빠져 있는 부실한 생두	• 껍질을 벗기거나 선별하는 과정에서 선별되지 않은 내 과피 상태의 원두
마른 체리	껍질/겉껍질

• 껍질을 벗기거나 선별하는 과정에서 선별되지 않았거나 포장 단계에서 유인된 경우	• 말린 원두의 껍질, 파치먼트 껍질, 실버스킨 등 그린 빈 외의 불순물을 말한다.

출처: 한국직업능력개발원, 커피 생두 선택, 2019, p.41~44

② 생두의 크기에 따른 원산지별 분류

생두의 분류법 중 하나인 크기에 의한 분류는 생산 국가에서 생두의 품질을 구별하고 로스팅에서 일정한 볶음도를 유지할 수 있는 방식이다. 이를 통해 생산 국가를 분류함으로써 원산지 분포도와 함께 크기를 정리해서 생두 리스트를 작성하는 데 도움이 된다. 또한 일정한 크기를 가진 블렌딩(blending)을 만드는 데 도움이 되어 상품성이 높은 블렌딩 원두를 만들 수 있다.

③ 생두 모양으로 원산지의 수확 방법 유추

스페셜 등급이 아닌 상업용 등급의 커피인 경우에는 생두의 모양이 일정하지 않거나 크기와 컬러가 약간씩 달라지는 경우가 있다. 이는 전통적으로 가장 우수한 방법인 핸드 피킹(hand picking)이 아닌 훑어따기(stripping), 기계 수확, 머신 훑어따기(machine stripper)를 사용한 경우이므로 미성숙한 체리까지 수확되는 경우가 있어 미성숙한 형태를 점검함으로써 수확 방법을 확인할 수 있다. 이러한 미성숙한 생두는 센터컷이 한쪽으로 치우치거나 반달 모양으로 휘어진 경우, 은피가 지나치게 두꺼운 경우뿐만 아니라 로스팅 후 발견되는 퀘이커(quaker)의 수량으로 확인할 수 있다. 또한 수행 준거 방법을 적용해 은피와 컬러를 통해 워시드 가공인지 내추럴 그리고 허니 가공인지를 판단할 수 있다. 이 유추 방식 역시 커피 생산자의 정보 제공에 모두 포함되어 중요도가 떨어졌다.

④ 생두의 형태에 따른 원산지 수확 시기

생두의 형태는 모양뿐만 아니라 컬러 그리고 불량률을 확인하면서 적정 시기에 수확된 것인지 시기가 지나거나 적정 시기 전에 수확된 것인지를 확인할 수 있다. 적정 시기에 수확된 생두는 은피의 두께가 얇고 균형이 잡힌 센터컷 그리고 적정 수분율을 가지고 있다. 수확 시기가 너무 이른 경우에는 미성숙한 불량 생두가 발생하고 퀘이커가 많아지는 문제가 발생한다. 현대에는 농업 기법이 발전하면서 개화 날짜와 강수량, 일조량을 계산하고 체리에 대한 당도 측정을 통해 적정 수확 시기를 찾아 수확하는 농법이 발전하면서 이러한 방식에 대한 중요도는 하락하고 있다.

④ 커피 원두 배합 비율(블렌딩) 선택

① 블렌딩(blending)

세계적으로 다른 커피와 섞이지 않은 단종 커피의 음용 비율은 25% 정도이다. 그 외에는 다른 커피들과 섞인 블렌딩(blending) 커피로 만들어져 판매되기 때문에 판매량의 가장 큰 비중은 커피 블렌딩 베이스 여부에 달려 있다.

최초의 블렌딩 커피는 모카 - 자바(Moka - Java)로 알려져 있는데, 인도네시아 커피, 예멘 또는 에티오피아 커피를 혼합하여 모카 커피의 과일 향과 꽃향이 나는 신맛과 자바의 강한 바디가 조화를 이루는 커피가 탄생했다.

이처럼 블렌딩이란 단종 커피(single orgin coffee)의 단조로움을 탈피하여 두 가지 이상의 서로 다른 커피를 혼합하여 새로운 맛과 향을 강조하는 것을 말한다. 원두의 품종에 따라 각각 지니고 있는 맛과 향의 특성이 다르기 때문에 어떤 종류의 원두에서 부족한 점을 다른 원두로 보강시켜 줌으로써 더욱 조화로운 맛과 향을 얻을 수 있다. 블렌딩을 잘하기 위해서는 원산지별 커피의 특성을 제대로 이해하고 있어야 하며, 일관된 로스팅이 이루어져야 하므로 커피 블렌딩이야말로 커피의 여러 분야 중 가장 어려운 작업으로 판단된다.

② 에스프레소 블렌딩

1) 기본 커피

- **자연 건조 아라비카 커피**(산도가 낮고 균형 잡힌 맛): 브라질, 인도, 인도네시아, 페루, 멕시코 커피

2) 향기, 전체적인 맛, 중후함, 후미를 위하여 사용하는 커피

❶ 달콤하고 균형 잡힌 맛 도미니카, 파나마, 페루, 멕시코 커피
❷ 향기와 상큼한 맛 콜롬비아, 코스타리카, 과테말라 커피
❸ 향기와 상큼한 맛 에티오피아, 케냐, 예멘 커피
❹ 중후함(body) 수마트라, 술라웨시, 자바, 파푸아 뉴기니 커피

3) 크레마와 색상을 향상시키기 위하여 사용하는 커피

특급 로부스타 커피(specialty robusta)를 사용하면 크레마의 안정성을 높이고 우유 첨가 시 커피 향미를 강하게 한다.

3 커피 블렌딩의 결점과 원인

표 4-4 향미의 특성과 원인

향미의 특성	원인
향미가 약하다.	• 블렌딩 로부스타 비율이 높을 때 • 충분히 끓이지 않은 물로 추출했을 때
향기가 부족하다.	• 아라비카 커피의 비율이 적을 때 • 브라질 로부스타 비율이 많을 때
중후함이 약하다.	• 브라질 블렌딩 비율이 많을 때 • 저지대 아라비카 비율이 많을 때
와인향과 중후함이 난다.	• 아라비카 비율이 많을 때 • 자연 건조 아라비카 비율이 많을 때
이취가 난다.	• 발효된 브라질을 사용할 때 • 저급 로부스타(우간다)를 사용할 때

4 블렌딩 특성을 강화할 때 사용하는 커피콩

❶ 상큼한 맛 강화 콜롬비아, 코스타리카, 과테말라, 중남미 고지대 아라비카
❷ 중후함 강화 수마트라 만델링, 자연 건조 브라질 산토스

❸ **중후하고 달콤함** 고급 인도 아라비카, 자연 건조 브라질 산토스
❹ **향미 강화** 케냐, 과테말라, 파푸아 뉴기니, 예멘, 짐바브웨
❺ **독특한 향기 강화** 에티오피아 예가체프, 케냐
❻ **다양한 향미 강화** 수마트라 만델링, 술라웨시
❼ **와인과 과실향** 예멘, 에티오피아 하라, 케냐

❺ 커피 원두 볶음 정도(로스팅) 선택

로스팅한 원두의 특성에 따라 원두를 배합하고 블렌딩하여 메뉴에 활용하는 법을 제시한다.

① 커피 볶음도 - 강도와 향미 특성

로스팅의 온도, 시간, 속도 등에 따라 커피 맛이 달라지는데, 보통 시나몬 로스팅까지는 신맛이 강하다. 좀 더 로스팅이 진행되면 캐러멜화가 진행되면서 생두는 짙은 갈색을 띠게 된다. 풀 시티 로스트에 이르면 옅은 신맛, 단맛이 감도는 풍부한 향미가 나타나게 된다. 프렌치 로스트 이후에는 신맛이 거의 없어지고 쓴맛을 느끼게 되는데, 그 이상 로스팅할 경우에는 탄 맛이 난다.

커피는 볶는 과정에서 그 특유의 맛과 향이 다시 창조되는데, 원두에 열을 가하게 되면 커피는 600여 가지의 화학 반응이 일어난다. 커피 생두의 기본적인 세포 구조는 녹아 없어지며 팝콘같이 "펑" 하며 터진다. 이때 단백질은 소화제 성분으로 변하여 원두의 표면에 향기로운 식물성 기름을 형성하게 되는데, 이 향은 휘발성이 있어서 커피의 맛과 향기를 전달하며 물에 잘 녹는다.

커피의 로스팅 정도, 즉 볶음도는 커피의 맛과 향에 아주 직접적인 영향을 끼치게 된다. 이는 각 원두의 품질이나 블렌딩 시 평가의 기초가 되는 요소인 향기(aroma), 산미

(acidity), 향미(flavor), 바디(body), 후미(aftertaste)에 영향을 미치기 때문이다. 그러나 이러한 요소를 쉽게 육안으로 구분하기는 쉽지가 않기 때문에 이를 구분하고 평가하기 위해 미국 SCAA에서는 커피 로스팅 칼라를 8단계로 나누고, 각각의 단계에 해당하는 Agtron No.를 기준으로 하여 로스팅 포인트에 따른 맛과 향을 예측할 수 있게 했다.

그 부분은 다음과 같다.

표 4-5 SCAA / Agtron color file 분류에 따른 맛의 특성

SCAA color taile	commercial name	Agtron No	features
#95	light roast	80-95	강하고 얼얼한 신맛
#85	cinnamon roast	70-80	강한 신맛, 미미한 바디
#75	medium roast	60-70	강하고 산뜻한 신맛
#65	high roast	60-70	산뜻한 신맛, 다양한 향기
#55	city roast	50-60	약한 신맛, 바디, 풍부한 향기
#45	full city roast	45-50	미미한 신맛, 강한 바디, 풍성한 향기
#35	french roast	35-40	강한 단맛, 강한 쓴맛
#25	italian roast	25-30	약한 단맛, 쓴맛, 탄맛

출처: 한국직업능력개발원, 커피 원두 선택, 2019, p.42

표 4-6 커피 볶음도(degree of roast)와 향미 특성

온도	195℃	205℃	215℃	225℃	230℃	235℃	240℃	245℃
팽창	- first crack -			- second crack -				
볶음도	라이트	시나몬	미디움	하이	시티	풀시티	프렌치	이탈리아
향기	**	**	***	***	****	****	**	**
신맛	***	***	****	***	***	**	*	
달콤함	*	*	**	**	***	****	***	**
중후함	*	*	**	***	***	****	***	**
품종 특성	**	**	****	****	**	*		
자극적인				*	**	***	****	***

(비고: *매우 약함   **약함   ***풍부함   ****매우 풍부함)

출처: 한국직업능력개발원, 커피 원두 선택, 2019, p.42

표 4-7 배전 정도에 따른 맛과 형태

배전 강도		배전 명칭	맛	색상 및 농도
약배전	최약배전	라이트 로스트 light roast	신맛이 강하다.	황갈색
약배전		시나몬 로스트 cinnamon roast		계피색
악강배전		미디엄 로스트 medium roast	신맛과 단맛이 있다.	밤색, 아메리칸 로스트
중배전	중약배전	하이 로스트 high roast		
중중배전		시티 로스트 city roast	표준적인 맛	뉴욕 로스트
강배전	중강배전	풀 시티 로스트 full city roast		아이스커피용
강배전		프렌치 로스트 french roast	쓴맛이 강하고, 진하며 독특한 맛	유럽 스타일 카페오레, 비엔나
최강배전		이탈리안 로스트 italian roast	쓴맛이 강하다.	에스프레소용

출처: 한국직업능력개발원, 커피 원두 선택, 2019, p.42

6 커피 원두 숙성 정도 선택

커피 원두의 숙성 정도를 알아보기 위해서는 시음해보거나 추출 방식, 즉 에스프레소 추출이나 드립 등 여러 방식에 따른 CO_2의 잔존량으로 숙성 정도를 확인해볼 수 있다.

1 추출의 개념

커피 가루는 수용성 물질과 불용성 물질이 있어 수용성 물질에서 녹아 나올 수 있는

물질을 용질(soluble, 녹는 물질)이라고 한다. 이러한 용질을 끄집어내기 위해서는 용매(solvnt, 녹이는 들어간 액체)가 필요한데, 커피에 있어서 용매는 물이고, 이 물은 뜨거울수록 용질이 더 잘 녹으므로 일정 이상의 뜨거운 물을 용매로 사용하게 된다. 커피 가루에 뜨거운 물이 들어가면 커피 가루의 수용성 물질인 용질이 녹아 나와 투입된 용매, 즉 물과 섞여서 추출되는데 이를 용액이라고 한다. 이 용액이 커피이다.

추출은 커피 가루 입자 표면에 있는 성분을 씻어 내는(washing, 세정) 과정과 입자 내부에서 표면으로 이동하는 확산(diffusion) 과정으로 나눌 수 있으며, 표면의 성분을 씻어 내는 세정 과정은 뜨거운 물과 접촉 즉시 일어나고, 확산은 세정보다는 천천히 일어난다. 위에서 언급한 것과 같이 커피 가루의 표면 내부에서 성분을 끄집어 내는 것을 추출이라고 하는데, 고체인 커피 가루와 물을 분리시켜야 하므로 필터를 사용하게 된다. 현재 이 필터는 종이, 융, 철제 등이 사용되고 있다.

이와 같이 필터는 커피 가루를 계류시키는 여과 기능을 한다. 커피층 내에서 물의 이동은 우선 가루와 가루 사이에 있는 공기를 물이 밀어내고 들어앉아 커피 가루를 적시고, 고체층(커피 가루)에 무엇인가를 축적시키지 않고 빠져나가는 것으로 이를 퍼콜레이션(percolation, 침출)이라고 한다. 단, 에스프레소의 경우는 확산보다는 세정 과정에서 주로 추출된다. 추출 과정의 경우 커피 가루에 물이 투과되면 이때 커피 입자 속에 있던 CO_2가 방출되면서 난류를 일으켜 커피 가루가 부풀게 된다.

난류란 커피 가루, 기체(CO_2), 뜨거운 물이 비정형적으로 혼합되는 현상으로, 뜨거운 물이 커피 가루와 접촉할 때 커피 가루에서 CO_2를 방출하면서 일어난다. 이 난류로 인해 물이 커피 가루를 통과하는 속도를 늦추며 표면에서 거품을 일으키게 된다. 난류로 인해 커피 가루는 떠오르고 분리되며 재배열되어 커피 가루층 전체에 균일한 흐름을 유도하는데, 과도한 난류는 물 흐름을 지연시켜 과잉 추출을 유발한다. 이러한 이유 때문에 갓 로스팅한 원두는 조금 더 굵게, 오래된 원두는 조금 더 가늘게 하여 추출해야 한다. 이는 원두가 가지고 있는 CO_2의 잔존량이 다르기 때문에 원두의 상태에 따른 분쇄 정도에 따라 조절하여 안정화된 상태를 만들려고 하는 작업이다. 즉, CO_2의 잔존량이 많으면 굵게, 잔존량이 적을수록 가늘게 하여 커피의 추출 수율(커피 맛의 안정)을 조절하는 것이다. 입자를 조절하는 이유는 입자가 굵으면 굵을수록 커피가 가지고 있는 CO_2를 천천히 배출하고, 가늘수록 빠르게 배출하기 때문이다.

② CO$_2$ 잔존량에 따른 추출의 변화와 차이

CO$_2$ 잔존량이 많을 경우 커피 속에 함유하고 있는 고형 물질들이 물과 만나 밖으로 배출된다. 이때 CO$_2$ 잔존량이 많으면 같은 조건의 같은 시간 동안 추출 시 고형 물질이 빠져나오는 길을 CO$_2$ 가스가 방해하기 때문에 고형 물질보다 가스가 더 많이 나오는 것을 확

인할 수 있다. 반대로 CO$_2$ 잔존량이 적을 경우 물과 만나 함께 배출될 때, 물이 통과하는 길에 가스가 존재하지 않아 물이 고형 물질 속에 머무는 시간이 짧아 그 진한 고형 물질은 제대로 배출되지 못하는 것을 볼 수 있다.

1) 로스팅 후 얼마 안 된 콩의 경우

CO$_2$ 가스 잔존량이 많기 때문에 에스프레소를 같은 조건으로 추출할 경우 떨어지는 모습이 꿀렁꿀렁한 느낌을 준다. 이는 가스를 많이 함유해 기포가 발생하기 때문이며, 같은 조건(같은 시간)으로 추출 시 크레마가 일반적으로 액체보다 훨씬 많이 추출되는 것을 볼 수 있다.

2) 로스팅 후 일정 시간이 지나서 CO$_2$의 잔존량이 적당히 안정화되었을 때

커피가 가장 맛있는 상태로, CO$_2$ 가스가 적당히 있어 물이 커피 입자와 만나는 시간이 어느 정도 유지될 수 있게 한다. 그러므로 커피 속의 고형 물질을 충분히 알맞게 끌어낼 수 있기 때문에 적당한 크레마와 액체를 추출할 수 있다.

3) CO$_2$의 잔존량이 거의 없을 경우

커피의 크레마가 거의 없고 주로 액체만 빠르게 추출되는 것을 볼 수 있다.

③ 로스팅 후 숙성 단계별(CO₂ 잔존량에 따라) 추출

1) 먼저 세 가지 상태의 원두를 준비한다.

❶ 로스팅 후 얼마 안 된 콩

❷ 로스팅 후 약 10일 지난 콩

❸ 로스팅 후 약 1개월 이상 지난 콩

2) 각각 원두별로 같은 분쇄 굵기에, 같은 양을 계량한 후 같은 조건(추출 온도, 추출 시간, 추출압)으로 샷 글라스에 받아서 추출되는 과정을 관찰한다.

3) 각 상태별 추출 결과는 다음과 같다.

❶ **로스팅 후 얼마 안 된 콩** CO_2 잔존량이 많을 때

• 커피 속 CO_2 함량이 많아 크레마에 기포가 발생하는 것을 볼 수 있다.

• CO_2 잔존량이 많은 상태로 추출 시 크레마 속에 가스를 많이 함유하고 있다.

• 추출된 양을 비교했을 때 크레마의 양이 액체보다 많은 것을 볼 수 있다.

❷ 로스팅 후 약 10일 지난 콩 CO_2 잔존량이 적당할 때, 원두 상태가 안정화되었을 때(볶은 후 일정 시간 지났을 때)

- 커피 속 CO_2 함량이 적당하여 가늘고 균일하게 커피가 떨어지는 것을 육안으로 볼 수 있다.

- 크레마의 질감을 확인했을 때 기포 발생 없이 매끈하게 떨어지는 것을 볼 수 있다.

- 적당한 크레마 두께와 액체가 비율이 좋게 추출된다.

❸ 로스팅 후 약 1개월 이상 지난 콩 CO_2 잔존량이 적을 때(로스팅 후 시간이 많이 지났을 때)

- 거품이 맑은 색을 띤다.
- 거품의 일관성이 없고 얇다.
- 크레마가 빨리 없어진다.

- 점도 없이 빠르게 콸콸콸 쏟아진다.

- 크레마가 거의 없이 추출된다.

- 커피 상태를 보면 크레마는 거의 없으며, 얇고 구멍(홀)이 보인다.

7 커피 원두 평가

1 에스프레소 추출과 크레마

에스프레소 추출 시 나오는 크레마는 무엇인지 그 개념을 알고 크레마의 질에 따라 원두의 질과 상태를 평가할 수 있는 방법을 제시한다.

1) 에스프레소(espresso)

에스프레소의 가장 큰 특징은 드립 커피(여과식 커피)보다 농도가 짙다는 것이다. 같은 부피를 놓고 비교해 봤을 때 드립 커피보다 일정 부피 안에 용해된 고형체의 양이 많다. 그러나 흔히 생각하는 것과는 달리 카페인 함량이 적은데, 커피를 빠른 시간에 뽑아내어 에스프레소용 커피콩이 드립 커피에 비해 카페인이 낮은 경우가 대부분이기 때문이다. 에스프레소용 커피는 주로 내려먹는 커피보다 강하게 볶은 커피를 쓴다. 제대로 추출된 에스프레소는 맛이 매우 진하며 일반 커피에서 볼 수 없는 크레마를 볼 수 있다.

이렇듯 에스프레소에 있어서 압력은 상당히 중요한 부분을 차지한다. 에스프레소는 뜨거운 물을 가압하여 케이크라고 불리는 분쇄된 커피층을 통과시켜 수용성 성분뿐만 아니라 지용성 성분까지 추출하게 되어 맨 위는 크레마(crema)라고 불리는 거품층과 그 아래는 오일 방울들이 에멀전 형태로 흩어져 있는 특유의 음료이다.

물리적인 관점에서 보면 에스프레소는 뜨거운 물을 가압하여 압착된 커피층을 통과시킴으로써 물의 중력 에너지가 커피층에 소모되어 만들어지는 음료라고 말할 수 있다. 크레마는 원두의 향이 응축되어 있으므로 너무 두껍거나 엷으면 에스프레소의 적절한 맛을 즐기기가 어려운 만큼 크레마가 에스프레소의 맛을 좌우한다고 볼 수 있다.

2 크레마(crema)

에스프레소 거품을 이탈리아 용어로 크레마라고 한다. 크레마는 영어의 크림(cream)에

해당하는 말로서, 신선한 커피에서 나오는 지방 성분이 커피의 향 성분과 결합하여 생성된 미세한 거품으로 에스프레소의 향을 지속시켜 주는 효과가 있다. 크레마는 기체(이산화탄소, 휘발성 향미 물질)를 품고 있는 액상 막이 작은 거품 방울로 모여 있는 것이다.

커피에 계면 활성 성분의 화학적 본성이 아직까지 완전히 밝혀지지는 않았지만 당지질(glycolipid)이나 당단백질(glycoprotein)과 같은 복합 분자들이 이런 특성을 가지고 있다. 거품을 만들어내는 것(foamability)은 단백질성 물질이며 거품 속의 지속성(foam stability)은 다당류성 물질에 의한다. 이러한 크레마의 중요한 특성은 지속성이다.

크레마가 깨지면서 음료 표면이 드러날 때까지 적어도 몇 분간은 지속해 줘야 하는데, 이때 구멍이나 흰점 등이 없이 깨끗해야 한다. 잘 만들어진 에스프레소의 크레마 두께는 3~4mm 정도인데, 적어도 음료의 10%는 되어야 한다.

신선하지 않은 커피는 향기 성분이 이미 소실되어 풍부한 크레마가 생성될 수 없다. 색상은 밝은 갈색이거나 붉은 기운이 도는 황금색이어야 하며, 농도가 짙고 촉감이 부드러워야 한다. 완벽한 상태의 크레마는 약간의 줄무늬를 띠는데, 이를 타이거 스킨(tiger skin)이라고 부른다. 크레마의 색깔이나 지속력, 두께 등의 상태로 에스프레소를 평가할 수 있는데, 미디엄 로스트의 경우 황금색을, 다크 로스트의 경우 약간 붉은색을 띤다. 블렌딩에 로부스타를 사용하면 고형 성분의 양이 많아 크레마의 양도 많아진다.

③ 숙성도 차이, 즉 CO_2 잔존량에 따른 크레마의 차이

☕ 타이거 무늬가 있는 완벽한 크레마의 에스프레소

출처: 한국직업능력개발원, 커피 원두 선택, 2019, p.67

☕ CO_2 잔존량에 따른 크레마의 차이

· CO_2 잔존량이 많을 때(갓 볶은 커피)
· 크레마의 조밀도가 높고 가스가 많이 함유되어 거품이 많이 보인다.

· CO_2 잔존량이 적당할 때, 원두 상태가 안정화가 되어 있다.(볶은 후 일정 시간이 지났을 때)
· 매끈하고 윤기가 있으며 조밀도가 있고 안정되어 있다.

· CO_2 잔존량이 적을 때(로스팅 후 시간이 많이 지났을 때)
· 거품이 맑은 색을 띠고, 일관성이 없고 얇으며, 크레마가 빨리 없어진다.
· 크레마의 조밀도가 거의 없으며, 액체 부분의 홀이 보이고 크레마 두께가 얇다.

출처: 한국직업능력개발원. 커피 원두 선택. 2019. p.67,68

④ 커피의 신선도와 산패도 판별법

1) 후각에 의한 판별법

신선한, 즉 갓 볶은 커피의 CO_2 잔존량이 어느 정도 존재할 경우 향긋한 향이 강하고, 이 향은 시간이 지나 CO_2의 잔존량이 줄어들수록 약해진다. 오랜 시간이 지나면 매우 좋지 않은 담배꽁초와 비슷한 냄새가 나는데, 이는 산패된 향이다.

2) 시각에 의한 판별법

신선한 커피일 경우 처음 물을 부을 때 상당히 많이 부풀어 오른다. 이는 커피가 지니고 있는 가스, 즉 CO_2의 잔존량이 많기 때문이다. 이것은 가스가 많아 밖으로 배출되며 커피 입자와 만나 크게 부푸는 현상이다. 시간이 지나 CO_2의 잔존량이 줄어들고 거의 없어질 때 커피에 물을 부으면 물이 잘 스며들지 않고 물과 커피 가루가 잘 융합되지 않는다. 원두를 분쇄하지 않더라도 배전 후 2주 이상 지난 원두 역시 신선도가 떨어져 잘 부풀지 않는다.

3) 미각에 의한 판별법

오래된 커피일수록 불쾌한 신맛, 쓴맛, 떫은맛이 나고 기름에 찌든 냄새가 난다.

05
커피
가공법

1 커피의 수확 방법

커피 열매가 빨간색을 띠면 기계 또는 수작업으로 열매를 수확한다. 기계에 의존하는 수확은 수작업에 비해 덜 익은 열매가 혼입될 가능성이 많아 커피 맛에 영향을 미치는 경우가 많다.

커피의 수확 시기는 산지에 따라 다양하지만, 일반적으로 연 1~2회, 건기에 수확하는 경우가 많다. 브라질의 경우는 6월경 북쪽의 바이아주로부터 시작되어 점차 남쪽으로 내려와 10월경 남쪽의 파라나주에서 수확기가 종료된다. 중미 지역은 9월경에 저지대로 부터 수확이 시작되어 점차로 고지대로 수확이 옮겨져 1월경 수확 시기가 종료된다. 수작업 수확 방법에는 손으로 따는 방법과 열매를 지면에 떨어뜨려 모으는 방법이 있다.

손으로 따는 방법은 붉게 숙성된 열매만 골라서 따는 경우와 가지에 열린 열매를 잡아당겨 따는 방법으로 나눌 수 있는데, 가지로부터 열매를 잡아당겨 따면 미성숙된 열매도 함께 수확되는 경우가 많아서 품질에 악영향을 미치게 된다. 브라질과 에티오피아를 제외하고는 대부분의 아라비카 생산국에서는 손으로 수확하고 있다.

❶ 브라질처럼 대부분의 열매가 익기를 기다려서 나뭇가지를 잡아 훑어 내리거나 기계로 수확하는 경우도 있다.

❷ **Strip picking**　덜 익은 열매와 지나치게 익은 열매를 한꺼번에 수확함에 따라 품질이 좋지 않다.

❸ **Selective**(hand) **picking**　잘 익은 열매만을 8~10일의 간격을 두고 선택적으로 골라 딴다. 주로 아라비카에만 적용되며 많은 비용이 들지만 품질이 좋은 커피를 얻을 수 있다.

평균적으로 한 일꾼이 하루에 50~100kg의 체리를 수확하는데 이 중 원두는 20%를 차지하므로 하루 약 10~20kg의 원두를 수확하는 셈이다. 높은 곳에 달려 제때 수확하지 못한 열매는 가지에 달린 상태에서 숙성된다. 이러한 열매만을 모아 가공 처리한 커

그림 5-1 커피 체리가 익는 과정

| 미성숙 체리(Unripe) | 익은 체리(Ripe) | 과성숙 체리(Over-Ripe) | 마른 체리(Dry) |

피는 일본에서 완숙 커피라고 불리는데, 땅에 떨어져 썩거나 새, 벌레가 먹어버려 정상적인 열매는 그 양이 매우 적다. 감미와 향이 뛰어나 고가에 팔린다.

지면에 떨어뜨려 따는 방법은 익은 열매를 봉으로 치거나 명석을 바닥에 깔고 나무를 흔들어서 수확한다. 이 방법은 손으로 따는 방법에 비해서 이물질과 불량콩이 섞이기 쉽고, 지면이 습한 경우에는 이상한 냄새가 흡수되거나 떨어진 열매가 발효하는 등의 문제가 발생한다. 에티오피아와 로부스타종의 생산국에서 대부분 이 방법을 취하고 있으며, 기계화로 바뀌기 이전의 브라질에서도 이 방법을 사용했다.

1 박피

수확한 커피 열매는 외피층(Skin), 펄프층(Pulp), 양피지(Parchment)층, 내피층(Silver Skin)이 커피씨(커피 원두)를 감싸고 있다. 박피라 함은 커피씨를 감싸고 있는 여러 층들을 제거하는 과정을 말한다. 주로 양피지층까지만을 제거하는 것이 보통이다. 마지막 내피는 로스팅 과정에서 제거된다.

그림 5-2 커피 열매 내부

- 센터컷(center cut)
- 생두(coffee bean)
- 은피(silver skin)
- 내과피(parchment)
- 과육(pulp)
- 외피(skin)

② 수확 방법

1) 핸드 피킹(Hand Picking)

잘 익은 체리만을 선별하여 손으로 일일이 수확하는 방법으로 커피 품질은 우수하나 여러 번 수확해야 하므로 비용이 많이 드는 단점이 있다.

❶ 여러 번에 걸쳐서 익은 것만 골라서 수확할 수 있다.
❷ 고른 품질을 얻을 수 있다는 장점이 있다.
❸ 인건비가 많이 든다.
❹ 워시드(Washed) 생산 지역에서 주로 수확하는 방법이다.

2) 스트리핑(Stripping)

소젖을 짜는 동작과 비슷하여 밀킹(Milking)이라고도 하는데, 체리가 어느 정도 익었을 때 커피나무 아래에 천을 깔고 손으로 가지를 훑어 한 번에 모든 체리를 수확하는 방법이다.

❶ 모든 체리를 한 번에 훑어서 수확한다.
❷ 비용이 절감된다는 장점이 있다.
❸ 나무가 손상되거나 수확한 품질이 균일하지 않다.
❹ 내추럴(Natural) 가공, 로부스타(Robusta) 가공 생산 지역에서 주로 수확하는 방법이다.

3) 기계에 의한 수확(Mechanical Harvesting)

노동력 절감으로 대량 수확이 가능하나 선별 수확이 어렵다. 커피나무 손상의 위험성이 내재하며 고가의 기계 구입 등이 단점이다.

❶ 대규모 농장에서 많이 사용되는 방법이다.
❷ 품질은 사람에 의해 수확된 것보다 떨어진다.
❸ 브라질 등 대규모 농장에서 주로 사용하는 방법이다.

표 5-1 커피 수확 방법

	장 점	단 점
핸드피킹	· 잘 익은 체리의 선별 수확이 가능하다. · 재배 지역이나 농장 경사도 등의 영향을 받지 않는다.	· 작업 효율성이 가장 떨어진다. · 인건비의 부담이 가장 크다. · 잘 익은 체리를 고르는 숙련된 노동 인력을 필요로 한다.
스트리핑	· 비교적 빠른 속도로 수확이 가능하다. · 재배 지역이나 농장 경사도 등의 영향을 받지 않는다.	· 잘 익은 체리의 선별 수확이 어렵다. · 미성숙두나 과성숙두가 많이 섞이게 된다. · 커피나무에 손상을 줄 수 있다.
기계 수확	· 대량 재배, 대량 수확이 가능하다. · 인건비가 대폭 절감된다.	· 잘 익은 체리의 선별 수확이 어렵다. · 재배 지역이 평탄하고 넓어야만 가능하다. · 커피나무의 손상이 가장 크다.

출처: 박창선, 커피플렉스, 2018, 백산출판사, p.134

③ 커피 재배 국가의 수확 시기

❶ 수확기는 지리학적인 위치에 따라 달라지지만 한 해에 한 번의 수확을 하는 것이 일반적이다.

❷ 우기와 건기의 구별이 뚜렷할 경우 북반구에서는 9~3월까지, 남반구에서는 4~5월까지가 주된 수확기이다.

❸ 적도 부근의 나라는 일 년 내내 수확이 가능하다.

❹ 콜롬비아나 케냐같이 우기와 건기의 구별이 뚜렷하지 않은 나라에서는 일 년에 두 번의 개화기가 있어 수확기도 두 번이다.

🫖 표 5-2 커피 재배 국가의 수확 시기

국가명	1월	2월	3월	4월	5월	6월	7월	8월	9월	10월	11월	12월
인도네시아(수마트라)	■	■										■
인도네시아(자바)	■	■	■									
인도네시아(발리)				■	■	■	■	■	■			
인도네시아(술라웨시)				■	■	■	■	■	■			
인도네시아(플로레스)						■	■	■	■			
베트남	■	■	■							■	■	■
태국	■	■	■								■	■
라오스	■	■	■								■	■
캄보디아	■	■	■								■	■
미얀마	■	■	■								■	■
인도	■	■	■								■	■
예멘	■									■	■	■
동티모르					■	■	■	■	■			
하와이	■	■	■					■	■	■	■	■
파푸아 뉴기니				■	■	■	■	■	■			
바누아투						■	■	■	■			
호주						■	■	■	■			
브라질					■	■	■	■	■			
콜롬비아	■	■	■	■				■	■	■		
코스타리카					■	■	■	■	■	■		
과테말라	■	■	■					■	■	■	■	
페루	■	■	■		■	■	■	■	■			
멕시코	■	■	■						■	■	■	■
엘살바도르	■	■	■							■	■	■
온두라스	■	■	■							■	■	■
나카라과	■	■	■							■	■	■
파나마	■	■	■							■		■
자메이카	■	■	■							■	■	■
에티오피아	■	■	■					■	■	■	■	■
르완다				■	■	■	■					
케냐	■	■			■	■	■			■	■	■
탄자니아						■	■	■	■	■		
부룬디		■	■	■	■		■					

출처: 박창선, 커피플렉스, 2018, 백산출판사, p.134~135

2 커피 가공

가공 방식은 크게 건식법과 습식법으로 구별된다. 커피의 가공 과정은 방법에 따라 맛과 향 차이를 보이는데 커피 품질에 중요한 영향을 미친다. 보통은 건조한 지역 및 물이 부족한 지역에서는 건식법 프로세스를, 건기와 우기가 있는 지역에서는 워시드 프로세스를 선호한다. 일부 예외가 있기는 하지만 습식법으로 처리된 원두는 마일드, 건식법으로 처리된 원두는 로부스타와 브라질이다.

1 열매에서 커피콩이 되는 순서

1) 자연 건조법

익은 열매 → 자연 건조(나무에서) → 이물질 제거 → 씨앗의 껍질과 내피 분리 → 크기에 따라 분류 → 여러 기준으로 등급 나누기 → 커피콩

2) 물 세척법

익은 열매 → 과피와 과육을 벗겨낸 후 발효시켜 물로 씻기 → 자연 또는 열풍 건조 → 이물질 제거 → 씨앗의 껍질과 내피 분리 → 크기에 따라 분류 → 여러 기준으로 등급 나누기 → 커피콩

그림 5-3 열매에서 커피콩이 되는 순서

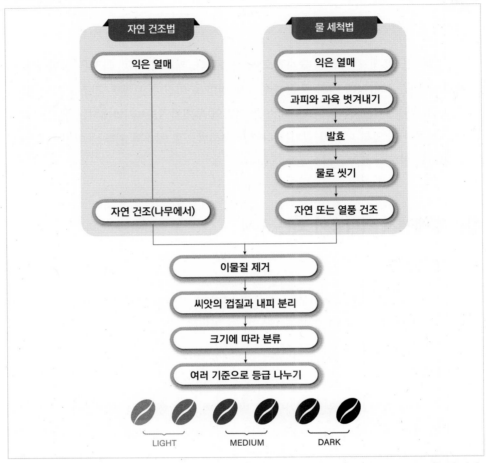

©www.hanol.co.kr

② 열매의 가공 방식

1) 건식 가공법(Dry Process)

가장 간단하고 경제적이며 전통적인 방법으로 커피 열매를 먼저 햇빛이나 기계로 건조한다. 이때 주의할 점은 커피 열매가 건조 과정에서 습도가 약 11% 정도까지 건조되면 외곽이 갈색으로 변하고 쉽게 부스러지기 때문에 발효되지 않도록 하는 것이다. 건조된

그림 5-4 건식법

커피 열매의 외곽 3개 층을 기계로 동시에 제거한다. 이 방법의 경우 불량 원두나 이물질이 혼입할 가능성이 높으며 커피 맛은 열매 과육의 영향으로 좀 더 복잡성을 띤다.

햇볕이 좋은 지역에서 이용하는 방식이며 물을 사용하지 않는다. 균일하게 볕에 말리는 게 중요하며, 휴지기를 거치면 파치먼트를 벗겨내는 작업을 한다. 향이 좋고 원두의 바디가 강하며 조금 거친 맛이 난다. 주 생산지는 에티오피아, 브라질, 인도네시아 등이다. 주로 5~10월까지가 마시기 좋다. 워시드 커피에 비해 상미 기간이 짧다.

① 자연 건조

- 옛날부터 사용되던 방식으로 물을 사용하기 힘든 지역, 소규모 농원에서 사용한다.
- 자연 건조의 경우 햇빛을 이용하기 때문에 별도의 설비 투자가 필요하지 않다.
- 수확한 것 중 덜 익었거나 너무 익은 것, 손상된 것을 제거하는 분리 과정 후 주로 시멘트나 콘크리트로 만들어진 건조장이나 맨땅에서 약 2주 정도 건조한다.
- 건조 기간 중에는 윗부분과 아랫부분을 자주 고루 섞어 주어야 하며, 밤에는 이슬을 피하기 위해 한 곳에 모아 덮개를 씌워주어야 한다.
- 건조가 잘 되었을 경우 커피 열매를 흔들면 커피 원두와 외과피가 부딪히는 소리가 나는데 이때의 수분 함량은 약 20% 정도이다.
- 건조된 체리의 과육을 제거하면 커피 원두를 얻게 되는데, 이를 다시 건조하여 수분이 12~13% 정도가 되도록 한다.

- 그 후 크기에 따라 등급을 분류하고 이물질을 제거하게 되는데, 자동화된 설비를 이용하기도 하고 인건비가 싼 나라는 수작업에 의존한다.
- 이후 마대에 담는 과정을 거치면 우리가 접하는 원두가 된다.

② 인공 건조

- 건조탑 설비를 요하는데 인건비가 비쌀 경우 주로 이용한다.
- 이때 건조하는 온도가 품질에 미치는 영향은 매우 크다.
- 보통 50℃의 열풍으로 3일 정도 건조하는데, 이때 건조하는 온도가 품질에 미치는 영향은 매우 크다.

표 5-3 건조 상태에 의한 수분 함유율

명칭	Fresh Cherry	Dry Coffee Cherry	Unwashed/Natural Coffee
상태	수확한 체리	건조된 체리	탈곡된 생두
중량	100kg	37kg	19kg
수분 함유율	65%	12%	12%

2) 반세척 공법(Semi Washed Process)

　외피층을 1차적으로 기계로 제거하고 건조한다. 건조된 커피 열매의 펄프층과 양피지 층을 기계로 제거하는데, 이때 커피 열매는 기계 속에서 물에 젖게 된다.

　발효 과정이 아닌, 기계를 사용하여 점액질을 제거하는 방식이다. 펄핑 후 점액질을 제거하지 않고 건조하는 방식으로 점액질이 생두에 그대로 흡수되어 단맛이 풍부하게 된다. 주로 브라질에서 이렇게 생산한다.

3) 습식 가공법(Washed Process)

외피층을 1차로 기계로 제거하고 외피가 제거된 커피 열매와 효소를 함께 물속에 담가 자주 저어준다. 펄프층은 당도가 매우 높은 과육으로 구성되어 있어 온도만 적당하면 발효가 진행되는데 효소는 발효를 가속시킨다. 발효가 진행되면 펄프층은 제거가 용이한 상태로 변해 물로 발효된 펄프층을 씻어낸다. 펄프를 제거하는 과정을 펄핑(Pulping)이라고 부른다. 펄핑이 완료된 열매는 습도 11% 수준까지 건조한다. 건조된 커피 열매의 양피지층을 기계로 제거하고 최종적으로 불량을 선별한다. 이 방법의 경우 펄핑 과정에서 많은 부분의 불량이나 이물질이 제거되기 때문에 드라이 프로세스의 경우 불량이나 이물질 혼입율이 매우 적으며, 커피 열매 과육의 영향이 적어 맛이 깨끗하다.

수확된 열매의 이물질을 제거하고 무거운 열매와 가벼운 열매를 분리한다. 그리고 외부를 감싸고 있는 과육을 제거한다. 과육을 제거하면 파치먼트에 점액질이 남는데, 그 상태로 16~36시간 동안 물속에서 숙성시킨다. 숙성이 끝나면 여러 번 세척 후 건조하여 가공을 완료한다. 습식법의 경우 신맛이 나며, 주요 생산국은 콜롬비아, 에티오피아 등이다.

① 분리 → 펄핑 → 점액질 제거(발효) 세척 → 건조
② 기계를 사용하거나 발효 과정을 거쳐 점액질을 제거한다.
③ 발효 시간은 16~36시간이다.
④ 환경 오염 문제가 있다.
⑤ 건식에 비해 품질이 균일하고 양호하다.
⑥ 좋은 신맛과 풍미를 가진다.
⑦ 대부분의 아라비카 생산국에서 하는 방식이다.

4) 건식 가공법과 습식 가공법의 차이

두 방식의 가장 큰 차이는 수용성 성분의 화학적 성분에 있다. 건식 가공 커피가 습식 가공 커피보다 고형 성분을 더 많이 함유하고 있다. 건식 가공 커피는 과육을 제거하지 않고 체리 상태에서 건조시키기 때문에 점액질에 존재하는 당 성분이 그린 빈 속으로 이동하기 때문이다.

습식 커피는 발효와 세척 과정에서 고형 성분 손실이 발생하므로 상대적으로 건식 커피가 바디가 강하고 단맛이 좋다. 동일한 생두를 가공했을 때도 가공 방식에 의해 차이가 생긴다.

③ 커피 건조

커피 건조는 정제된 커피의 60~65%에 달하는 수분 함량을 12%로 낮추기 위한 건조 과정이며, 햇볕 건조와 기계 건조 방식이 있다.

커피 수확 후 커피 체리로부터 생두를 분리시킨 후 물에 씻어내는 수세식 방법과 커피 체리를 딴 후 땅에 널어 햇볕에 말리는 자연 건조식 방법이 있다.

수세식 방법은 물에 담갔다가 펄프 머신(Pulping Machine)을 이용하여 체리의 껍질과 씨를 벗겨낸 후 원두에 남아 있는 잔여물 제거를 위해 발효시키고, 원두에 붙은 껍질을 물로 세척한다. 잘 세척된 커피를 햇볕에 건조시키고 나면 마른 파치먼트(Parchment), 즉 커피의 껍질을 벗겨내는 과정(Hulling Process)을 거친 다음 커피의 등급을 부여한다. 수세식 방법은 건조식 방법보다 비용이 더 많이 드는 반면, 각 과정을 통해 보다 질이 좋은 커피를 선별할 수 있어 맛이 부드럽다.

자연 건조식 방법은 커피 체리를 수확한 후 즉시 땅 위에 널어 3~4주 정도 햇볕에 말린다. 그 후 돌이나 장비를 이용하여 체리 껍질과 파치먼트를 동시에 생두로 분리시키는 것으로, 건조하는 동안 지속적으로 날씨가 맑고 뜨거워야 하기 때문에 날씨의 영향을 많이 받는다. 과육에 미생물이 생성될 수 있기 때문에 맛에 있어서 일관성이 떨어질 수 있고, 질적으로 낮은 커피가 나올 수 있다.

대표적인 건조 방식은 다음과 같다.

❶ 파티오(Patio) 건조 방식

콘크리트나 아스팔트 및 타일로 된 건조장에서 건조하며, 파치먼트는 7~15일, 체리는 2~21일 정도 걸린다.

② 테이블 건조 방식

건조대 위에 커피를 펼쳐서 건조하는 방식으로 주로 파치먼트 건조에 사용하며 5~10일 정도 걸린다.

③ 기계 건조 방식

커피에 수분이 20% 이하가 되면 기계 건조기에서 40℃ 정도의 온도로 건조한다.

06

커피 기계
운용

1 에스프레소 머신 운용

1 커피 기계 구조의 이해

1) 커피 기계 외부의 구조

그림 6-1 커피 기계의 외부 구조

① 전원 버튼
② 컵 워머
③ 온수 버튼
④ 추출 작동 버튼
⑤ 스팀 레버
⑥ 스팀 완드(스팀 파이프)
⑦ 온수 노즐
⑧ 그룹 헤드
⑨ 스팀, 추출수 압력 게이지
⑩ 보일러 수위 표시계
⑪ 싱글 포터필터
⑫ 더블 포터필터
⑬ 드레인 박스, 드립 트레이

2) 커피 기계 외부 부품의 명칭

❶ 전원 버튼: 기계에 전원을 공급하는 스위치

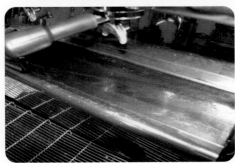

❷ 드립 트레이(drip tray): 기계에서 떨어지는 물을 받아 배수로 보내는 배수 받침대

❸ 드립 트레이 그릴(drip tray grill): 커피 추출 시 컵을 놓는 컵 받침대

❹ 스팀 파이프(steam pipe): 스팀이 나오는 스팀 노즐

⑤ 스팀 밸브(steam valve):
스팀 사용 시 스팀을 열어 주는 밸브

⑥ 핫 워터 디스펜서(hot water dispenser):
온수 추출 시 온수가 떨어지는 추출구

⑦ 수압계(water pressure manometer): 커피 추
출 시 펌프의 압력을 표시해 주는 펌프
압력계

⑧ 보일러 압력계(boiler pressure manometer):
스팀 온수 보일러의 압력을 표시하는 스
팀 압력계

⑨ 그룹 헤드(dispensing group head): 커피 물이
데워지고 커피를 추출하는 곳

⑩ 원컵 추출 필터 홀더(one-cup filter holder):
한 잔 추출용 포터필터(6~7g 사용)

⑪ 투컵 추출 필터 홀더(two-cup filter holder):
두 잔 추출용 포터필터(12~14g 사용)
- filter holder knob: 포터필터 손잡이
- filter holder spring: 필터 고정 스프링
- 1 cup filter: 한 잔 추출용 필터
- 2 cup filter: 두 잔 추출용 필터
- 1 cup spout: 한 잔 추출용 추출구
- 2 cup spout: 두 잔 추출용 추출구

⑫ 발받침(adjustable foot): 기계 높이 조절 발

⑬ hot water dispensing buttons:
온수 추출 버튼

⑭ 커피 컨트롤 버튼(coffee control buttons):
커피 추출 버튼
- 적은 양을 추출하는 에스프레소 버튼으로 한 잔 그림
  은 한 잔 분량, 두 잔 그림은 두 잔 분량을 추출한다.
- 연속 추출 버튼은 수동으로 작동한다.
- 많은 양을 추출하는 에스프레소 버튼으로 한 잔 그림
  은 한 잔 분량, 두 잔 그림은 두 잔 분량을 추출한다.

3) 커피 기계 내부의 구조

그림 6-2 커피 기계의 내부 구조

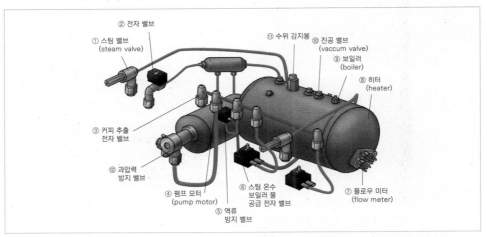

©www.hanol.co.kr

4) 커피 기계 내부 부품의 명칭

부품	내용
① 스팀 밸브(steam valve)	스팀 사용 시 스팀의 개폐를 담당한다.
② 전자 밸브	온수 전자 밸브와 커피 추출 전자 밸브가 있다.
③ 커피 추출 전자 밸브	급수의 과수압을 방지해주는 안전 밸브이다.
④ 펌프 모터(pump motor)	에스프레소 추출 시 압력을 만드는 장치
⑤ 역류 방지 밸브	커피 보일러의 물이 역류하는 것을 막아주는 역할을 한다.
⑥ 스팀 온수 보일러 물 공급 전자 밸브	스팀 온수 보일러에 물을 공급하고 차단하는 역할을 한다.
⑦ 플로우 미터(flow meter)	에스프레소 추출 시 물 양을 감지하는 센서이다.
⑧ 히터(heater)	보일러의 물을 데우는 역할을 한다.
⑨ 보일러(boiler)	커피 물과 온수, 스팀을 생산하는 부품이다.
⑩ 진공 밸브(vaccum valve)	보일러의 공기를 빼주는 역할을 한다.
⑪ 수위 감지봉	온수나 스팀 사용 시 수위가 내려갈 때 이를 감지하여 물을 보충해 주는 역할을 한다.
⑫ 과압력 방지 밸브	스팀 온수 보일러에서 규정 이상의 압력이 올라갈 경우 보일러를 보호하기 위해 작동하는 안전장치이다.

단일 보일러(single boiler)형 머신 온도 설정하기

　　단일 보일러 머신은 전통적인 모델에 적용되는 온도 시스템을 가지고 있다. 이는 보일러 내부에 형성되는 압력을 온도로 환산해 작용하는 것으로, 현대화된 기계보다 정확도는 떨어지지만 아직 많은 모델에서 사용되는 방식이다. 단일 보일러 머신의 온도를 설정하기 위해서는 먼저 머신의 외부 커버를 제거해야 한다. 머신에 따라 한쪽 커버나 위쪽 커버만 제거하면 보일러의 온도 컨트롤이 가능한 경우가 많다.

　　커버 제거 후 압력 스위치(pressure switch)를 '+방향'으로 돌리면 보일러 내부의 압력이 증가하게 되고 온도도 올라가면서 추출 온도와 스팀 압력이 강해지게 된다. 반대로 '-방향'으로 돌리게 되면 내부 압력이 하락하고 온도도 내려가면서 추출 온도와 스팀 압력이 약해지게 된다. 유의할 점은 압력을 강하게 해서 온도를 올리더라도 즉시 확인 가능한 것이 아니라 5분 정도의 사용을 통해 결과를 알 수 있다는 것이다. 보통 스팀 압력계의 1.0~1.2bar에 이르도록 설정한다.

다중형 보일러(multi boiler)형 머신 온도 설정하기

　　다중형 보일러를 채택한 머신은 PID가 적용되면서 더 정확하게 추출 온도를 설정하고 또 유지할 수 있는 능력을 가지고 있다. 최근 모델에 적용되는 기술로 보통 디지털 방식을 채용하면서 단일 보일러 방식에 비해 더 정확한 온도 설정이 가능해졌다. 온도 설정은 즉시 변경 가능하며 변경되는 온도의 상승이나 하락을 디지털로 확인하면서 추출해 볼 수 있다.

❷ 에스프레소 머신 운용하기

1) 에스프레소 머신의 추출 온도를 설정한다

❶ 커피 추출 온도를 확인한다.
❷ 커피를 추출해 상태를 확인한 후 원하는 온도로 설정한다.

2) 에스프레소 머신의 추출 압력을 설정한다

❶ 그룹의 버튼을 작동하여 펌프계의 압력을 확인한다. 8~10bar를 가장 많이 사용하는데, 이때 펌프 압력계에서 압력을 확인한다.

② 펌프가 있는 부분의 커버를 연다. 머신에 따라 펌프는 머신의 내부에 장착된 형태와 외부에 따로 설치된 형태를 확인한다.

③ 펌프의 조절 나사 고정 너트를 푼다. 왼쪽으로 돌리면 풀리는데 손으로 풀리지 않을 경우 몽키 스패너로 풀어준다.

④ 추출 버튼을 작동한다. 제조 회사에 따라서는 커피를 정상적으로 투입해야 정확한 압력을 측정할 수 있다.

⑤ 펌프 압력계를 보면서 펌프의 압력 조절 나사를 돌려 원하는 압력으로 설정한다. 왼쪽으로 돌리면 압력이 낮아지고, 오른쪽으로 돌리면 압력이 높아지는 것을 확인할 수 있다.

⑥ 메뉴 버튼을 작동하여 설정된 압력을 다시 확인한다.

⑦ 펌프의 조절 나사 고정 너트를 오른쪽으로 돌려 고정한다.

⑧ 커버를 덮는다.

3) 에스프레소 머신의 커피 추출량을 설정한다

보통 추출 버튼은 5개가 하나의 그룹으로 구성된다. 제조사에 따라 기억시키는 방법은 다를 수 있다. 따라서 교수자의 에스프레소 머신에 따른다.

① 커피를 추출하는 방법과 동일하게 담아서 장착한다.

② 맨 오른쪽 기능 버튼을 5초간 누른다. 5초가 지나면 불빛이 점등한다.

③ 물 양을 기억시킬 버튼을 누르고, 원하는 무게 또는 양만큼 추출되면 다시 버튼을 누른다.

④ 다른 버튼도 1~3의 순서에 따라 물 양을 기억시킨다.

⑤ 기억시킨 물 양이 다시 정확히 나오는지 확인하기 위해 커피를 담고 추출해 본다.

추출량의 선택

에스프레소 머신은 추출량을 입력하지 않고 바리스타가 추출 시작과 완료 버튼을 눌러 추출하는 프리(free) 방식과 추출량을 기억해 두고 사용하는 방식의 두 가지가 있다. 프리 방식은 시험이나 대회에서 주로 사용하고 있으며 바리스타에게 자율권이 보장된 매장에서 사용하기도 한다. 그러나 일반적으로 매장에서는 추출량을 메모리해 두고 사용하는 방식을 택하고 있다. 문제는 에스프레소 머신마다 추출량을 메모리하는 방식이 다르다는 점이다. 따라서 기계 회사로부터 교육을 받아 메모리하거나 매뉴얼을 참조하여 메모리양을 변경하는 것이 좋다. 메모리 변경을 시도하는 경우에는 항상 커피를 정확히 분쇄하고 투입한 후 메모리를 변경해야 한다. 이유는 투입된 커피가 흡수하는 물의 양이 있으므로 기계적으로는 흡수하는 양을 포함해 물 양을 기억시켜야 하기 때문이다.

버튼마다 다른 물 양을 기억시켜 두는 경우도 있다. 메뉴별로 커피 농도를 다르게 사용하거나 포터필터 싱글과 더블을 따로 사용하는 경우도 그렇다. 보통 한 그룹당 4개의 물 양을 기억해 둘 수 있는데 추출 버튼이라고 통칭해서 사용하게 된다.

또한 추출에 사용하는 커피양을 부피 개념인 mL로 사용하기도 하고, 더 정확하게 측정하기 위해 무게인 g을 사용하기도 한다. 부피 개념인 mL를 사용하게 되면 크레마가 휘발되면서 부피가 줄어들게 되는 문제를 개선할 수 있다. 무게를 사용하는 경우에는 투입한 커피 양과 비교해 투입량의 2배를 넘지 않도록 추출량을 메모리한다. 만약 18g을 투입했다면 추출하는 커피의 양은 36g을 넘지 않게 메모리 한다는 뜻이다.

보통 좌측 그룹의 물 양을 메모리하면 우측 그룹도 같은 물 양을 기억하게 된다. 만약 다르게 메모리하고 싶다면 우측 그룹만 따로 메모리 작업을 할 수 있다.

4) 커피 종류에 따른 적절한 방법으로 에스프레소 머신을 작동시켜 추출한다

만약 각 추출 버튼마다 다른 물 양을 메모리했다면 보통 리스트레또(20~25mL), 에스프레소(30mL), 리스트레또 더블(40~50mL), 에스프레소 더블(60mL)로 메모리해서 추출한다.

5) 에스프레소 머신의 작동 오류 시 이상 유무를 파악한다

6) 소모품 교체 주기와 파악된 이상 유무를 판단해 에스프레소 머신의 소모품을 교체한다

7) 커피 음료에 영향을 주는 에스프레소 머신의 오염 범위를 세척한다

머신 청소는 좋은 커피를 추출하고 좋은 서비스를 제공하는 데 기본이다. 모든 교육 과정에서 머신을 청소하고 관리하는 능력이 필요하다. 에스프레소 머신의 운용에서 머신의 오염 범위라고 하면 머신의 청소, 그룹 헤드, 포터필터, 배수구에 대한 세척을 말한다.

 세제를 이용한 청소에서 주의할 점

세제를 이용해 청소하는 경우 세제가 포터필터의 손잡이 부분에 닿지 않도록 주의한다.

② 커피 그라인더 운용

1) 추출 도구에 맞게 커피 그라인더의 분쇄 굵기를 조절한다

커피 분쇄는 추출이 쉽고 효율적으로 이루어지도록 하기 위한 과정이다. 따라서 분쇄 굵기를 추출 방법에 따라 조절할 수 있어야 한다.

 에스프레소용 원두 사용량을 조절할 수 있다(레버형)

에스프레소용 원두 사용량은 사용하는 포터필터의 바스켓 사이즈에 따라야 한다.

❶ 저울을 준비한다.

❷ 포터필터를 올리고 '0'을 맞춘다.

❸ 레버형 그라인더를 작동시킨다.

❹ 레버를 당겨 바스켓에 담기는 양을 바스켓의 가장 높은 부분과 비슷하게 담는다.

❺ 저울에 올려 무게를 확인하면서 부족하면 더 담아야 하고 많다면 덜어내야 한다. 이때 도저 안으로 다시 파우더를 담아서는 안 된다.

❷ 에스프레소용 원두 사용량을 조절할 수 있다(자동형)

① 저울을 준비한다.

② 포터필터의 바스켓 용량을 확인한다.(여기서는 14g으로 가정한다.)

③ 저울에 포터필터를 올리고 '0'점을 조정한다.

④ 그라인더를 이용해 원두를 분쇄한다.

⑤ 포터필터에 바스켓 용량에 맞는 커피 무게가 담기도록 저울을 통해 확인한다.

⑥ 정확히 무게를 측정했다면 에스프레소 머신에 장착한다.

⑦ 타이머를 이용해 추출하면서 시간을 체크한다. 이때 작은 저울을 이용해 추출되는 양을 체크해도 좋다.

⑧ 25초에 28g 또는 60mL가 추출되는지 확인한다.

⑨ 20초보다 짧은 시간 동안 추출되었는지 확인한다. 30초보다 긴 시간 동안 추출되었는지 확인한다.

⑩ 그라인더의 입자 조절기를 작아지는 방향(fine)으로 돌린다. 만약 고정 핀이 있는 그라인더라면 고정 핀을 누른 상태에서 입자 조절기를 돌려야 한다.
그라인더의 입자 조절기를 커지는 방향(coarse)으로 돌린다. 만약 고정 핀이 있는 그라인더라면 고정 핀을 누른 상태에서 입자 조절기를 돌려야 한다.

⑪ 약 40g을 갈아서 버린다. 제조사에 따라 약 80g을 갈아 버려야 하는 경우도 있다.

⑫ 다시 4~7번을 반복해서 추출 시간이 25초에 가깝게 추출되는지 확인한다.

❸ 드립용 그라인더의 사용량을 계량할 수 있다

드립용 그라인더는 보통 저울에 원두를 계량해서 사용하므로 굵기 조정이 용이하다.

① 저울을 준비한다.

② 계량컵을 저울에 올린다.

③ 분쇄하려는 원두량을 계량한다. 여기서는 25g으로 설정한다.

④ 그라인더의 입자 크기가 드립용에 있는지 확인한다. 약 0.5mm보다 큰 입자이다.

⑤ 계량된 원두 외에 동일 원두 5g 정도를 그라인더 청소용(린싱용)으로 사용한다. 이때 입자의 크기가 드립용 입자 크기인지 확인한다.

⑥ 계량된 원두를 호퍼에 올리고 그라인더를 작동시킨다.

❼ 계량컵을 출구에 받치고 호퍼 개폐기를 연다.

❽ 분쇄된 커피 양이 25g인지 저울을 이용해 다시 확인한다.

표 6-1 굵기에 따른 분쇄 입자의 특성

입자 크기	굵게	중간 굵기	가늘게	미분
입자 크기	1.0~0.8mm	0.7~0.6mm	0.5~0.4mm	0.3mm 이하
추출 방식	퍼콜레이터	드립, 커피메이커	드립, 싸이폰, 에스프레소	에스프레소, 튀르키예식

출처: 한국직업능력개발원, 커피 기계 운용, 2019, p.45

❹ 에스프레소용 그라인더의 커피 입자를 조절할 수 있다

에스프레소용 입자의 크기는 보통 0.3mm 이하로 선택하도록 되어 있다. 정확히 측정하려면 분쇄한 커피 파우더를 입자 분류기에 넣고 측정한다. 그러나 보통 매장의 경우에는 평균 투입량을 넣고 테스트하면서 입자를 조절한다. 머신의 온도와 압력이 정상인지 확인한 다음 입자 조절을 한다.

❺ 드립용 그라인더의 커피 입자를 조절할 수 있다

드립용 또는 기타 용도의 그라인더 역시 입자를 조절하는 방식은 대부분 동일하다. 보통 0.5mm 이상의 입자에 맞추어 입자를 조절한다. 보통 중력에 의해 흘러내리는 방식이므로 입자 조절은 자신의 추출 스타일에 맞추어 결정해야 한다. 사용하는 분쇄 커피양도 각기 다르다.

또한 현대에 들어 커핑용으로 분쇄하는 경우가 많다. 커핑용은 0.841mm 정도로 분쇄하는 것이 일반적이다. 이 방식은 담금법(steep)이므로 크기에 영향을 덜 받을 것으로 생각하기 쉽지만 사실 농도 등에 많은 영향을 준다.

2) 추출 도구에 맞게 분쇄할 커피 원두 사용량을 조절한다

추출 도구에 맞게 커피 원두 사용량을 조절하기 위해서는 에스프레소용 그라인더와 드립용 그라인더에 따라 다르게 이용한다. 먼저 에스프레소용 그라인더에서 사용량을 조절하는 경우에는 입자와 관련이 있다. 도저 레버를 조절해 한 번 배출 레버를 당길 때마다 배출되는 양을 바꾸는 방법이 있다. 자동 그라인더의 경우에는 분쇄 시간을 조정해서 양을 조절할 수 있다. 보통 자동 그라인더의 시간 조절은 0.05초 또는 0.01초 단위로 조정할 수 있다.

3) 커피 그라인더의 작동 오류 시 이상 유무를 확인한다

그라인더의 작동 오류는 실수에서 고장에 이르기까지 다양하다. 보통 초보자들이 원두가 갈리지 않는다고 하는 경우는 호퍼 개폐기를 열지 않은 경우가 많다. 여러 가지 증상별로 살펴보는 방법을 열거해 본다.

① 원두가 갈려 나오지 않는 경우

- 호퍼 개폐기가 닫힌 경우
- 그라인더의 모터가 작동하지 않는 경우
- 입자가 너무 작은 크기로 조정되어 막히는 경우
- 장시간 사용하지 않으면서 청소를 해두지 않은 경우
- 반자동 그라인더 배출 레버의 리턴 스프링이 고장 난 경우
- 돌 등 이물질이 끼인 경우

② 전원이 들어오지 않는 경우

- 코드가 빠진 경우
- 접촉 불량인 경우

4) 커피 그라인더 유형에 따라 적절한 방법으로 커피 그라인더를 작동할 수 있다

그라인더의 유형에는 에스프레소용과 같이 한 종류의 원두를 연속 그라인딩해서 사

용하는 경우와, 드립 그라인더와 같이 여러 종류의 원두를 린싱해 가면서 필요한 양만 넣어서 사용하는 경우가 있다.

❶ 반자동 에스프레소 그라인더

- 호퍼를 장착한다.
- 전원 코드를 꽂는다.
- 호퍼 뚜껑을 열어 원두를 넣는다.
- 스위치를 켜고 그라인더의 모터가 가동되는지 소리로 확인한다.
- 호퍼 개폐기를 연다.
- 스위치를 3초 정도 눌러 가동시키고 다시 멈춘다.
- 분쇄 점검용 컵을 받치고 배출 레버를 당겨 분쇄된 파우더의 입자가 정상적인지 확인한다. 물론 손으로 만져 정확한 입자를 측정하는 것은 어렵다. 단지 입자가 비정상적으로 가늘거나 굵은 경우인지 확인한다.
- 정상적이라면 사용하는 필터 바스켓에 맞는 양을 분쇄해서 추출 테스트를 한다. 비정상이라면 입자를 조절한다.

❷ 자동 에스프레소 그라인더

- 호퍼를 장착한다.
- 전원 코드를 꽂는다.
- 스위치를 켜서 대기 상태로 만든다.
- 수동 버튼을 눌러 모터가 작동되는지 소리를 확인한다.
- 원두를 넣고 호퍼 개폐기를 연다.
- 분쇄 점검용 컵을 받치고 수동 버튼을 3초 정도 누른다.
- 입자의 크기가 정상 범위인지 시각과 촉감으로 확인한다.
- 정상적이라면 사용하는 필터 바스켓에 맞는 양을 분쇄해서 추출 테스트를 한다. 비정상이라면 입자를 조절한다.

❸ 드립 그라인더

- 호퍼를 장착한다.

- 전원 코드를 꽂는다.
- 10g 정도의 원두를 호퍼에 넣는다.
- 전원을 켜서 그라인더를 작동시킨다.
- 분쇄 점검용 컵을 받치고 호퍼 개폐기를 연다.
- 입자의 크기가 정상 범위인지 시각과 촉감으로 확인한다.
- 정상적인 사이즈라면 드립에 사용하는 무게(예 25g)를 저울에 계량한다. 비정상이라면 입자를 조절한다.
- 핸드 드립 순서에 맞추어 추출 테스트를 해본다.

5) 소모품의 교체 주기와 파악된 이상 유무를 판단해 커피 그라인더의 소모품을 교체한다

6) 커피 그라인더에서 원두가 닿는 부분을 청소한다

---

③ 보조 커피 기계 운용

목적에 맞게 보조 커피 기계를 사용해야 하며, 정수 연수기가 정상 압력을 유지하는지 항상 확인한다.

① 정수와 연수압력계 확인

❶ 정수 연수기의 압력을 확인하면서 씽크대의 상수도를 열어본다. 이때 압력계가 위험선에 닿는지 확인한다.
❷ 정수 파우치를 열어 압력계가 위험선에 닿는지 확인한다.
❸ 에스프레소 머신을 작동시키고 압력계가 위험선에 닿는지 확인한다.
❹ 만약 위험선에 닿는다면 교체 시기 전이라 하더라도 교체해야 한다.

2 전처리 필터의 상태 확인

전처리 필터는 색이 변하거나 아래쪽에 침전물이 생기면 사용 기간이 다 된 것으로 간주한다. 하지만 대부분의 경우 정해진 사용 기간이 지나면 교체하는 것이 좋다. 제조 사별로 사용 기간을 제시하고 있으므로 참조한다.

3 연수 필터의 연수 파우더 확인

연수 필터 중앙부의 파우더가 사라지면 연수 파우더를 새로 교체해야 한다. 따라서 수시로 확인하는 습관을 가져야 한다.

4 누전 차단기 테스트

① 에스프레소 머신의 전원을 차단한다.
② 에스프레소 머신에 전원을 공급하는 단독 누전 차단기의 단자함을 연다.
③ 테스트 버튼을 눌러 정상적인 작동이 이루어지는지 확인한다.
④ 차단된 스위치를 다시 연결한다.
⑤ 에스프레소 머신의 전원을 켠다.
⑥ 점검 일지에 내용과 일자를 기록하고 서명한다.

5 전처리 필터 교체

① 급수 밸브를 잠근다.
② 정수 파우치를 열어 남은 수압을 제거한다. 이때 정수·연수기와 연결된 에스프레소 머신, 제빙기, 온수기 등의 전원도 꺼야 한다.
③ 압력계가 '0'을 가리키는지 확인한다.
④ 새로 준비된 필터의 포장 재질과 비닐을 제거한다.
⑤ 전처리 필터 오프너로 필터를 돌려 풀어낸다. 이때 물이 가득 차 있어 무게가 무거

우므로 천천히 풀어야 한다. 오프너가 단단히 고정된 상태를 풀어냈다면 오프너를 내려놓고 두 손으로 천천히 돌려 풀어내도록 한다.

⑥ 씽크대로 이동해 안쪽의 필터를 제거하고 남은 물을 버린다.

⑦ 무해한 세제를 이용해 필터 하우징의 안쪽을 깨끗이 청소한다.

⑧ 새로운 필터를 아래쪽 틈에 정확히 맞추고 중앙에 위치하게 한다.

⑨ 다시 장착되도록 천천히 돌려 올린다. 이때 필터가 중앙에 위치하도록 집중한다.

⑩ 손으로 돌릴 수 없게 되었을 때 필터 오프너를 이용해 단단히 고정시킨다.

⑪ 급수 밸브를 천천히 열면서 물이 차오르는 것을 확인한다. 또 물이 새는 곳은 없는지 확인한다. 물이 새는 곳이 있다면 급수 밸브를 잠그고 필터 오프너를 이용해 더 단단히 잠가야 한다.

⑫ 새는 곳이 없다면 정수 파우치에서 물이 나올 때까지 기다렸다가 정수 파우치를 닫는다.

⑬ 에스프레소 머신, 정수기, 제빙기 등을 작동시키면서 누수 되는 곳이 없는지 확인한다.

⑭ 점검 일지에 교환 내용과 일자를 기록하고 서명한다.

⑥ 연수 파우더의 교체

① 급수 밸브를 잠근다.

② 정수 파우치를 열어 남은 수압을 제거한다. 이때 정수·연수기와 연결된 에스프레소 머신, 제빙기, 온수기 등의 전원도 꺼야 한다.

③ 압력계가 '0'을 가리키는지 확인한다.

④ 새로 준비된 필터의 포장 재질과 비닐을 제거한다.

⑤ 연수 필터 오프너를 이용해 필터를 돌려 풀어낸다. 이때 물이 가득 차 있어 무게가 무거우므로 천천히 풀어야 한다. 오프너가 단단히 고정된 상태를 풀어냈다면 오프너를 내려놓고 두 손으로 천천히 돌려 풀어내도록 한다.

⑥ 씽크대로 이동해 안쪽의 빈 연수 파우더를 제거하고 남은 물을 버린다. 이때 높이 조절을 위해 설치된 파우더 보조 기구를 분리한다.

⑦ 무해한 세제를 이용해 필터 하우징의 안쪽을 깨끗이 청소한다.

⑧ 새로운 파우더를 중앙에 정확히 맞추고 분리해둔 보조 기구를 끼워 높이를 맞추고 필터 하우징 중앙에 위치하게 한다.

⑨ 다시 장착되도록 천천히 돌려 올린다. 이때 파우더가 중앙에 위치하도록 집중한다.

⑩ 손으로 돌릴 수 없게 되었을 때 필터 오프너를 이용해 단단히 고정시킨다.

⑪ 급수 밸브를 천천히 열면서 물이 차오르는 것을 확인한다. 또 물이 새는 곳은 없는지 확인한다. 물이 새는 곳이 있다면 급수 밸브를 잠그고 필터 오프너를 이용해 더 단단히 잠가야 한다.

⑫ 새는 곳이 없다면 정수 파우치에서 물이 나올 때까지 기다렸다가 정수 파우치를 닫는다.

⑬ 에스프레소 머신, 정수기, 제빙기 등을 작동시키면서 누수 되는 곳이 없는지 확인한다.

⑭ 점검 일지에 교환 내용과 일자를 기록하고 서명한다.

⑦ 제빙기 세척

① 제빙기의 전원과 급수를 차단한다.

② 위쪽 커버의 뒤쪽을 위로 올리고 앞으로 밀면 위쪽 커버를 통째로 분리할 수 있다.

③ 제빙기 문을 레일을 따라가며 밀어 올려 분리한다.

④ 제빙기 내의 모든 얼음을 제거한다.

⑤ 제빙기 내의 위쪽에 위치한 스테인리스 커버의 나사를 풀고 조심히 분리해서 청소한다.

⑥ 아이스 슬라이딩을 들어올리며 분리한 후 청소한다.

⑦ 분수대를 호스와 분리해서 청소한다. 이때 양쪽의 뚜껑이 분실되지 않도록 주의한다.

⑧ 식용 세제를 분무기를 이용해 뿌리면서 브러시로 구석구석 닦아내면서 청소한다.

⑨ 물을 부어 가며 찌꺼기가 흘러 나가도록 청소한다.

⑩ 배수용 호수와 금속 필터를 분리해서 청소한다.

⑪ 얼음 저장고도 식용 세제를 분무하며 청소한다.

⑫ 청소가 완료되면 역순으로 모두 결합한다.

⑬ 제빙기를 작동시키면서 분수가 되는지 확인한다. 만약 분수가 되지 않으면 식수를 300mL 받아서 분수 커버를 올리고 부어주면서 분수가 되는지 확인한다.

⑭ 일지에 청소 날짜를 기록한다.

07

로스팅
(Roasting)

1 로스팅의 의의

　로스팅이란 생두(Green Bean)에 열을 가하여 잠재되어 있는 독특한 맛과 향기를 추출시키는 과정으로 '커피콩을 볶다' 혹은 '로스팅한다'의 의미이다. 녹색의 커피 원두는 커피의 고유한 맛과 향을 가지고 있지 않다. 커피 특유의 향은 커피를 볶는 과정인 로스팅에 의해 생성된다. 이때 커피에 들어 있는 당·아미노산 등이 서로 결합하는 갈변화 과정을 통해 색도 점점 검게 된다. 생두의 생산지, 생산 시기, 종류 등에 따라 로스팅 조건이 달라진다.

　커피의 특성을 잘 살릴 수 있도록 커피를 볶아내기 위해서는 많은 경험과 숙련이 필요하다. 동일한 정도로 커피를 볶더라도 로스팅 시간의 길고 짧음에 따라 커피의 맛은 상당히 달라진다. 특히 신맛의 경우 로스팅 시간이 길어지면 길어질수록 약해지는데, 이는 커피에 존재하는 유기산이 많이 분해되기 때문이다. 너무 높은 온도에서 단시간에 커피를 볶을 경우 원두의 내부가 제대로 볶이기 전에 겉부분이 먼저 타들어가게 됨(Charring 또는 Carbonization이라고 함)에 따라 생원두의 맛과 탄 맛이 함께 올라와 좋지 않다. 지나

그림 7-1 로스터기

치게 낮은 온도에서 장시간 볶을 경우는 볶는 시간이 길어짐에 따라 생성된 휘발성의 향들이 많이 손실되어 맛이 없어진다.

커피는 볶는 과정에서 수분과 이산화탄소가 방출되기 때문에 무게가 15~20% 정도 감소한다. 그러나 부피는 2배 가까이 증가하게 되는데, 옥수수를 튀기면 팝콘이 되는 것과 같다. 부피의 증가도 온도와 시간에 따라 영향을 받는데, 고온에서 단시간 볶을 경우 부피의 증가가 크다. 부피의 증가는 커피의 추출 농도와 밀접한 관계가 있는데, 부피의 증가가 클수록 추출 농도도 진해진다.

원두를 이용해서 우리가 마시는 음료를 만들기 위해서는 세 가지 공정, 즉 배전(로스팅, Roasting), 분쇄(그라인딩, Grinding), 추출(Brewing)은 꼭 거쳐야 한다. 이 중 로스팅은 커피 고유의 향미가 생성되는 유일한 공정으로 매우 중요하다. 그리고 커피 볶는 기계를 로스터기(Roasting Machine)라고 부르며, 커피를 볶는 사람을 로스터(Roaster)라고 한다.

로스팅은 커피 생두에 적당한 온도의 열을 가하여 일정 시간 동안 커피의 내부 조직을 변화시키는 가공 공정을 말하며, 로스팅 강도에 따라 크게 약로스팅·중로스팅·강로스팅으로 나뉘는데, 로스팅 강도가 강할수록 신맛이 약해지고 쓴맛이 강해진다.

① 커피 배전

배전은 커피의 고유한 향미가 생성되는 유일한 공정으로 매우 중요하다.(배전에 의해 600개 이상의 화학 물질이 생성된다.) 배전은 시간과 온도에 의존하는 공정으로 배전에 의해 커피 원두는 물리적, 화학적 변화를 겪게 되고 구조 또한 변형된다.(수분이 증발되고, 이산화탄소가 생성되어 방출되며, 여러 휘발성 향기 성분 등이 생성됨과 동시에 일부 손실도 일어난다.)

배전을 시작하면 초기에는 흡열 반응이 일어나 원두 자체의 품온이 서서히 올라가고 수분의 증발이 일어난다. (원두의 품온이 190℃ 정도에 도달하면 원두는 스스로 타기 시작하고 열을 방출하는 발열 반응으로 바뀌며 온도는 급속히 증가한다. 이때부터 향기 성분이 본격적으로 생성되기 시작한다.) 원하는 정도의 배전이 되었을 때 반응을 신속히 종결시켜야 원하는 커피의 품질을 얻을 수 있는데, 이를 위해서는 원두의 품온을 순간적으로 떨어뜨려야 한다. (이때 주로 이용되는 것은 물을 골고루 뿌리는 방법이다.) 보통 배전된 원두의 수분은 2% 내외이므로 물을 뿌려 식힌 경우 4% 정도의 수분 함량을 갖게 된다.

소형 배전기의 경우는 물을 뿌리는 과정이 생략되기도 한다. 원두의 품온을 신속히 떨어뜨리는 것은 향미의 보존에 커다란 영향을 미친다.

② 열원의 종류

로스팅을 하는 경우 전도, 대류, 복사를 통해 생두에 열을 전달한다. 로스팅기마다 이세 가지 열전달 방식이 차지하는 비중은 다르게 나타난다. 이러한 열전달 방식은 로스팅 프로파일과 관련이 있으며 커피의 향미(flavor)에 영향을 미치게 된다.

1) 전도열(conduction)

전도체(물체)를 통해서 열이 전달되는 방식이다. 로스팅에서는, 드럼 내 철판에 생두가 접촉할 때 열전달이 진행된다.

2) 대류열(convection)

기체나 액체와 같은 유체의 분자 운동으로 열이 전달되는 방식이다. 밀도 차나 강제 순환에 의해 발생한다. 로스팅에서는 드럼의 회전, 배기의 흐름으로 뜨거운 기체가 생두

그림 7-2 좌부터 전도열, 대류열, 복사열의 도식화

ⓒwww.hanol.co.kr

에 접촉할 때 열전달이 진행된다. 로스팅에서 가장 많은 비중을 차지하며 빠르고 균일하게 열전달이 이루어진다.

3) 복사열(radiation)

매개체 없이 열이 전달되는 방식으로 뜨거운 물체에서 발생하는 일종의 열 파장이다. 로스팅에서는 가열된 생두나 드럼에서 발생하는 열에 해당한다.

③ 열역학의 법칙

1) 열역학 제0법칙

두 물체가 제3의 물체와 열평형 상태에 있다면 두 물체 역시 열평형 상태에 있다. 열은 에너지의 한 형태이며 온도는 열을 숫자로 표시한 단위이다. 열은 높은 물체에서 낮은 물체로 흐르며 두 물체의 온도가 같아지면 열평형을 이루어 이동이 멈추게 된다. 이는 열역학의 가장 기본적인 법칙으로 온도 측정에서 기초가 된다. 위의 정의에서 제3의 물체를 온도계로 가정한다면 온도가 같다는 점에서 두 물체는 열평형 상태에 있다고 말할 수 있다.

2) 열역학 제1법칙

에너지 보존의 법칙이라고 한다. 에너지는 한 형태에서 다른 형태로 전환되는 것이다. 로스팅 과정에서 생두로 열전달이 이루어지면 생두 자체의 온도가 올라가고 내부 수분의 온도가 올라간다.

3) 열역학 제2법칙

에너지 방향성의 법칙이라고 한다. 에너지가 높은 곳에서 낮은 곳으로 이동하여 평형 상태를 이루며 반대 방향으로는 진행되지 않음을 의미한다.

2 로스터기의 종류 및 구조

1 로스팅 기술의 발전

- 1670년대 네덜란드에서 작은 구멍이 뚫린 드럼통 형태의 로스터기가 최초 발명되었다.
- 1860년 미국의 번스사와 독일의 에머리히사가 현재 사용하는 드럼형 로스터기를 개발했다.
- 드럼 로스터기는 직화식, 반열풍식, 열풍식으로 발전해왔다.
- 유동층 로스터기, 원심형 로스터기, 연속식 로스터기, 고밀도 로스터기 등이 개발되었다.

2 로스터기의 종류 및 구조

1) 구조에 따른 분류

❶ 드럼(Drum) 방식 구조

원통형의 철제 드럼이 가로축 방향으로 회전하며 열원을 통해 직접 또는 간접적으로 가열하여, 가열된 공기나 열을 드럼 안으로 넣어주어 로스팅하는 방식이다. 생두와 드럼 벽면의 직접적인 접촉으로 전도열이 전달되고 드럼을 통과하는 열풍으로 대류열이 전달된다. 싱글 드럼은 드럼이 한 겹의 철판으로 만들어진 것이고, 더블 드럼은 내부와 외부로 나뉘어 두 겹의 철판으로 만든 2중 구조로 돼 있다. 열전도가 적게 일어나 생두가 부분적으로 타거나 그슬릴 위험이 줄어든다.

❷ 유동층 구조(Fluid Bed)

로스팅 챔버에 공기를 고속으로 불어 넣어 생두를 띄워 올려 회전시키며 로스팅하는 방식으로, 대류열을 대부분의 열원으로 사용한다. 로스팅이 끝나면 외부 공기를 불어넣는 방식으로 냉각시키거나 별도의 냉각기를 사용하여 냉각시킨다. 유동층 구조의 로스터는 공간을 적게 차지하고 원두 표면이 탈 위험이 거의 없으나 공기 흐름이 과다해 향미 손실이 있고 연료 효율성이 낮다.

❸ 재순환 구조

로스팅에 사용되고 배출된 공기의 대부분을 재가열하여 드럼으로 다시 순환시키는 구조이다. 대류열이 대부분의 열로 사용된다. 열 효율성이 좋고 외부에서 유입되는 공기가 없어 안정적이다.

❹ 드럼 로스터, 유동층 로스터 차이점

구분	저온 – 장시간 로스팅	고온 – 단시간 로스팅
로스터 종류	드럼 로스터	유동층 로스터
커피콩 온도	200~240℃	230~250℃
시간	8~20분	1.5~3분
밀도	팽창이 적어서 밀도가 크다	팽창이 커서 밀도가 작다
향미	신맛이 약하고 뒷맛이 텁텁하다. 중후함이 강하며 향기가 풍부하다.	신맛이 강하고, 뒷맛이 깨끗하며 중후함과 향기가 부족하다.
가용성 성분	적게 추출	저온-장시간 로스팅보다 10~20% 더 추출
품질 조절	쉽다	어렵다
경제성	1잔당 커피를 20% 더 써야 한다.	1잔당 커피를 10~20% 덜 써도 된다.

2) 열전달 방식에 따른 분류

❶ 직화식

천공 드럼 아래에 연소 버너가 있어 생두가 들어 있는 드럼을 가열하여 로스팅하는 형식이다. 뜨거워진 드럼 표면과 내부 공기에 의해 로스팅이 된다. 강한 화력의 불꽃 끝이 드럼에 직접 닿을 수 있기 때문에 타기 쉽다. 따라서 다른 방식에 비해 화력 조절에 민감하다.

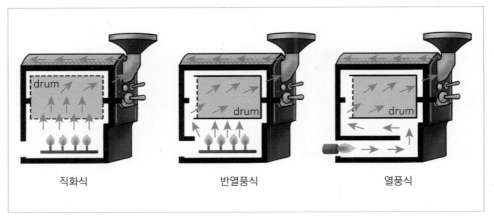

그림 7-3 열전달 방식

직화식   반열풍식   열풍식

©www.hanol.co.kr

❷ 반열풍식

드럼에 구멍이 뚫려 있지 않은 상태에서 버너의 불꽃이 드럼을 가열하는 방식이다. 이때 동시에 뜨거워진 공기가 드럼의 뒷부분에서 내부로 들어가는 구조를 취한다. 현재 가장 많이 사용되고 있는 방식으로 열효율이 높아 균일한 로스팅이 가능하다.

❸ 열풍식

열원이 드럼에 직접 닿지 않는 상태에서 뜨거운 공기를 발생시켜 드럼 내부로 전달하고 생두 사이를 순환시킴으로써 로스팅하는 방식이다. 로스팅 시간이 빠르고 균일하여 안정되게 로스팅을 할 수 있다. 드럼 방식이 아닌, 생두가 공중에 뜬 상태에서 가열된 열풍으로 로스팅하는 방식이다.

3) 용량에 따른 분류

❶ 핸드 로스터(50~200g)

홈 로스팅을 위한 도구로 많이 사용되고 있는 제품으로 수망 로스터(직화식: 150~200g용)가 있다.

② 샘플 로스터(50~500g)

보통 테스터 로스팅용으로 많이 사용되고 있으나
가정에서도 사용되고 있다.

- **테스터 로스터**(직화, 열풍식): 200~500g용
- **통돌이 로스터**(직화, 열풍식): 50~500g용
- **미니 전동 로스터**(직화, 열풍식): 100~500g용

③ 전동형 로스터(1~9kg)

로스터 숍에서 가장 많이 사용되고 있으며, 작은 도매업체에서도 사용한다. 국내에서
가장 많이 사용되고 있는 것으로 후지로얄(직화·반직화, 1kg·3kg·5kg), 태환 로스터(반직화·반열
풍, 1kg, 6kg: 구형), 프로바트(반직화·열풍, 1.25kg·5kg), 이맥스(열풍, 1.5kg) 등이 주로 쓰이고 있다.

④ 중형 로스터(10~60kg)

일부 로스터 숍에서 10~30kg을 사용하기는 하지만, 주로 커피 도소매를 하는 공장에
서 쓰이고 있다. 그 종류로는 후지 로얄(직화·반직화, 10kg·15kg·20kg·25kg·30kg·60kg), 프로바
트(반직화·열풍, 12kg·25kg·60kg), 태환 로스터(반직화·반열풍, 12kg·25kg)를 가장 많이 사용하고 있
으며, 대부분은 가스를 사용하는 반직화와 열풍식이 주를 이룬다.

⑤ 대형 로스터(70~200kg)

큰 회사의 메인 로스터로 사용되고 있으며, 대부분은 자동화 시스템을 취하고 있다.
그 종류에는 태환 로스터(열풍식, 70kg), 프로바트(열풍식, 75kg·100kg·120kg), 후지로얄(열풍식,
120kg) 등이 사용되고 있다.

4) 로스터기의 부분별 명칭 및 기능

① 호퍼(Hopper)

깔대기 모양으로 계량한 생두를 투입하는 곳이다.

② 호퍼 핸들(Hopper Handle)

드럼 내부로 생두를 투입하기 위한 호퍼 개폐 장치이다

③ 댐퍼(Damper)

로스팅 기계마다 차이가 있다. 수동으로 댐퍼를 조작하는 것도 있고, 배기 압력이 고정되어 있어서 자동으로 댐퍼를 조절하는 것도 있다.

- 드럼 내의 공기 흐름과 열량을 조절하는 기능: 배기관에 장착되어 있는 댐퍼를 조작하여 드럼 내 유입되는 공기의 흐름과 열량을 조절하고 댐퍼를 열면 드럼 내 유입되는 열량은 배기관을 통해 밖으로 빠져나가게 된다.
- 로스팅 중에 발생하는 은피와 연기를 배출시키는 기능
- 로스팅 시 각 온도 구간에서 발생되는 향을 잡아주거나 배출하는 기능

④ 드럼(Drum)

드럼 교반의 회전 수, 날개의 개수와 방향에 따라 교반의 효율성이 상이하게 다를 수 있다. 질은 주물, 스테인리스 등 다양한 소재가 사용된다.

⑤ 드럼 도어(Drum Door)

로스팅 된 원두를 배출한다.

⑥ 드럼 확인창(View Window)

로스팅되고 있는 원두의 상태를 확인하는 창이다.

⑦ 샘플러(Sampler)

로스팅 과정 중 원두의 샘플을 확인하는 기구로 향, 컬러, 모양 등 상태를 확인할 수 있다.

⑧ 냉각 트레이(Cooling Tray)

로스팅된 원두를 냉각시키는 장치. 원두가 교반되면서 송풍 공기에 의해 냉각된다. 로

스팅이 끝난 후에 바로 냉각시키지 않으면 자체 온도에 의해 로스팅이 계속 진행된다.

⑨ 은피 서랍(Collection Drawer)

드럼의 앞판과 내부 드럼 사이의 틈새에서 떨어지는 채프(chaff)와 먼지가 쌓이는 곳이다. 커피가 드럼 내부에 없는 상태에서만 연다. 로스팅 시작 전에 청소하고 로스팅 후에도 청소한다.

⑩ 가스 압력 게이지

공급되는 가스의 압력을 나타낸다. 가스 불 조절 시 바늘이 계기에 표시되는 정도를 보고 가스 압력을 체크한다. 드럼에 제공되는 열량을 나타내는 수치로 로스팅 속도를 고려하여 화력을 조절한다. LNG(액화천연가스)의 경우 설치 지역과 주변의 가스 사용량에 따라 가스 압력이 일정하지 않을 수 있다.

⑪ 컨트롤 박스

로스팅되고 있는 드럼 내부의 온도, 열풍 온도, 시간 등을 표시하는 장치가 있다

⑫ 집진기(사이클론, Cyclone)

로스팅 과정 시 발생하는 은피와 연기는 집진 장치로 분리되고, 은피는 사이클론 밑으로 쌓인다.

3 로스팅 과정

1 정의

원두 로스팅, 즉 배전(볶음, roasting)이란 생두에 열을 가하여 속에 잠재되어 있는 독특한 맛과 향기를 발현시키는 과정이다. 원두를 이용해서 우리가 마시는 음료를 만들기 위해서는 세 가지 공정인 배전(roasting), 분쇄(grinding), 추출(brewing)을 꼭 거쳐야 한다. 이 중 배전은 커피의 고유한 향미가 생성되는 유일한 공정으로, 배전에 의해 600개 이상의 화학 물질이 생성되기에 매우 중요하다.

배전은 시간과 온도에 의존하는 공정으로, 배전에 의해 커피 원두는 물리적, 화학적 변화를 겪게 되고 구조 또한 변형된다. 수분이 증발되고 이산화탄소가 생성되어 방출되며, 여러 휘발성 향기 성분 등이 생성됨과 동시에 일부 손실도 일어난다. 또 부피가 약 2배까지 증가하고, 밀도는 반 이하로 감소하며, 조직이 다공성으로 바뀐다.

배전의 정도에 따라 비례적으로 감소하는 커피의 성분으로는 트리고넬린, 클로로겐산이 있는데, 이들의 함량을 측정하여 배전 정도를 파악하기도 한다. 배전은 열전달 현상에 의한 것으로 결국은 전도, 대류, 복사에 의해 공급된 열이 커피 원두를 가열하여 일어나는 것이다.

2 과정

로스팅은 커피의 핵심적인 향기(aroma), 산미(acidity), 향미(flavor), 바디감(body), 후미(aftertaste)가 조화롭게 생성하는 과정으로, 생두 성분의 당, 단백질, 유기산, 무기물 등이 물리 화학적으로 상호 반응하여 일어나는데, 총 4단계의 과정을 거치게 된다.

건조 – 갈변 반응 – 건열 분해 – 냉각

1) 건조 단계

건조 단계는 로스팅 과정의 첫 단계로, 생두가 가열된 공기나 전도열, 복사열 등으로 열을 흡수하여 생두가 가지고 있는 수분을 증발시켜 흡열 반응을 하는 단계를 말한다.

- 콩의 내부 온도가 100℃에 도달할 때까지 일어난다.(1차 크랙 전)
- **콩의 색깔**: 밝은 녹색 → 황록색 → 옅은 노란색
- **향**: 풋내 → 빵 냄새와 같은 곡물 향
- **수분**: 70~90%까지 소실

2) 갈변 반응

갈변 반응 단계는 생두가 170~200℃에 도달하게 되면 생두의 당 성분이 캐러멜 당으로 변하여 커피의 향기와 맛 성분들이 생성된다. 이때 로스팅을 계속 진행하여 생두의 온도가 205℃로 상승하면 1차 팽창음(crack noise)이 나며 커피의 부피가 두 배로 팽창하고 색깔은 연한 갈색으로 변한다. 생두의 온도가 220℃로 상승하면 갈색으로 변하게 되고 중량은 약 13~16% 줄어들게 된다.

- **1차 크랙**: 수분이 기화하면서 압력 발생, 탄수화물 산화 → CO_2 발생
- **콩의 색**: 옅은 노란색 → 황갈색 → 갈색
- **연기**: 푸른색 → 회색
- **부피**: 50~80% 팽창, 은피 분리
- 세포 내 화합물은 열 분해를 통해 수용성 다당류 생성

3) 건열 분해

건열 분해 단계에서는 커피 온도가 225~230℃로 올라 커피의 세포 내에서 공기 없이 화학 작용이 일어나면서 열이 생성되어 외부로 발산하는 발열 반응이 일어난다. 이때 커피 색깔은 진한 갈색으로 변하고 2차 팽창(second crack)이 일어난다. 이 단계에서 커피의 향기, 중후함, 달콤함, 그리고 짙은 커피향과 달콤하고 쌉쌀한 맛도 생성된다. 이때 중량은 16~18% 감소하며 커피 표면에 기름이 배이기 시작하는 단계이다.

- **휴지기**: 1차 크랙과 2차 크랙 사이 / 발열 반응 → 흡열 반응

- **2차 크랙**: 세포 내 탈수와 지속적 압력이 결합하여 크랙 발생
- 콩의 목질 조직 파괴에 의해 생성 ➡ 다시 발열 반응으로 바뀜
- 오일 발생, 오일이 연소하며 짙은 연기
- **콩의 색**: 갈색 ➡ 진한 갈색
- **부피**: 생두에 비해 80~90%까지 팽창

4) 냉각 공정

냉각 공정 단계는 커피의 온도를 신속하게 낮추는 공정으로, 물을 분사하여 커피 온도를 낮추는 물 냉각 방법과 공기를 순환하여 온도를 낮추는 공기 냉각 방법이 있다. 신속한 냉각은 커피 품질을 높이는 데 필수적인 요소로 작용한다. 이는 냉각이 지연될 경우 향기가 감소되고 쉽게 산패하기 때문에 최소 6분 이내에 냉각하는 것이 가장 좋고 필요하다.

 로스팅 후 생두의 변화

로스팅 후 커피 원두는 산소와 접촉하면 산소를 흡수하고, 원두 내 이산화탄소를 포함한 가스를 방출한다. 이때 방출하고 남은 CO_2의 잔존량에 따라 원두의 신선도를 확인할 수 있다.

커피 생두는 로스팅을 통해 여러 가지 변화가 생기는데, 수분이 증발하면서 중량, 밀도, 질량 등이 감소하면서 휘발성 물질을 방출하게 된다. 즉, 생두에 열을 가하면 세포 조직이 파괴되면서 그 안에 있던 여러 가지 성분(지방, 당분, 카페인, 유기산 등)이 밖으로 방출하게 된다.

1 생두의 로스팅 변화

1) 색의 변화

생두를 투입하고 열을 가하면 색깔이 점차 변화하는 것을 발견할 수 있다. 처음에는 녹색인 콩이 노란색으로 바뀌고 1차 크랙이 다가오면 색깔이 계피색으로 바뀐다. 그러다가 크랙이 발생하면서 옅은 갈색으로 바뀌고 점차 열을 가하면 갈색에서 짙은 갈색으로 바뀌며 최종적으로 검은색으로 변한다. 이러한 색의 변화로 로스팅의 변화와 원두가 가지고 있는 CO_2의 양이 다른 것도 알 수 있다.

2) 맛의 변화

콩 내부의 탄수화물이 분해됨에 따라 휘발성 산(volatile acid)이 생성된다. 이러한 산은 미디엄 로스트에서 절정을 이루며 로스팅이 진행되면 감소되어 신맛이 약해진다. 특히 커피의 떫은맛(stringency)과 바디에 영향을 주는 클로로겐산(chlorogenic acid)은 로스팅 정도에 비례해서 감소하며, 반대로 로스팅 속도에 반비례해서 감소한다. 이러한 현상은 로스팅이 너무 빨리 진행되면 커피에서 떫은맛이 나는 이유를 설명해 준다.

너무 빠른 로스팅은 클로로겐산을 충분히 감소시키지 못하며, 신맛을 내는 다른 산 (acetic, malic, citric)의 생성에도 적합하지 않다. 단맛은 캐러멜화가 진행되면서 증가하는데, 2차 크랙 이후 로스팅이 더 진행되면 초기의 열분해를 통해 생성된 전분과 당분이 탄화되어 커피에서 탄맛이 나게 된다. 즉 이러한 맛의 변화에 의해 각각 로스팅 정도에 따른 원두의 맛을 구분 짓고 평가할 수 있다.

3) 향의 변화

생두를 투입하고 시간이 조금 지나면 수분이 증발하면서 특유의 냄새가 나기 시작하고, 시간이 3~4분 정도가 지나면 색깔이 점차 노란색(yellow)으로 바뀌면서 고소한 향이 나기 시작한다. 1분 이상 지속되어 이 단계가 끝날 때가 되면 고소한 향에 신향이 조금씩 같이 나기 시작하며 점차 신향이 강해진다. 신향은 1차 크랙 전에 최고조에 달하며 1차 크랙이 발생하면 신향과 생두 고유의 향이 같이 나게 된다. 2차 크랙이 발생하면 생

두 고유의 향이 강하게 나며, 생두의 수분이 거의 없어 조직이 타면서 탄향이 강하게 난다. 로스팅 2차 크랙의 정점을 지나게 되면 향기 성분의 증발로 인해 오히려 향이 약해진다.

4) 형태의 변화

생두를 투입하면 내부 수분이 증발하면서 표면에 주름이 생기기 시작하며 콩의 크기는 계속 작아지게 되는데, 밀도가 강할수록 이러한 현상이 더 잘 일어나게 된다. 1차 크랙 이후 콩은 다공질 조직으로 바뀌며 부피가 팽창하는데 생두에 비해 50~60% 정도 커진다. 2차 크랙이 일어나면 색깔이 점점 진해지고 세포 조직은 더욱더 다공질로 바뀌어 부서지기 쉬운 상태가 된다. 생두 원래 크기보다 최대 100% 정도 커지다가 오일 분출 이후 로스팅이 계속 진행되면 조직은 파열되고 수분 함량은 1% 미만까지 감소한다.

5) 중량의 변화

생두는 열을 받으면 콩 내부의 수분이 증발하게 되며 이에 따라 중량도 줄어든다. 로스팅 시간이 길어질수록 비례하여 줄어들게 되는데, 1차 크랙 시점에서 15~17% 정도 줄고, 2차 크랙 시점에서 18~23% 정도 줄게 된다. 로스팅에 따라 압축 강도는 감소하며 세포 내 성분은 유동화된다.

중량은 수분 증발에 의해 84~85%가 줄어든다. 나머지는 탄산 가스와 채프(chaff)에 의한 것인데 로스팅 전반은 주로 수분 증발, 후반은 주로 성분의 산화, 분해에 의한 것이다.

2 볶은 커피의 CO_2 방출과 잔존량

로스팅 후에는 탄산 가스, 즉 CO_2를 적절히 방출하는 작업이 꼭 필요하다. 볶은 커피는 로스팅과 저장 중에 2~5배의 가스(87% 탄산 가스)를 방출하는데, 50%는 즉시 방출하고 50%는 볶은 콩의 조직 안에 남아 있으면서 서서히 방출된다. 탄산 가스는 커피의 향기 성분이 산화되는 것을 억제하지만 포장을 팽창시키므로 일반적으로 볶은 통 커피는 8~24시간, 분쇄 커피는 1~8시간 가스를 방출시킨 다음 포장한다. 가스를 방출하는 동안 부분적으로 일어나는 산화를 억제하기 위하여 볶은 커피의 저장 통을 질소 가스로 채우기도 한다. 질소 가스를 채움으로써 산패를 억제할 수 있기 때문에 이런 방법을 쓰기도 한다.

이렇듯 로스팅 후 커피는 50%의 CO_2를 방출하고 50%의 CO_2를 가지고 있다가 이를 서서히 방출하는데, 로스팅을 막 끝낸 커피의 경우 이를 추출하면 빠르게 추출되거나 드립으로 추출할 경우 부풀림이 심한 것을 볼 수 있다. 이는 커피 조직이 물을 만나 그 속에 고형 물질을 탄산 가스와 함께 배출해내기 때문이다.

- **가스 방출**(degassing): 원두에서 혹은 분쇄한 상태로 가스를 방출시키는 공정을 다른 말로 '에이징' 또는 '숙성'이라고 한다. 숙성은 커피를 볶은 후 1~3일 정도 하며 로스팅 정도, 상태, 보관, 온도 등에 따라 다소 달라진다. 이러한 숙성으로 각기 메뉴나 추출 방법 또는 원두의 특성에 따라 그에 맞는 숙성도를 조절할 수 있다. 로스팅 후 보관의 안정성, 품질의 유지를 위해 숙성, 특수 밸브 부착, 탈산소재(질소) 투입 포장 등을 이용한다.

5 로스팅에 따른 변화

1 로스팅 방법

로스팅 진행의 중요한 에너지 변수는 온도와 시간이다. 로스팅의 진행 속도에 따라 내부의 수분 증발이나 부피 팽창의 정도가 달라지게 된다. 생두의 품질 또는 구현하려는 향미에 따라 고온 단시간 로스팅과 저온 장시간 로스팅 방식을 적용해 볼 수 있다.

1) 고온-단시간 로스팅(HTST, high temperature short time)

로스팅 온도가 높고 로스팅 시간이 짧은 로스팅으로, 일반적으로 최고 화력이나 고온 투입 방식을 사용한다. 빠른 열전달로 화학 반응도 빠르게 일어나고 내부 압력의 급격한

상승으로 상대적으로 부피 팽창이 크다. 산미와 바디가 증가하고 쓴맛은 감소하며, 추출 수율이 증가하는 특징이 있다.

2) 저온-장시간 로스팅(LTLT, low temperature long time)

로스팅 온도가 낮고 로스팅 시간이 긴 로스팅으로, 일반적으로 투입 온도를 낮추고 화력을 낮게 시작하는 방식이다. 느린 열전달로 화학 반응도 느리게 일어나고 내부 압력이 약하며 상대적으로 부피 팽창이 적다. 산미와 바디가 감소하고 쓴맛은 증가하며, 추출 수율이 감소하는 특징이 있다.

② 로스팅에 따른 물리적 변화

컬러와 부피 그리고 수분 함유량을 갖는 생두는 로스팅 과정을 통해 변화하게 된다. 로스팅 강도, 로스팅 기법에 따라 생두의 밀도, 품종, 수분 함량 등의 물리적 변화는 각기 다르게 나타난다.

1) 색상

그린에서 검은색으로 명도가 낮아진다.

2) 부피

생두를 기준으로 했을 때 30~100% 정도 증가한다.

3) 수분의 증발

수분 함유량은 12% 내외에서 1% 내외로 낮아진다.

4) 무게

수분 증발 및 CO_2, 휘발성 향미 성분의 방출로 인하여 무게가 감소한다.

③ 로스팅에 따른 화학적 변화

생두는 물리적인 변화와 함께 화학적인 변화를 통해 맛과 향을 품게 된다.

- **수분 함량**: 8~12% → 0.5~3.5%로 감소
- 커피콩의 당분, 단백질, 유기산 등이 갈변 반응을 통해 가용성 성분으로 변화
- **가용성 성분**: 로스팅 전 약 26% 함유 → 로스팅 후 27~35%로 증가
- **가용성 당**: 10% → 11~19%로 증가하여 볶은 커피의 맛과 향기의 주성분이 됨
- 유기산은 1%에서 2.5%로 증가(pH 6.0 → pH 4.9)하고, 클로로제닉산은 약 50%까지 감소
- **휘발성 가스 성분**: 2.0% 탄산 가스 / 중량의 0.05% 미만

1) 메일라드 반응(maillard reaction)

아미노산과 환원당 사이에서 일어나는 화학 반응이다. 방향족 화합물 및 갈색의 중합체인 멜라노이딘(melanoidin)이 생성되는 비효소적 갈변 반응으로 캐러멜화보다 낮은 온도에서 이루어진다.

2) 캐러멜화(caramelization)

160~200℃ 사이에 진행되며 5~10% 있는 자당(sucrose)의 열분해를 통해 발생한다.

⑥ 로스팅 시간에 따른 분류

① Long Time Roasting

회전형 드럼 배전기를 사용하는 전형적인 배전 방식이 주로 여기에 속하며, 약 12~15분의 시간이 소요된다.

열을 받는 시간이 길어 상대적으로 향기 성분의 손실이 크고 유기산도 많이 분해되어 신맛이 적은 특징을 갖게 된다.

② Short Time Roasting

주로 열풍에 의한 가열 방식이 해당되며, 2~4분 정도 만에 배전이 완료된다.

열풍의 대류에 의해 배전이 되므로 Long Time Roasting에 비해 균일한 배전이 되고, 배전 시간이 짧아 향기 성분의 손실도 적다. 그러나 유기산의 파괴가 적어 신맛이 강한 특징이 있다.

순간적으로 가열하는 방식이므로 내부의 가스 생성에 의한 압력도 커 가스 방출 시 일어나는 부피 팽창도 크다. 부피 팽창 정도는 추출 수율에 영향을 미친다.

③ Intermediate Time Roasting

주로 열풍에 의한 가열 방식인 Long Time과 Short Time의 중간적인 형태로, 배전된 커피의 향미 또한 중간적이며 보통 5~8분 정도가 배전에 소요된다.

배전의 정도에 따라 원두의 빛깔은 녹색에서 황색, 갈색을 거쳐 검정색을 띄게 되는데 정도가 심하면 심할수록 카페올과 커피 오일이 원두의 표면으로 더 많이 배어 나오게 된다. 심할 경우 기름을 발라놓은 것처럼 보이기도 한다. 이러한 현상은 스웨팅(Sweating)이라고 말하는데 이는 원두가 땀을 흘리는 것 같아 보이기 때문에 붙여진 이름이다.

배전이 끝난 이후 시간이 경과함에 따라 원두 내부의 이산화탄소 함량은 감소하게 되는데 이는 산소의 침투를 용이하게 하여 향미를 갖고 있는 오일 성분의 산화를 촉진시킨다.

7 로스팅 단계

1 로스팅 단계의 결정

로스팅 단계는 경험치, 샘플, 컬러 타일(color tile) 등을 사용하여 판단하거나 수치를 보여 주는 색도계를 사용하여 판단한다. 아그트론(agtron)은 agtron사(社)에서 개발한 분광광도계이다. 원두나 분쇄된 커피 샘플을 트레이에 담아 기계에 넣으면 빛 반사를 이용하여 커피의 색상을 수치로 보여 주는 색도계이다. 숫자가 높을수록 로스팅 정도가 밝다.(색도계는 아그트론 외에 국내외 다양한 제조사의 제품이 있다.)

2 로스팅 단계

로스팅 단계별 변화 및 분류에 대한 표현은 표준화되어 있지 않고, 나라와 지역에 따라 다르다.

그림 7-4 좌부터 샘플, 컬러 타일, 아그트론

출처: 한국직업능력개발원, 커피로스팅, 2019, p.18

표 7-1 로스팅 단계 분류표

로스팅 단계(일본식)	로스팅 단계(미국식)	아그트론(Agtron)	색상(Color)
Light	Extremely Light	90~95	
Cinamon	Very Light	80~90	
Medium	Light	70~80	
High	Medium Light	60~70	
City	Medium	50~60	
Fullcity	Medium Dark	40~50	
French	Dark	30~40	
Italian	Very Dark	20~30	

　　라이트 로스트에서는 신맛이 가장 강하며 꽃, 과일, 허브와 같은 엔자이메틱(enzymatic)(효소 반응) 계열의 향미가 난다. 미디엄 로스트에서는 신맛, 단맛, 쓴맛이 균형을 이루며 캐러멜, 견과류, 초콜릿과 같은 슈가 브라우닝(sugar browning, 갈변 반응) 계열의 향미가 난다. 다크 로스트로 갈수록 신맛과 단맛은 줄어들며 쓴맛과 드라이 디스틸레이션(dry distillation, 건류 반응) 계열의 향신료, 송진류, 탄 향 등이 주도적이다.

　　로스팅 시간은 추출 성분과 휘발 성분의 변화에 많은 영향을 주는 요인이다. 따라서 목적하는 추출 방식(에스프레소, 브루잉)이나 구성 방식(싱글 오리진, 블렌딩용), 원하는 커피의 맛과 향에 따라 생두를 선택하고 세분화된 로스팅의 단계를 설정한다.

1) 라이트 로스팅(Light Roasting)

☕ 향기와 맛이 잘 생성되지 않은 단계

- 가장 연한 볶음도로 로스팅을 종료할 때 커피 콩의 중심 온도가 195℃ 내외가 되며, 색도는 매우 연한 갈색(very light brown)을 나타낸다. 신맛(sour acidity)이 강하고 곡류 맛이 나며 볶은 콩의 표면은 건조하다.
- 감미로운 향기가 나지만 이 단계의 원두를 가지고 커피를 추출하면 쓴맛, 단맛, 깊은 맛은 거의 느낄 수 없다.
- 생두를 로스터에 투입해 생두가 열을 흡수하면서 수분이 빠져나가도록 하는 초기 단계로 이때 생두는 누런색으로 변한다.

2) 시나몬 로스팅(Cinnamon Roasting)

☕ 향기가 약하며, 상큼한 맛이 강한 단계

- 라이트 로스팅에서 조금 더 진행된 상태로 커피콩의 중심 온도가 205℃가 되며, 색도는 연한 갈색(light brown)을 나타낸다.
- 상큼한 맛(acidity)이 가장 강해지며, 품종 특성도 점점 뚜렷해진다.
- 뛰어난 신맛을 특징으로 갖는 원두이므로 그 신맛을 즐기고 싶다면 이 단계의 원두가 최적이다.
- 누런색이던 원두가 계피색을 띠게 된다.
- 커피 생두의 외피(silver skin)가 왕성하게 제거되기 시작하며 표면은 건조한 편이다.

3) 미디움 로스팅(Midium Roasting)

☕ 상큼한 맛이 최고치이며, 아메리칸 커피에 가까운 단계

- 로스팅 종료 시점에서 커피콩의 중심 온도가 205~215℃가 되며, 색도는 연한 중간 갈색(Moderately Light Brown)을 나타낸다.
- 이 단계를 아메리칸 로스트라고도 한다.
- 상큼한 신맛이 강하고 품종 특성도 가장 뚜렷하게 나타나는 단계이다. 신맛이 주역인 아메리카 커피는 이 단계의 원두가 최적이다.
- 향기와 중후함은 증가되며, 식사 중에 마시는 커피, 추출해서 마실 수 있는 기초 단계로, 원두는 담갈색을 띤다.

4) 하이 로스팅(High Roasting)

☕ 상큼한 맛이 감소하고 향기가 증가하며 일본 커피에 가까운 단계

- 로스팅 종료 시 커피콩 내부 온도가 215~225℃가 되며, 색도는 더욱 진해져서 중간 갈색(Medium Brown)이 된다.
- 상큼한 신맛이 아직은 풍부하다고 할 수 있으나 여기서부터 신맛이 엷어지고 단맛이 나기 시작한다.
- 품종 특성은 가장 약해지며, 향기와 중후함이 조금 더 강해지는 단계이다.
- 미국 서부 지역의 일반적인 볶음 단계라고 할 수 있다.

5) 시티 로스팅(City Roasting)

☕ **향기와 맛이 균형을 이루며, 독일 커피에 가까운 단계**

- 로스팅이 종료될 때 커피콩의 내부 온도가 225~230℃가 되며, 색도는 더욱 진해져서 중간 짙은 갈색(Medium Dark Brown)을 나타낸다.
- 상큼한 맛은 약간 약해지며 향기와 중후함은 더 풍부해진다. 품종의 특성은 일부 남아 있는 단계이다.
- 진하게 볶은 커피 향기(Dark Roast Flavor)와 달콤하고 쌉쌀한 맛(Bittersweet)이 나타나기 시작하는 단계이다.
- 커피콩에 있는 당이 분해되어 캐러멜 맛을 나타내며, 상큼한 맛은 톡 쏘는 맛으로 변한다.
- 이 단계를 저먼 로스트라고도 한다.
- 균형 잡힌 강한 느낌을 주고 맛과 향이 대체로 표준이며 풍부한 갈색을 띠고 있다.

6) 풀 시티 로스팅(Full-city Roasting)

☕ **향기가 최고치이며, 중후함이 증가하는 단계**

- 로스팅 종료 시 커피콩의 중심 온도가 230~235℃가 되며, 색도는 약간 짙은 갈색(moderately dark brown)이 된다.
- 상큼한 맛과 품종의 특징은 느끼기 어려우나 향기와 중후함은 가장 풍부해진다.
- 신맛은 거의 없어지고 쓴맛과 진한 맛이 커피 맛의 정점에 올라서는 단계로 아이스커피 용도로 사용할 수 있다.
- 커피 표면은 약간의 지방이 배어 나오는 단계이다.(oil-sweating)
- 크림을 가미하여 마시는 유럽 스타일, 에스프레소 커피용의 표준이다.

7) 프렌치 로스팅(French Roasting)

☕ 중후함이 최고치이며, 우유 커피에 적합한 단계

- 로스팅이 종료될 때 커피콩의 내부 온도가 235~240℃가 되며, 짙은 갈색(Dark Brown)이 된다.
- 향기가 약해지며 달콤하고 쌉쌀한(Bittersweet) 맛이 최고로 강하게 된다.
- 시음한 맛과 품종 특성은 쏘는 맛에 가려 느끼기 힘들다.
- 쓴맛, 진한 맛 중에 중후한 맛이 강조된다.
- 지방이 표면에 보이기 시작하는 단계로, 원두는 검은 갈색이 된다.

8) 이탈리안 로스팅(Italian Roasting)

☕ 쓴 맛이 강하며, 에스프레소 커피용으로 적합한 단계

- 로스팅이 종료될 때 커피콩의 내부 온도가 240~245℃가 되며, 진한 흑갈색(Very Dark Brown)을 나타낸다.
- 향기, 중후함 그리고 달콤하고 쌉쌀한 맛도 약해지고 쓴맛과 진한 맛이 최대치에 달한다.
- 원두에 따라서는 타는 냄새가 나는 경우도 있다.
- 진하게 볶은 커피향(Dark Roast Flavor)이 강해서 우유를 첨가하는 에스프레소 음료에 주로 사용한다.
- 예전에는 이 로스팅이 에스프레소용으로 많이 선호되었으나 점차 줄어드는 경향을 보이고 있다.

커피학개론

08

블렌딩
(Blending)

1 블렌딩의 이해

　단종 커피의 단조로움에서 탈피하여 서로 다른 특성을 가진 커피를 혼합해 새로운 맛과 향을 만들어내는 것을 말한다. 서로 다른 품종, 원산지, 로스팅 단계, 가공 방식 등 다양한 커피를 섞어 조화와 균형을 맞추므로 더욱 풍부하게 커피를 음용할 수 있는 방법이다. 블렌딩을 잘하기 위해서는 품종, 가공 방식, 로스팅 단계 등 커피가 지니고 있는 각 특성에 대하여 제대로 이해하고 있어야 한다. 또한 정교한 로스팅이 이루어져야 한다. 블렌딩은 경쟁 제품과 차별하기 위해, 품질은 유지하면서 원가를 절감하기 위해, 생산 연도나 재배 지역에 따라 변화하는 생두 품질의 불균일성을 보완하기 위해, 조화롭고 균형감을 늘리기 위해, 맛과 향을 향상시키지 위해서 등 다양한 이유로 이루어진다. 단순한 작업 같지만 풍부한 로스팅, 커핑 경험이 뒷받침되어야 한다.

- 원두는 품종에 따라 각각 지니고 있는 맛과 향의 특성이 다르기 때문에 어떤 종류의 원두에 부족한 점을 다른 원두로 보강시켜 줌으로써 더욱 조화로운 맛과 향을 얻을 수 있다.
- 배합 시 원두의 선택은 유통이나 가격에 무리가 없고 품질이 안정된 종류의 원두를 선택해야 한다. 저품질의 재료를 사용해 가격 조정을 하려는 경우 양질의 커피를 만들어낼 수 없다.
- 배합 비율은 정확한 계량을 통해 결정해야 한다. 보통 두 종류에서 다섯 종류의 원두를 혼합하는데, 너무 많은 종류의 배합은 특징이 없는 커피가 되므로 가급적 피해야 한다.

1 블렌딩을 하는 이유

1) 새로운 맛과 향을 창조

　단종 커피에서 발견할 수 없었던 새로운 특성을 창조하는 블렌딩은 기법이 아니라 예술이라 할 수 있다.

2) 차별화된 커피를 만들기 위해

특정한 커피숍이나 커피 체인점만의 특징적인 커피를 개발함으로써 다른 숍이나 회사와 차별성을 부여해 고객의 재구매를 유도하기 위해서이다.

3) 원가 절감을 위해서

상대적으로 가격이 저렴한 커피를 혼합하여 고가의 커피와 성격이 유사한 커피로 대체할 수 있다.

❷ 블렌딩의 장점과 고려할 점

1) 블렌딩의 장점

❶ 맛과 향기가 풍부하다.
❷ 커피 품질을 일정하게 유지할 수 있다.
❸ '대체용 커피콩' 배합으로 비용이 절감된다.
❹ 유명한 커피콩 이름을 활용한 마케팅 효과를 낼 수 있다.

2) 블렌딩을 정할 시 고려할 점

❶ 고객의 기호
❷ 커피콩의 공급 여건
❸ 커피콩의 가격
❹ 커피콩의 품종별 특성
❺ 볶음 정도와 블렌딩 방법

③ 블렌딩 과정

1) 블렌딩 목표 설정

어떤 종류의 커피를 만들 것인지를 먼저 정해야 한다. 즉, 드립용 커피인지 아니면 에스프레소용 커피인지 정해야 한다. 브루잉(Brewing) 커피도 신맛이 더 지속되고 향이 좋은 커피인지 아니면 단맛이 많이 느껴지며 바디가 강해 여운이 길게 가는 커피인지 먼저 목표를 설정해야 한다. 그리고 에스프레소의 경우 신맛과 향이 살아 있게 할 것인지, 아니면 커피의 바디감을 살려 매끈한 느낌과 다른 부재료가 혼합되어도 커피 맛을 느낄 수 있도록 강한 커피로 로스팅하여 블렌딩할 것인지 목표를 설정해야 한다.

2) 생두의 선택

블렌딩에 사용될 커피의 생두를 크게 세 가지 그룹으로 분류할 수 있다.

❶ 첫 번째 그룹은 신맛과 향이 좋은 그룹인데, 같은 그룹이라 하더라도 상큼한 신맛, 과일의 신맛, 톡 쏘는 신맛 등 신맛의 느낌이 조금씩 다르므로 생두의 선택에 주의해야 한다.

그림 8-1 블렌딩에 사용될 생두 분류

1. 신맛, 향	2. 중성	3. 바디, 단맛
Yigacheffe	Brazil	Guatemala
Sidamo	Mexico	Colombia
Harrar	Nicaragua	Mandeling
P.N.G		
Dominica		
El salvador		
Tanzania		
Kenya		
Costa rica		

©www.hanol.co.kr

❷ 두 번째 그룹은 개성이 약한 생두로서 브라질이 대표적이다. 다른 생두들과 섞였을 때 잘 어울릴 수 있는 특성을 가지고 있는데, 브라질을 베이스로 하여 다른 커피와 혼합하는 일이 많은 이유가 바로 여기에 있다.

❸ 세 번째 그룹은 바디가 강한 커피로 단맛을 표현하여 후미를 강화시킬 수 있다.

3) 로스팅의 정도 결정

선택된 커피별로 블렌딩 목적에 부합하는 포인트에 따라 로스팅을 한다. 단종 커피의 최적 로스팅 정도와 블렌딩했을 때의 적정한 로스팅 정도는 다를 수 있음을 주의해야 한다.

4) 추출 및 평가

커피별로 로스팅을 하고 나면 배합 비율을 결정한다. 미리 정한 비율대로 혼합한 후 추출하여 각각의 맛과 향을 평가한 다음 최적의 비율을 찾아내야 한다. 이 비율을 결정하기 위한 방법으로는 커핑을 통한 방법이 효과적이다. 왜냐하면 커핑은 시간도 덜 소요되며 맛을 보다 객관적으로 평가할 수 있기 때문이다.

5) 재조정

원래 목표했던 대로 결과가 나오지 않을 경우, 생두를 선택하거나 로스팅 정도를 달리하는 등 변화를 준 후 다시 추출하여 최적의 조합을 찾아낸다.

④ 블렌딩 시 주의점

블렌딩에 사용되는 커피의 수는 제한이 있다. 실제로 9종의 블렌드 커피를 제조하여 판매하는 회사도 있으나 사용하는 커피의 종류가 너무 많으면 제조 과정이 지나치게 복잡하게 되어 관리 및 일정한 로스팅 등의 어려움이 있다. 현실적으로 6종이 넘지 않아야 하며 3~5가지 범위 안에서 선택하는 것이 좋다.

원산지 명칭을 딴 블렌딩, 가령 '콜롬비아 블렌드'와 같은 경우 명칭으로 이어지는 커피는 적어도 30% 이상 사용하는 것이 좋다.

지나치게 특수한 커피를 블렌딩에 사용하면 지속적으로 생두를 구입할 수 없는 경우가 발생할 수 있으므로 안정적으로 구입할 수 있는 커피를 선택하는 것이 좋다.

커피의 성격이 유사한 커피를 지나치게 중복해서 사용하는 것을 피한다. 예를 들어 신맛을 강조하기 위해 예가체프와 코스타리카, 케냐만 사용하면 좋은 결과를 얻기 힘들다.

❷ 로스팅 전후의 블렌딩 차이

블렌딩 방식에는 크게 두 가지가 있다. 커피별로 로스팅한 후에 비율에 따라 블렌딩하는 방법과 생두 상태에서 혼합한 후 동시에 로스팅하는 방법이다. 방법에 따라 각각의 장단점이 있다.

① 로스팅 후 블렌딩

커피별로 각각 로스팅한 후 블렌딩하는 방식으로 커피의 특성을 최대한 발휘할 수 있다. 커피 특성에 차이가 많은 경우 적합한 방식이다.

1) 장점

❶ 산지별 커피의 특징에 맞게 로스팅을 조절할 수 있다.

❷ 개성이 강한 커피 맛과 향 표현에 유리하다.

❸ 맛과 향의 단점을 찾아내어 보완하기가 쉽다.

2) 단점

❶ 항상 균일한 맛을 내기가 어렵다. 혼합되는 원두 중 한 가지라도 로스팅 포인트의 차이가 생기면 커피 전체의 맛과 향이 변하기 때문이다.

❷ 각각 로스팅을 하므로 작업 시간이 길다.

❸ 재고 관리의 어려움이 있다.

❹ 각 커피의 로스팅 포인트가 다를 경우 안정적인 맛과 향이 표현되는 시간에 차이가 생길 수 있다.

❷ 로스팅 전 블렌딩

생두 상태에서 미리 정해 놓은 블렌딩 비율대로 혼합한 후 동시에 로스팅하는 방식이다.

1) 장점

❶ 작업 시간을 단축할 수 있다.

❷ 로스팅 과정에서 생성되는 산지별 커피의 향들이 조화를 이루어 안정적인 맛과 향을 느낄 수 있다.

❸ 재고 부담이 적다.

❹ 로스팅된 원두의 컬러가 동일하다.

2) 단점

❶ 로스팅 단계별로 단종 커피향을 체크하기가 어렵다.

❷ 투입 온도와 화력 조절의 기준을 정하기가 까다롭다. 혼합되는 생두의 비율이 가장 높은 것을 기준으로 하거나 추구하는 커피의 맛과 향의 중심이 되는 생두를 기준으로 설정하면 된다.

표 8-1 로스팅 전후 블렌딩 차이

구분	로스팅 레벨	특징
로스팅 전 블렌딩	하나의 로스팅 프로파일을 적용한다.	생산 과정이 단순하고 생산 비용도 낮지만 플레이버가 상대적으로 단조로운 느낌이 있다.
로스팅 후 블렌딩	라이트/미디움/다크 블렌딩 시 사용되는 생두의 수만큼 다양한 로스팅 프로파일을 적용한다.	상대적으로 섬세한 플레이버를 표현할 수 있지만 생산 과정이 복잡하고 생산 비용도 많다.

③ 블렌딩의 예

현실적으로 블렌딩이 꼭 필요한 경우가 바로 에스프레소이다. 왜냐하면 에스프레소는 하나의 추출 방법으로 한 가지 커피만을 사용해도 무방하나 에스프레소의 특성인 복합적인 맛을 만족시키기 위해서는 특성이 다른 여러 가지 커피를 블렌딩할 수밖에 없기 때문이다. 그런데 선택할 수 있는 생두의 종류가 굉장히 많은 것 같지만, 생두의 안정적인 공급 여부나 특정 생두의 가격 폭등에 따른 선택의 어려움이 존재한다. 이를 고려하면 실제로 블렌딩에 사용할 수 있는 생두의 가짓수는 제한적일 수밖에 없다. 아래의 블렌딩은 하나의 예로써 로스팅 포인트를 실제로 혼합해서 한 번에 하는 경우가 많으나 여기서는 앞에서 설명한 생두별 로스팅 포인트에 맞춰 각각 하는 것으로 했다.

3 블렌딩의 방법

원산지만 다른 것이 아니라 같은 커피라도 로스팅 정도가 다르거나 가공 방법이 상이한 커피를 혼합하는 것도 가능하다.

1 블렌딩 방법

1) 로스팅 정도가 서로 다른 커피 블렌딩

한 가지 생두를 로스팅 정도를 달리하여 블렌딩하는 방법이다. 로스팅 정도를 8단계로 분류했을 때 3단계 이상 차이가 나지 않는 것이 좋다.

2) 가공 방법이 서로 다른 커피 블렌딩

커피는 가공 방법에 따라 맛과 향이 서로 다를 수 있으므로 이를 이용하여 블렌딩하는 방법이다.

3) 품종이 서로 다른 커피의 블렌딩

품종이 서로 다른 커피를 조합하여 블렌딩하는 방법이다.

2 원두의 배합

1) 단종 커피(Single Origin Coffee) = Straight Coffee

① 보통 10~15개의 나라에서 구입한다.

② 맛과 향이 차별화된다.

③ 블루마운틴(자메이카), 코나(하와이)

2) 블렌딩 커피(Blended Coffee)

두 가지 이상의 커피를 섞은 것으로 약 98%를 차지한다.

3) 블렌딩 방식

❶ 단종 브렌딩(Blending After Roasting)
❷ 혼합 브렌딩(Blending Before Roasting)

4) 그 외의 배합

❶ 전통적 배합(중간 볶음)

- 브라질 : 모카 : 콜롬비아 = 4 : 3 : 3

❷ 신맛이 강한 배합(중간 볶음)

- 콜롬비아 : 모카 : 브라질 : 멕시코 = 4 : 2 : 2 : 2

❸ 깊은 맛의 배합(중간 볶음)

- 콜롬비아 : 모카 : 브라질 : 과테말라 = 4 : 2 : 3 : 2

❹ 부드러운 맛의 배합(중간 볶음)

- 과테말라 : 콜롬비아 : 짐바브웨 : 브라질 = 3 : 2 : 2 : 2

❺ 유럽풍의 배합

- 중강로스팅 = 과테말라 : 콜롬비아 : 짐바브웨 : 브라질 = 3 : 3 : 2 : 2
- 강로스팅 = 과테말라 : 콜롬비아 : 모카 : 브라질 = 2 : 3 : 2 : 3

❻ 아이스커피용의 배합

- 중강볶음 = 콜롬비아 : 브라질 : 모카 : 만델링 = 3 : 3 : 2 : 2
- 강볶음 = 콜롬비아 : 멕시코 : 브라질 : 로부스타 = 3 : 3 : 3 : 3

표 8-2 커피 브랜드와 향미 특성

커피의 맛과 향미의 특성	배합 비율	볶음 정도
중후하고 조화된 맛	브라질 40%	풀시티 로스팅
	모카 30%	
	콜롬비아 30%	
신맛과 향기 있는 블렌드	콜롬비아 40%	시티 로스팅
	멕시코 20%	
	브라질 20%	
	모카 20%	
중후하고 감칠맛 있는 블렌드	브라질 30%	시티 로스팅
	콜롬비아 30%	
	과테말라 20%	
	모카 20%	
약간 쓰면서 달콤한 블렌드	브라질 30%	풀시티 로스팅
	콜롬비아 30%	
	엘살바도르 20%	
	자바 20%	
강한 맛	과테말라 30%	프렌치 또는 이태리 로스팅
	콜롬비아 30%	
	브라질 20%	
	짐바브웨 20%	
아이스커피용	콜롬비아 30%	프렌치 또는 이태리 로스팅
	브라질 30%	
	모카 20%	
	만델링 20%	

 배합의 원칙

- **원두의 성격을 파악해야 한다.**
  원두의 장단점을 잘 파악하고 결점을 보충할 수 있는 원두를 선택하여야 하며, 각각의 원두를 사용해서 얻을 수 있는 효과의 정도를 명확히 알고 있어야 제대로 된 커피를 만들어낼 수 있다.
- **품질이 안정적이어야 한다.**
  배합의 기본이 되는 원두는 특히 품질이 안정된 것(브라질·콜롬비아 등)을 사용하여야 한다.
- **개성 있는 원두가 추가되어야 한다.**
  개성이 있는 원두를 주축으로 하고, 그 위에 보완할 원두를 배합한다.

표 8-3 커피 종류별 향미의 특성

커피 종류	향기	신맛	단맛	중후한 맛	감칠맛	쓴맛	비고
콜롬비아	★	★	★				
과테말라	★	★	★				
코스타리카		★	★				
브라질				★			다른 종류와 잘 어울림
온두라스				★	★		
블루마운틴	★		★				
멕시코				★	★		브라질과 대체 사용
모카	★	★	★		★		
킬리만자로	★	★					
만델링				★		★	바디가 매우 강함
자바						★	쓴맛이 매우 강함

출처: 서진우, 커피 바이블, 2018, 대왕사, p.48

③ 맛과 향을 극대화하기 위한 블렌딩 방법(예시)

블렌딩을 할 때 대중적이고 균형 잡힌 블렌딩의 조화도 중요하지만 블렌딩의 비율을 어떻게 조절하느냐에 따라 싱글 오리진보다 독특하고 균형 잡힌 플레이버를 구현할 수도 있다. 블렌딩은 단순히 여러 가지 커피를 섞기만 하는 것이 아니라 일정한 원칙을 가

지고 특정한 플레이버를 조합하는 것이기 때문이다. 표현하고자 하는 플레이버가 시트러스한 맛이라면 어떤 생두를 사용했을 때 조화롭게 시트러스한 향이 나는지 예측할 수 있어야 한다.

1) 단맛을 강조한 블렌딩 커피

표 8-4 에티오피아·엘살바도르·브라질 블렌딩

커피 품종	에티오피아 모카하라G4	엘살바도르SHG	브라질 내추럴
로스팅 포인트	medium	medium	medium

출처: 한국직업능력개발원, 커피블렌딩, 2019, p.81

❶ 에티오피아 모카하라G4는 내추럴 가공된 커피로 부드러운 산미와 초콜릿의 깊은 단맛, 브라운 슈가와 헤이즐넛 향이 뛰어나며, 중간 정도의 바디감을 가지고 있다.

❷ 엘살바도르SHG는 산미보다는 단맛을 더 많이 가지고 있어 중볶음으로 로스팅할 때 맛이 잘 발현된다.

❸ 브라질 내추럴을 중볶음으로 하면 단맛과 바디감을 살릴 수 있다.

표 8-5 파푸아 뉴기니·온두라스·브라질 블렌딩

커피 품종	파푸아 뉴기니 마라와카	온두라스SHG	브라질 내추럴
로스팅 포인트	medium	medium	medium

출처: 한국직업능력개발원, 커피블렌딩, 2019, p.81

❹ 파푸아 뉴기니의 마라와카는 중볶음에서 풍부한 단맛이 잘 표현될 수 있다.

❺ 온두라스 역시 풍부한 단맛을 가지고 있는 커피이다. 중볶음으로 로스팅하면 좋은 결과물을 얻을 수 있다.

표 8-6 인디아·도미니카·브라질 블렌딩

커피 품종	인디아 몬순말라바르AA	도미니카 윤칼리토	브라질 내추럴
로스팅 포인트	med.Light	medium	medium

출처: 한국직업능력개발원, 커피블렌딩, 2019, p.81

⑥ 인디아 몬순 켄트종이며 아라비카와 로부스타의 교배종이다. 로부스타의 특징이 남아 있어 약볶음에서 구수한 단맛을 느낄 수 있다.

⑦ 도미니카 윤칼리토는 사과, 배, 다즐링, 파인애플 등의 달콤하고 싱그러운 바디를 가지고 있는 커피이다.

⑧ 브라질 내추럴은 단맛과 바디감을 살리기 위해 중볶음으로 로스팅한다.

표 8-7 코스타리카·쿠바·멕시코 블렌딩

커피 품종	코스타리카 따라주	쿠바 크리스탈 마운틴	멕시코 베라쿠르스
로스팅 포인트	medium	medium	med.Light

출처: 한국직업능력개발원, 커피블렌딩, 2019, p.81

⑨ 코스타리카 따라주는 중볶음에서 오렌지 같은 달콤한 산미가 잘 발현된다.

⑩ 쿠바 크리스탈 마운틴은 블루마운틴 커피에 버금가는 달콤한 향과 다양한 맛을 가지고 있다. 풍부한 단맛을 원한다면 중볶음의 로스팅을 권장한다.

⑪ 멕시코 베라쿠르스는 타 지역에서 생산되는 커피들보다 단맛이 훌륭하다. 로스팅은 중약 볶음을 권장한다.

2) 산미를 강조한 블렌딩 커피

표 8-8 에티오피아·코스타리카·브라질 블렌딩

커피 품종	에티오피아 모카 예가체프	코스타리카 따라주	브라질 워시드
로스팅 포인트	light	light	med.light

출처: 한국직업능력개발원, 커피블렌딩, 2019, p.82

❶ 에티오피아 모카 예가체프는 워시드 가공 커피이며, 산미와 아로마가 뛰어나다. 따라서 약볶음에서 이러한 맛과 향이 잘 발현된다. 리무 커피도 맛과 향이 서로 비슷하기 때문에 예가체프 대신 사용해도 무관하다.

❷ 코스타리카 따라주는 상큼한 산미가 매력적인 커피이다.

❸ 브라질 워시드는 내추럴과 비교했을 때 신맛과 아로마가 뛰어나기 때문에 약·중볶음으로 로스팅하여 블렌딩에 함께 넣어주면 조화를 이룰 수 있다.

표 8-9 탄자니아·르완다·브라질 블렌딩

커피 품종	탄자니아 피베리	르완다 버번AA	브라질 워시드
로스팅 포인트	light	light	med.light

출처: 한국직업능력개발원, 커피블렌딩, 2019, p.82

④ 탄자니아 피베리를 사용하려면 신선한 뉴크롭(new crop)을 선택해야 한다. 로스팅 과정에서 초기 흡열 반응 시점에서 다른 생두보다 약한 화력으로 진행하다가 옐로우 시점에서 화력을 올려주면 깔끔한 산미를 찾아낼 수 있다.

⑤ 르완다 버번AA는 에티오피아 모카 워시드와 유사한 맛과 향을 가지고 있어서 약볶음으로 로스팅한다.

⑥ 브라질 워시드는 내추럴과 비교했을 때 신맛과 아로마가 뛰어나기 때문에 약·중 볶음으로 로스팅하여 블렌딩에 함께 넣어주면 조화를 이룰 수 있다.

표 8-10 케냐·콜롬비아·니카라과 블렌딩

커피 품종	케냐 피베리	콜롬비아 나리노	니카라과SHG
로스팅 포인트	light	med.Light	med.light

출처: 한국직업능력개발원, 커피블렌딩, 2019, p.83

⑦ 케냐 피베리는 탄자니아 피베리와 비슷한 맛과 향을 가지고 있기 때문에 역시 뉴크롭으로 로스팅한다면 깔끔한 산미를 발현할 수 있다.

⑧ 콜롬비아 나리노는 뉴크롭에서 산뜻하고 기분 좋은 산미와 중간 정도의 바디를 가지고 있다. 그러므로 산미가 가벼운 블렌딩보다는 조금 무게감 있는 맛과 향의 표현이 가능하다. 약볶음 또는 중볶음이 적당하다.

⑨ 니카라과SHG는 산미와 단맛의 균형이 좋아 블렌딩에 적절한 커피이다. 다만 생두의 수분 함량이 10% 미만으로 떨어지면 맛과 향의 특성이 저하되니 주의하기 바란다. 로스팅은 약볶음 또는 중볶음이 적당하다.

09

커피 분쇄와
추출

1 커피 분쇄 단계

분쇄란 원두를 커피액으로 추출하기 쉬운 상태가 되도록 가는 것이다. 이 공정은 원두 표면에 뜨거운 물(약 96℃)이 닿아 추출될 표면적을 넓히기 위한 작업이다. 분쇄한 커피의 형태로 고운 가루에서 지름 1mm 크기의 입자형에 이르기까지 서로 다른 입자들이 일정한 비율로 구성되어야 한다.

분쇄한 커피 가루가 지나치게 미세하면 물의 흐름을 방해하여 좋지 않다. 입자 사이에 넉넉한 공간이 있어야 뜨거운 물이 스치면서 녹인 콜로이드 성분이 흘러나올 수 있기 때문이다. 커피 신선도의 면에서 볼 때 원두커피의 분쇄는 마시기 직전이 가장 바람직하다. 커피의 분쇄 입도는 〈표 9-1〉과 같다.

표 9-1 커피 분쇄 입도

분쇄도	상태
Coarse	향이 좋고 맛이 청량하며 부드럽다.
Medium	향·맛·색의 조화가 가장 적절하다.
Fine	향이 줄어들고 맛이 약해진다.
Very Fine	향이 줄어들고 맛과 색이 아주 진해진다.

커피 분쇄에 영향을 미치는 요인으로는 습기와 로스팅의 정도 및 부서지는 정도가 있다.

❶ 원두 습기의 정도는 로스팅 직후 물로 냉각되었을 경우보다 습기 함유 시에 부드럽고, 습기가 없는 공기에서 식혔을 경우는 부서지기가 쉽다.

❷ 로스팅 정도에 따라서는 가볍게 볶은 경우 분쇄되었을 때 콩이 질기고 유연하다. 이때 단단하고 부서지기 쉬운 강로스팅한 커피처럼 잘 떨어져 나가지 않는다. 따라서 강하게 볶는 경우가 더 부드러운 입자를 얻을 수 있다.

❸ 부서지는 정도는 동일한 커피 종류라도 분쇄 시 강도나 탄성, 즉 유연하고 단단함에 따라 차이가 있다. 로스팅 강도가 같은 경우에 햇 커피가 묵은 커피에 비해 입자가 곱지 않다.

분쇄된 커피보다는 분쇄되지 않은 커피가 표면적이 작고 단단한 외피로 둘러싸여 있기 때문에 공기(산소)와의 접촉이 적어 산패가 더디게 진행되며 향의 손실도 적다. 분쇄 크기는 끓이는 방법에 따라 달라진다. 일반적인 추출기(Dripper)를 사용할 경우 다소 굵게 분쇄하고, 에스프레소 커피를 위해서는 아주 미분쇄한다. 각각의 추출 방법에 따라 분쇄 크기가 달라지는 것이다. 퍼콜레이터(Percolator)라고 불리는 기구를 사용할 때는 아주 굵게 분쇄하는 것이 맛있는 커피를 먹을 수 있는 비결이다. 일반적으로 분쇄를 가늘게 하면 할수록 추출 농도가 높아지게 되고, 떫은맛과 쓴맛이 증가한다. 커피 입자와 물의 접촉 면적이 넓어져서 그런 것도 있지만, 추출 시간이 길어지기 때문이기도 하다. 동일한 양의 물이 굵은 입자보다는 가는 입자를 빠져 나가는 데 시간이 더 걸린다.

그림 9-1 분쇄기

1 분쇄 단계

이브릭 < 에스프레소 머신 < 모카포트 < 사이펀 < 프렌치 프레스

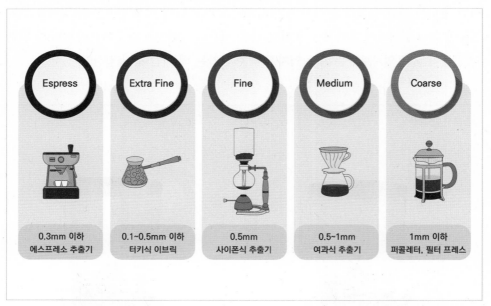

Espress	Extra Fine	Fine	Medium	Coarse
0.3mm 이하	0.1~0.5mm 이하	0.5mm	0.5~1mm	1mm 이하
에스프레소 추출기	터키식 이브릭	사이폰식 추출기	여과식 추출기	퍼콜레터, 필터 프레스

©www.hanol.co.kr

2 기본 사항

① 파쇄(crushing)가 아닌 절삭(cutting) 원리로 분쇄한다.

② 추출 방법에 맞는 적당한 크기로 분쇄도가 고르도록 분쇄한다.

③ 커피는 한 번만 갈아야 한다.

④ 손으로 만지지 말고 나무나 플라스틱 스푼을 사용해야 한다.

⑤ 커피 이외의 제품을 갈면 안 된다.

⑥ 많은 양을 곱게 갈았을 때는 기계를 잠시 쉬어 주어야 한다.

표 9-2 분쇄 종류

분쇄 종류	아주 가는 분쇄 Very Fine Grind	가는 분쇄 Fine Grind	중간 분쇄 Medium Grind	굵은 분쇄 Coarse Grind
	0.3mm 이하	0.5mm	0.5~1.0mm	1.0mm 이상
굵기				
적용	에스프레소	사이폰	드립식 추출	프렌치 프레스
추출 시간	30초	1분	3분	4분

③ 분쇄 시 주의 사항

1) 열 발생의 최소화

분쇄 시에 그라인더 칼날 등에서 발생하는 열에 의해 커피의 맛과 향이 변질될 수 있다. 한 번 분쇄한 후 시간 간격을 두는 것이 좋다.

2) 일정한 분쇄 속도

날이 마모되거나 문제가 생기면 입자가 균일하게 분쇄되지 않아 속도가 달라진다.

3) 입도의 균일성

분쇄된 입자의 크기가 균일하지 못하면 커피 입자마다 물과 접촉하는 면적이 달라져 용해 속도의 차이가 발생하여 잡미가 느껴진다.

4) 기구에 따라 분쇄 조절

기구에 맞는 분쇄를 조절해야 한다.

5) 추출 직전에 분쇄

원두가 분쇄되면 표면적이 넓어져 산화되거나 수분을 흡수하여 맛이 변하게 되므로 가능한 빨리 추출해야 한다.

6) 미분 생성을 최소화

커피 가루에 미분이 발생하면 커피 맛이 변질된다.

7) 원두의 수분 함량

수분이 많아지면 원두 조직이 연해져서 분쇄 시 문제가 될 수 있기 때문에 수분을 충분히 날려야 한다.

8) 원두의 경도 차

원산지나 밀도, 수확 연도, 품종에 따라 경도 차가 발생하여 분쇄도가 달라진다.

9) 로스팅 정도

생두를 어느 단계까지 로스팅했는지 여부에 따라 분쇄도를 달리하면 원하는 커피를 추출할 수 있다.

④ 분쇄 원리

고운 가루는 모래와 같아 물이 천천히 통과하게 되어 맛이 진하다.
굵고 거친 가루는 바위와 같아 물이 빠르게 통과하게 되어 맛이 연하다.

⑤ 분쇄에 영향을 주는 요소

❶ **커피콩의 밀도** 밀도가 클수록 분쇄 속도가 느려진다.

❷ **볶음 정도**　약하게 볶을수록 분쇄 속도가 느려진다.
❸ **수분 함량**　수분 함량이 높을수록 분쇄 속도가 느려진다.

❷ 커피 추출 원리 및 분류

　추출은 커피에서 커피 성분을 뽑아내는 것이다. 추출은 처음에 물이 분쇄된 커피 입자 속으로 스며들어 커피 성분 중 가용 성분은 용해되고, 그 다음 왕래된 성분들이 커피 입자 밖으로 용출되는 과정을 거친다. 마지막으로 용출된 성분은 물을 이용해 뽑아냄으로써 추출이 이루어진다.

그림 9-2 **추출기**

출처: 서진우, 커피바이블, 2018, 대왕사, p.62

　추출 시 물은 깨끗한 생수나 정수기의 물을 사용하는 것이 좋다. 경도가 높은 물과 이물질이 많은 물은 커피의 맛에 좋지 않는 영향을 미치기 때문이다. 물의 온도는 90~95℃가 적당하다. 가급적 너무 뜨겁거나 식은 물은 피하는 것이 좋다. 추출한 지 20~30분이 경과하면 거의 모든 향이 손실된 상태이므로 다시 추출하는 것이 바람직하다.

 적당한 물 온도

- 적당한 온도: 90~96℃로 조화된 맛과 향기
- 고온: 96℃ 이상으로 떫고 쓴맛 성분이 증가
- 저온: 90℃ 이하로 맛과 향기가 약함

1 커피 추출 원리

1) 침투

뜨거운 물이 커피 입자로 침투하여 가용성 성분을 녹인다.

2) 용해

커피 입자에서 녹은 가용성 성분이 밖으로 흘러나온다.

3) 분리

커피 입자에 남은 가용성 성분과 뜨거운 물의 가용성 성분의 농도가 같아진다.

2 커피 추출 시 고려할 점

❶ 볶은 커피의 신선도

❷ **물의 질**　정수 물을 사용해야 한다.

❸ **커피와 물의 비율**　150mL당 볶은 분쇄 커피 8g

❹ **추출 온도**　너무 낮으면 맛과 향기가 약해지고, 너무 높으면 쓴맛과 떫은맛이 강해진다.

❺ **추출 시간**
- 일찍 추출 ➜ 좋은 신맛, 달콤한 맛, 고소한 맛, 중후함, 꽃향기, 고소한 향기
- 늦게 추출 ➜ 쓴맛, 떫은맛, 자극적인 맛, 곡류 냄새, 나무 냄새, 소독약 냄새

❻ 분쇄 커피의 입도

❼ 추출기 종류 & 관리 / 추출 즉시 서빙한다.

3 추출의 분류

고전적으로 추출 방법에 따라 다음의 5가지 방식으로 분류한다.

1) 탕제식 또는 달임식

커피를 분쇄하여 물과 함께 끓이는 방식이다.

이브릭(Ibrik)이나 체즈베(Cezve)와 같은 튀르키예식 커피나 분나(Bunna)로 불리는 에티오피아의 전통 커피 등이 여기에 속한다.

2) 침출식 또는 침지식

여러 가지 추출 용기에 분쇄된 커피를 넣고 커피의 성분들을 우려낸 후 분쇄된 가루는 버리고 물만 따라내어 음용하는 방식이다. 침출식 더치커피(Cold Brew Coffee)나 프렌치프레스(French Press)가 이에 속한다.

3) 여과식 또는 투과식

가장 흔히 사용하는 추출 방법으로 원두를 분쇄하여 여기에 물을 통과시킨 후 이를 필터로 걸러서 커피 음료를 만드는 방법이다.

4) 가압식

분쇄된 커피 가루에 대기압 이상의 압력을 가하여 일반적인 수용성 성분뿐만 아니라 불용성 지질과 섬유질, 가스도 함께 추출하는 방법이다. 에스프레소와 모카포트 등이 이에 속한다.

5) 진공식 또는 진공여과식

물이 끓으면서 생기는 수증기의 압력을 이용하여 진공 상태를 만들어 역으로 하부에서 상부로 커피를 추출하는 방식이다. 사이폰이 대표적이다.

④ 커피 추출 방식

커피 추출 방식은 침지식과 여과식이 있다.

1) 침지식

① 오래된 추출 방법이다.
② 추출 용기에 분쇄된 커피 가루를 넣고 뜨거운 물을 붓거나 찬물을 넣고 가열하며 커피 성분을 뽑아내는 방식이다.
③ 침치식 커피 추출 기구로는 사이폰, 튀르키예식, 프렌치 프레스 등이 있다.
④ (예시) 튀르키예식 커피를 추출한다.

① 원두를 추출에 알맞게 분쇄한다.

• 튀르키예식 커피는 가열한 후에 별도의 여과 없이 마시기 때문에 밀가루처럼 아주 가늘게 분쇄한다.(0.1mm 내외)

② 체즈베에 커피를 담는다.

• 체즈베에 설정한 커피 가루와 상온의 물을 담는다.
• 보통 원두 6~8g일 때 물 60mL을 준비한다. 기호에 따라 설탕을 첨가한다. 침전이 잘 되도록 스틱으로 저어준다.

③ 체즈베를 반복적으로 가열한다.

• 인덕션 레인지 또는 가스 버너에 불을 켠 후 커피 가루를 넣은 체즈베를 가열한다. 중불로 거품이 끓어오를 때까지 가열
  해 주며 끓어오르면 불에서 잠깐 내린다. 거품이 가라앉으면 다시 가열한다. 이 과정을 2~3회 반복한다.

④ 커피 가루를 침전시킨 후 잔에 따른다.

• 커피 가루가 가라앉을 때까지 조금 기다렸다가 천천히
  잔에 따른다. 기호에 따라 설탕 및 향신료를 첨가하기도
  한다.

⑤ 커피 찌꺼기를 제거한다.

• 커피 찌꺼기를 넉박스나 쓰레기통에 버린다.

출처: 한국직업능력개발원, 커피추출운용, 2019, p.48, 49

2) 여과식

❶ 커피 가루가 담긴 드리퍼(dripper)로 물이 통과하여 커피의 가용 성분을 추출하는 방식을 말한다.

❷ 분쇄된 커피 가루가 담긴 종이나 금속으로 된 필터를 물이 한번 통과하여 커피 성분을 뽑아내는 방식이다.

❸ 추출의 힘으로 중력이 작용한다.

❹ 여과식 커피로는 더치커피(dutch coffee), 핸드 드립(hand drip), 융 드립, 케멕스(chemex) 등이 있다.

❺ 더치커피는 찬물을 사용하여 추출하는 방식이다.

❻ '핸드 드립'은 기계로 추출하는 방식이 아닌 사람이 손으로 직접 커피 가루에 물을 부어 추출하는 방식이다. 커피를 추출하는 사람마다 다양한 맛을 낼 수 있고 기계를 사용하는 추출에 비하여 비용이 저렴하다.

❼ (예시) 케멕스로 커피를 추출한다.

커피와 물의 비율을 설정하고 사용할 커피의 양과 투입할 물의 양을 정한다. 추출 시에 저울 위에 케멕스를 올려 놓고 투입 물 양을 확인하면서 추출한다.

❶ 케멕스에 커피를 담는다.

· 그라인더를 이용하여 핸드 드립 정도의 중간 굵기로 분쇄한다.(0.7mm 내외)

❷ 추출한다.

· 30~40초 정도 뜸을 들인다.
· 나선형으로 원을 그리면서 물을 끊지 않고 부어준다.(진하게 추출하려면 물을 2~3회로 나누어 부어 준다)

출처: 한국직업능력개발원, 커피추출운용, 2019, p.29

그림 9-3 침지식과 여과식 비교

©www.hanol.co.kr

표 9-3 커피 추출 방법

방식		내용	해당 기구
침지법＝침출법	우려내기	추출 용기 안에 뜨거운 물과 커피 가루를 섞은 후 커피 성분 추출	프렌치 프레스
	진공 여과	하부 용기의 물을 가열하며 발생되는 증기압에 의해 상부로 물이 올라가면 커피 가루와 섞어준 후 증기압을 제거하여 추출액을 하부로 내려오게 하는 방식	베큐엄 브루어 (Vacuum Brewer)
여과법＝투과식법	드립 여과	추출 용기 안에 있는 커피 가루에 뜨거운 물을 한 번 통과시켜 커피를 추출하는 방식	커피메이커, 드립식 추출
	가압 추출	가압(2~10기압)된 물을 커피 가루에 통과시켜 커피를 추출하는 방식	모카포트, 에스프레소

5 커피 추출 시 맛을 좌우하는 요소

1) 물의 온도

여기서 말하는 물의 온도는 커피에 부을 때의 온도라기보다는 커피 가루와 결합했을 때의 온도를 말한다. 커피 가루에 물을 부으면 신맛의 움직임이 빨라 먼저 추출된다. 하지만 신맛은 일정량이 추출되고 나면 더 이상 비율이 증가하지 않는다. 반대로 쓴맛은 움직임이 느려 물의 온도가 높아짐에 따라 성분의 양이 증가한다. 따라서 쓴맛 성분은 물의 온도가 높으면 많이 추출되고, 물의 온도가 낮으면 적게 추출되는 경향이 있다.

2) 추출 시간

신맛 성분은 쓴맛 성분에 비해 추출 속도가 빠르기 때문에 짧은 추출 시간 내에 추출된다. 따라서 일정 시간이 지나면 더 이상 추출되지 않는다. 반면 쓴맛은 추출 속도가 늦기 때문에 시간이 길수록 더 많이 추출된다. 따라서 추출 시간이 길어지면 쓴맛이 증가한다.

❶ 처음에는 농도도 진하고 수율도 높으며 단맛과 함께 산미가 강조된다.

❷ 점차 신맛이 수그러들면서 단맛이 정점을 발하며 추출된다.

❸ 후반으로 가면서 단맛과 신맛이 현저히 줄어들면서 점차로 쓴맛과 떫은맛이 강하게 발현되며 잡미도 추출되기 시작한다.

❹ 추출이 더 진행되면 수율도 현저히 떨어지고 쓴맛도 줄어들면서 잡미가 가득한 커피가 추출된다.

3) 분쇄 크기

커피 가루를 곱게 할수록 고형 성분이 빨리 추출된다. 따라서 움직임이 빠른 신맛은 분쇄를 아무리 작게 하더라도 맛의 총량이 증가하지 않지만, 쓴맛은 분쇄를 곱게 할수록 비율이 늘어난다.

표 9-4 커피 추출 시 맛을 좌우하는 요소

요소	상태	맛의 변화	
		신맛	쓴맛
물의 온도	커피 가루와 접촉하고 있는 물의 온도가 높을수록	일정	증가
추출 시간	추출 시간이 길수록	일정	증가
분쇄 크기	분쇄 입자가 고울수록	일정	증가

6 에스프레소 추출 조건

① **커피 양** 7±1.0g

② **물의 온도** 90~95℃

③ **추출 압력** 9±1bar

④ **추출 시간** 25±5초

⑤ **추출 양** 25±5cc

⑥ **pH** 5.2

10

원두 품질 평가

1 원두 품질 평가 기준

1 커피의 생두

커피는 열매(Coffee Fruit) 상태로 수확되어 몇 단계의 처리 과정을 거쳐 커피 원두(Coffee Bean)로 소비자들에게 공급된다.

커피 생두는 수분, 회분, 지방, 조섬유(組織維), 조당분, 조단백, 카페인 등으로 이루어져 있다. 각 성분의 비율은 종류와 산지에 따라 다르지만, 조당분이 가장 많아 30%를 함유한다. 조당분은 설탕·포도당 형태로 존재하고, 열을 가하면 캐러멜로 변하여 커피색이 되며 향기와 감칠맛을 증대시키는 작용을 한다. 지방은 향과 가장 관계가 깊은 성분으로

표 10-1 생두의 종류와 특성

생두	원산지	품명
	브라질	산토스
	콜롬비아	수프리모
	에티오피아	모카시다모
	인도네시아	만델링
	탄자니아	킬리만자로

함유량은 약 12~16%이다. 팔미트산과 리놀산을 많이 함유하며, 그밖에 올레산, 스테아르산, 리놀산 등이 있다. 카페인과 카페린은 커피 맛을 지배하는 특징적인 성분으로 함유량은 1.3% 안팎이지만, 뜨거운 물에 잘 녹고 상쾌한 자극과 흥분 작용을 한다. 탄닌은 쓴맛 성분으로 하급품일수록 함유량이 많다. 지나치게 볶거나 달이면 용출량이 증가하여 쓴맛이 더 강해지고, 침출(侵出) 시간이 길면 탄닌이 분해되어 피로갈롤(Pyrogallol)이 생겨 풍미를 떨어뜨린다. 향기 성분은 생원두를 볶는 과정에서 생기는 카페올과 에테르성의 것으로 휘발성이 있어 분쇄 후 내버려두면 약 2주일 만에 없어진다.

표 10-2 생산지별 커피의 특성

맛	산지
신맛	모카, 킬리만자로, 코스타리카, 멕시코
쓴맛	콜롬비아, 과테말라, 멕시코, 온두라스
단맛	자바, 로부스타
감칠맛	콜롬비아, 과테말라, 멕시코, 킬리만자로, 미얀마
향기	모카, 콜롬비아, 과테말라

❷ 생두의 품질 정보

커피콩의 품질 등급을 결정하는 요소로는 향미(Cup Quality), 크기, 색상, 밀도, 수분 함량, 결점수(Defects) 등이 있다. 이외에도 커피의 품종, 재배 고도, 가공과 선별 등에 의하여 등급이 결정되는데, 재배지의 토양과 기후 조건은 생두의 품질에 큰 영향을 준다. 일반적으로 800m 이상 고지대의 화산질 토양에서 재배된 생두는 조직이 단단하고 향미가 우수하다. 또한 생두를 수확하고 가공하는 방법과 저장 기간도 품질에 영향을 준다.

1) 향미

커피의 맛와 향기를 종합하여 '향미(Flavor)'라고 하며, 커피의 가장 중요한 품질 요소이다. 미국 스페셜티커피협회(SCAA)는 커피의 향미를 ① 향기(Aroma), ② 상큼한 맛(Acidity)

③ 중후한 감(Body), ④ 향미(Flavor), ⑤ 후미(After Taste), ⑥ 전체적 균형감(Balance)의 여섯 가지 관능 요소로 평가한다.

❶ Fragrance: 볶은 커피콩에서 나는 향기, 볶는 과정에서 나오는 꽃향기

❷ Aroma: 커피 추출액에서 나는 향기

❸ 커피를 마신 뒤 입안에서 느껴지는 향기

❹ Body(중후함): 섬유질이나 지방이 만드는 점성을 입안에서 느끼는 것

❺ 브라질: strictly soft / soft / softish / hard / rioysh / rioy

2) 크기(Screen Size)

커피콩은 클수록 상급품이다. 브라질에서는 17/64in(인치) 이상의 커피콩은 Large, Very Large, Extra Large로, 15~16/64in의 커피콩은 Medium으로 14/64in 이하의 크기는 Small 및 Peaberry 등급으로 나눈다.

❶ 주로 브라질 기준을 이용한다.(1/64in 단위 구멍 크기로 분류)

❷ 크기가 작은 커피콩의 허용 범위는 10%이다.

　　screen #17=17/64in의 체로 친 후 위에 남은 커피콩의 크기를 의미한다.

❸ 아프리카: AA(extra large), A, B, C(small), PB(peaberry)

❹ 아이보리코스트: 1, 2, 3

❺ 케냐: AA, A

❻ 콜롬비아: 수프리모(supremo), 엑셀소(excelso)

3) 색상

커피콩은 청록색이 상급품이며 황갈색은 하급품이다. 커피콩은 오래 저장하면 황갈색으로 변한다.

❶ 청록색을 띨수록 고급이고, 황갈색을 띨수록 오래된 것이다.

❷ 아라비카종: 청록색에서 녹황색 / 로부스타종: 백색에서 황갈색

❸ 온도와 습도가 높은 곳에 저장 시 백화 현상이 생기며, 균일하지 않은 색조를 띤다.

❹ 국제표준화기구에서 정한 기준을 사용한다.

　　'bluish – greenish – whitish – yellowish – brownish' 시스템

4) 밀도

❶ 조직이 단단할수록 고급이며, 단단한 정도를 밀도로 표시한다.

❷ 800~2,000m의 높고 서늘한 지역에서 자란 경우 조직이 단단하여 밀도가 높다.

❸ 800m 이하 평탄한 지역과 온난한 기후에서 자란 경우 상대적으로 밀도가 낮다.

❹ 대부분의 커피콩은 밀도가 1.1~1.3g/cc이다.

5) 수분 함량

❶ 표준 수분 함량: 11%(Washed: 10~12%, Natural: 10~13%)

❷ 13% 이상일 경우 수송과 저장 과정 중 곰팡이 번식이 쉽다.

❸ 8~9%일 경우 오래된 것일 수 있다.

❹ 수분이 1% 많아지면 약 8%의 가격이 높아진다.

❺ 11%를 초과하는 수분량은 커피콩의 가격에서 공제하는 경우가 많다.

6) 결점수

생두에 섞여 있는 결점두와 이물질의 양에 따라 결정되는 결점수(Number Of Defects)는 커피 품질의 국제적 기준이 된다.

여러 가지 결점두(缺點豆, Defects)와 이물질은 블랙빈 계수(Black Bean Equivalent)로 환산하여 전체 결점수를 표시한다.

7) 결점두

❶ 재배나 가공 과정에서 생긴 비정상적인 커피콩

❷ 검은 콩, 변색 콩, 곰팡이 콩, 마른 열매, 이물질(돌, 풀) 등: 결점계수 1

❸ 벌레 콩, 깨진 콩, 미성숙 콩, 주름 콩, 조개 콩, 뜨는 콩, 껍질 콩 등: 결점계수 5

❹ 결점 수: 350g(브라질은 300g 기준)의 커피콩 중 결점두의 수 × 결점계수

그림 10-1 뉴욕의 커피, 설탕, 코코아거래소의 결점수에 따른 커피콩 등급 분류

등급	표시	결점수
Class 1	Specialty Grade	0~5
Class 2	Premium Grade	0~8
Class 3	Exchange Grade	9~23
Class 4	Below Standard Grade	24~86
Class 5	Off-Grade	86 이상

③ 생두의 생산 정보

1) 커피 품종

브라질, 콜롬비아 등

2) 가공 방법

드라이 / 세미 워시드 / 워시드

3) 생산국 / 항구

산투스

4) 생산 연도

New crop(~1년) / Past crop(1~2년) / Old crop(2년 이상)

④ 원두의 품질 평가 요소

1) 컵(cup)

커피의 맛을 보고 평가하는 관능 테스트로 가장 정확한 방법이긴 하지만 쉽지 않아서 전문가들에 의해 평가가 이루어진다. 원두를 약로스팅한 후 다소 굵게 갈아 뜨거운 물로 추출하여 평가한다. 원두 자체의 향미 평가로 단순 평가보다 커피의 전반적인 본질을 이루는 다양한 특성들을 평가하는 것으로, 향미 평가는 적어도 6개월 이상의 지속적인 숙련을 통해 가능하다. 때에 따라서는 내과피가 제거되지 않은 원두(Parchment)의 냄새를 맡아 대략적인 향미 평가를 할 수도 있다. 가장 좋은 품질은 입안에서의 농후감(Body)과 산미(Acidity) 및 향(Flavor)이 잘 조화된 커피이다. 그러나 커피의 품질은 종과 재배 환경에 따라 결정되므로 모든 생산 지역에서 상품의 커피가 생산되는 것은 아니다.

2) 로스트(Roast)

로스터 사용 시 사용 전 20~30분 이전에 예열하는 이유는 기계 내부의 열 흐름을 안정화시키고 생두 투입 시 최적의 조건을 만들어주기 위해서이다. 그리고 예열은 낮은 온도로부터 시작하여 210℃까지 천천히 올려주는 방식으로 진행한다. 재번된 수분 함량은 4%이다.

❶ 볶은 커피콩 속에 섞인 결점두 계수로 환산한 결점수를 기준으로 표시한다.
❷ 브라질의 경우 볶은 콩 100g당 결점수: 0~1(fine roast) / 2~5(good to fine) / 6~10(good roast) / 12 이상(poor)

3) 타입(Type)

결점(Defects: Husks, Pods, Brokens, Bean In Parchments, Blacks, Sour Beans, Quakers와 나뭇가지·돌 등의 이물질을 말한다. 이 모든 것들이 등급 산정 시 다양한 결점 감점치로 계산된다) 숫자를 헤아려 결점표에 해당되는 명칭의 점수로 환산하여 등급을 분류한다. 뉴욕 선물 시장(Arabica)은 300g, 런던 선물 시장(Robusta)은 500g을 기준으로 평가한다.

4) 어스펙트(Aspect)

원두의 종합적인 외관 상태에 따라 3등급, 즉 Good, Regular, Weak로 분류한다.

5) 브로카(Broca)

벌레 먹은 원두의 무게 함량(%)을 말하는 것으로, 주로 로부스타에 해당된다. 좋은 로부스타는 이 항목이 10% 미만이어야 한다.

6) 임퓨리티(Impurities)

커피 원두를 제외한 모든 이물질 함량(%)으로 나뭇가지, 돌, 쇠붙이 등이 이에 속한다. 산지의 동전과 유리 조각, 옥수수가 나오기도 한다.

7) 스크린 사이즈(Screen Size)

100g 원두를 체(Screen)에 통과시켜 원두 크기에 따라 9등급 Large Bean > Bold to Large Bean > Bold Bean > Good to Bold Bean > Good Bean > Medium to Good Bean > Medium Bean > Small to Medium Bean > Small Bean 으로 분류한다. 체의 구멍 크기는 숫자가 높은 것일수록 크다. 사용되는 체는 20번부터 8번까지이며, 20번은 지름이 8mm, 8번은 3mm의 구멍이 뚫려 있다. 일반적으로 크기가 큰 원두가 더 고급으로 인식되어 가격도 비싸다. 그러나 크기는 큰 것보다는 균일한 것이 품질적으로 더 중요할 수도 있다. 이는 크기가 불균일한 경우 로스팅 시 로스팅 정도가 원두마다 달라서 일정한 맛을 낼 수 없기 때문이다.

8) 재배 고도

산지 고도가 품질에 중요한 영향을 미치는데, 밤낮의 기온 차가 큰 고지에서 재배된 커피의 품질을 더 높이 평가하기 때문이다. 고지에서 재배된 커피는 열매가 더 단단하고 신맛이 많으며 향기 또한 뛰어나다. 나라마다 정의가 조금씩 차이가 날 수 있지만, 일반적으로 해발 1,500m 이상에서 재배된 원두는 SHG(Strictly High Grown) 또는 SHB(Strictly Hard Bean)라고 부르며, 해발 1,000m 이상에서 재배된 원두는 HG 또는 HB라고 부른다.

9) 기타

커피콩의 생산지, 수출 항구, 생산 연도

표 10-3 원두의 품질 평가 기준

항목	표기 사항	표시의 예
생산 정보	커피 품종	Brazil, Colombia 등
	가공 방법	Washed / Unwashed
	생산국 / 항구	Santos
	생산 연도	New crop(~1년) / Past crop(1~2sus) Old crop(2년 이상)
품질 정보	향미	Soft → Hard(브라질)
	크기	Screen #19/18(Brazil)
	결점두 / 이물질	Black been equivalent
	색도	Bluish → Greenish 등
	로스팅 특성	Fine roast / good roast
	밀도	g/mL
	수분	%로 표시(dry basis)
	종합 평가	종합적 품질 평가

5 결점두와 이물질의 정의

❶ **검은 콩**(Black Bean) 성숙되기 전에 나무에서 떨어진 커피 열매로 검은색이다.

그림 10-2 **Black Bean**

❷ **마른 체리 또는 꼬투리**(Dried Cherry or pod) 건식법을 거친 체리가 탈곡이 제대로 되지 않아 체리 상태 그대로 섞여 있는 것

❸ **변질된 콩**(Sour Bean) 변질되어 시큼한 냄새가 나는 콩

❹ **벌레 먹은 콩**(Insect Demaged Bean) 성장 단계에서 벌레 먹은 커피 콩

❺ **덜 익은 콩**(Immature Bean) 성숙되지 않은 커피 콩

❻ **쪼개진 콩**(Broken Bean) 가공 과정에서 반 이상 쪼개진 커피 콩

❼ **물에 뜨는 콩**(Floater Bean) 비정상적으로 성숙되어 물에 뜨는 커피 콩

❽ **껍질**(Husk) 커피콩의 껍질 부스러기

❾ **파치먼트**(Parchment) 껍질이 붙어 있는 커피 콩

❿ **줄기**(Twing)

⓫ **돌, 흙덩이**(Stone, Earth)

그림 10-3 **마른 체리**

그림 10-4 **벌레 먹은 콩**

그림 10-5 **파치먼트**

2 스페셜티 커피 구분

1 스페셜티 커피의 이해

스페셜티 커피(Specialty Coffee)는 생두의 품질과 로스팅 및 추출에 있어서 가장 우수한 커피를 뜻하는 것으로 독특한 품종적 특성과 품질 규격에 맞는 커피콩(생두=Green Beans), 볶은 커피(Roasted Beans), 커피 음료(Coffee Beverage)를 포함한다. '스페셜티 커피콩'은 독특한 품종특성을 잘 보존하는 지역에서 재배되고 향미 특성을 가진 스페셜티 커피 등급(Specialty Grade, 결점수<5)의 커피콩으로 전체 커피콩의 약 7.6%를 차지한다. '스페셜티 볶은 커피'는 스페셜티 등급의 커피콩을 향미 특성이 충분히 나타나도록 로스팅한 커피이다. '스페셜티 커피 음료'는 스페셜티 볶은 커피를 향미 특성이 최고로 나도록 원리에 맞게 추출한 커피 음료로 추출 커피(Brewed Coffee)와 에스프레소류 커피(Espresso Based Coffee)를 포함한다.

스페셜티 커피는 대량 생산되는 커피에 비해 기후 및 생산 과정에 있어서 잘 경작된 커피로 그 맛이 더욱 풍부하며, 우수한 향미를 지니고 있다.

스페셜티 커피의 기준은 결점두를 풀 디펙트(Full Defect)로 환산한 점수로 스페셜티 그레이드와 프리미엄 그레이드로 분류한다. 스페셜티 그레이드는 생두 300g당 풀디펙트가 5를 넘지 않아야 하며, 프라이머리 디펙트가 허용된다. 프리미엄 그레이드는 생두 300g당 풀 디펙트가 8을 넘지 않아야 하며, 프라이머리 디펙트가 허용된다.

스페셜티 세부 기준을 살펴보면 샘플 중량에 있어서 생두는 350g, 원두 100g이고, 수분 함량에 있어서 워시드 커피는 10~12% 이내, 내츄럴 커피는 10~13% 이내이다. 콩의 크기는 전통적인 둥근 구멍이 뚫린 스크린을 측정하여 명세서에서 기술된 것과 편차가 5% 미만이어야 하고, 외부의 오염된 냄새가 없어야 한다.

② 스페셜티 커피의 구분

1) 블루마운틴 No.1

❶ 자메이카 블루마운틴산의 2,000m가 넘는 고지대에서 생산된다.
❷ 향기가 풍부하고 조화로운 맛이다.
❸ '시티 로스트 또는 풀시티 로스트'로 볶아야 향미가 최상이 된다.

2) 콜롬비아 수프리모

❶ 해발 고도 1,800m 이상 고지대에서 생산된다.
❷ Screen#17 이상이면 향기와 신맛이 풍부하다.
❸ 산어거스틴 등이 명산지이다.

3) 산토스 NY2 엘도라도

❶ 브라질의 알도 파라나이바와 모지아나에서 생산된다.
❷ Screen#18/19의 커피 콩으로 신맛과 쓴맛이 조화롭다.

4) 과테말라 SHB

❶ 안티구아의 해발 고도 1,500m 이상 고지대에서 생산된다.
❷ 신맛과 향기가 풍부하고, 다른 종류와 섞었을 때 잘 조화된다.

5) 코스타리카 SHB

❶ 코랄산의 1,500m인 고지대의 트레스 리오스 농원에서 생산된다.
❷ 중후함과 신맛이 조화롭다.

6) 마타리

❶ 예멘의 아라비카종 모카가 지닌 본래의 맛과 향기를 가지고 있다.
❷ 중후함과 강한 와인 향기를 지니고 있다.

7) 에티오피안 워시드

❶ '예가체프'가 대표적이다.

❷ 중후함과, 초콜릿 향과 와인 향을 지니고 있다.

❸ 다른 종류와 섞었을 때 향미가 잘 조화된다.

8) 탄자니아 AA(킬리만자로)

❶ 킬리만자로산의 고지대에서 생산된다.

❷ 향기와 신맛이 풍부하며, 중후함을 지니고 있다.

❸ '풀시티 로스트'로 볶으면 향기가 가장 풍부해진다.

9) 케냐 AA

❶ 향기와 신맛이 풍부하며 품질이 균일하다.

❷ '풀시티 로스트'로 볶으면 쓴맛과 신맛이 조화롭다.

10) 만델링 G1

❶ 인도네시아 수마트라섬의 토바 산기슭에서 생산된다.

❷ 신맛은 약하지만 향기와 맛이 짙다.

11) 토라자

❶ 인도네시아 술라웨시섬에서 생산된다.

❷ 중후함을 지니고 있다.

12) 코나 No.1

❶ 하와이에서 생산하는 코나 중 최고급
이다.

❷ 중후함과 신맛이 조화로우며 균일한 품
질을 가지고 있다.

그림 10-6 **파치먼트**

3 커핑의 개념과 이해

1 커핑의 개념

커핑(cupping)이란, 커피 테이스팅(coffee tasting)이라고 하며 커피의 향미(flavor), 즉 향(aroma)과 맛(taste)의 특성을 체계적으로 평가하는 것을 말한다. 이런 작업을 전문적으로 수행하는 사람을 커퍼(cupper)라고 한다.

2 커핑의 이해

커피콩의 표본 맛과 향의 특성을 평가하기 위한 방법이다. 그 과정은 크게 두 단계로 나누는데, 우선 미리 정해진 방식에 따라 커피를 추출한 다음, 일련의 절차에 따라 커피 커퍼의 미각과 후각에 의해 커피의 맛과 향을 평가하는 것이다. 커핑은 커피를 구매하거나 배합하는 등 경제적인 목적과 밀접한 연관이 있으므로 커핑 전문가들은 절차와 기술을 엄격하게 준수한다.

일반적인 경우, 특정 생두의 향미 특성을 규정하기 위해 이루어지지만, 특별한 경우 경제적·상업적 목적을 띠고 의뢰자(주로 커피 제품 생산업체)의 조건에 맞추어 추출된 커피의 향미를 평가하기도 한다.

SCAA와 AOE는 커피의 향미 평가에 있어 세계적으로 인정받는 두 기관으로, 이곳의 평가 결과는 경매 시장에서 생두의 가격에 많은 영향을 미친다.

3 커핑의 목적

커피 원두 하나에도 기후, 토양 등에 따라 여러 가지 맛을 가지고 있다. 또한 로스팅(roasting) 정도에 따라 향과 맛이 달라진다. 이에 적합한 로스팅 정도를 찾기 위하여 커핑(cupping)을 한다. 또한 좋은 커피일수록 그 맛과 향이 뛰어나기 때문에 커피의 가격을 책정하기 위한 수단으로도 활용된다. 나아가 단일의 커피가 아닌 두 가지 이상의 커피를 혼합하여 커피 음료를 제조하기도 한다. 이러한 행위를 블렌딩(blending)이라고 하는데, 최고의 블렌딩 조합을 만들기 위하여 커핑을 하기도 한다.

④ 커피의 향 이해

커피는 각각 특유의 향기를 가지고 있다. 로스팅 될 때 여러 온도에 따라 그 향이 달라진다. 분쇄한 후, 추출한 후, 마실 때, 마시고 난 후의 단계별로 향이 구분된다.

1) 분쇄된 커피 향기(dry aroma, fragrance)

로스팅된 커피를 분쇄하면 향기가 나는데, 일반적으로 꽃향기와 같은 단 향이 난다. 때로는 달콤한 향신료의 톡 쏘는 향도 느껴진다.

2) 추출된 커피 향기(cup aroma, aroma)

분쇄 후 물로 커피를 추출하면 유기 물질이 발생한다. 이때 발생하는 커피의 향을 아로마라고 하는데, 커피의 기본 향을 의미한다. 일반적으로 과일 향이나 풀 향이 난다.

3) 마시면서 느끼는 향기(nose)

추출된 커피를 마실 때 입안에서 느껴지는 향기이다. 생두 중에 있던 당류가 로스팅 과정에서 캐러멜로 변하여 생성된 것이다. 로스팅 정도에 따라 캐러멜, 볶은 견과류, 볶은 곡류 등을 연상시킨다.

4) 입안에 남는 향기(aftertaste)

커피를 마시고 난 후 입에서 느끼는 향이다. 일반적으로 씨앗이나 향신료에서 나는 톡 쏘는 향기가 나며, 쓴맛이나 초콜릿 향도 느껴진다.

5) 커피의 맛 이해

일반적으로 혀에서 느낄 수 있는 단맛, 짠맛, 신맛, 쓴맛의 네 가지 기본 맛으로 구분한다.

❶ **단맛**(sweet) 당, 알코올, 글리콜, 라이콜, 일부 산 용액의 특징적인 맛이다.

❷ **짠맛**(salt) 염소, 브롬, 요소, 질산염, 황산염 용액의 특징적인 맛이다.

❸ **신맛**(sour) 주석산(타르타르산), 구연산(시트르산), 사과산 용액의 특징적인 맛이다.

❹ **쓴맛**(bitter) 키니네, 카페인, 기타 알칼로이드 용액의 특징적인 맛이다.

④ 커핑 방법

1 표본 준비

추출 방식은 우려내기인데, 작은 컵에 볶아서 분쇄한 커피를 넣고 끓는 물(90~96℃)을 붓는다. 처음에는 커피 입자가 물 위로 떠올라 막을 형성하지만, 뜨거운 물에 서서히 잠기면서 가라앉기 시작한다. 여기에 소요되는 시간은 3~5분이다. 커피를 숟가락으로 저어 커피 입자가 완전히 컵 밑바닥으로 가라앉게 한다. 가라앉지 않은 입자는 걷어내서 버린다. 이 추출 방식은 커피를 거르거나 커피 입자에서 맛과 향을 내는 성분이 추출되는 것을 막지 않는 것이다. 한 컵의 커피와 물의 비율은 커피 8.25g에 물 150mL이다. 이때 커피 농도는 1~1.3%이다. 이는 반 갤런짜리 추출기에 물 2.5갤런에 커피 1파운드를 사용하는 것과 같다.

커피의 입자는 70~75%가 미국 표준 20호를 통과할 정도로 고와야 한다. 커피를 이렇게 곱게 분쇄하는 것은 18~22%의 추출물을 얻기 위해서이다. 시험에 의하면 이는 커피의 맛과 향을 내는 성분을 모두 추출하는 데 최적 추출률이다. 추출된 커피의 약 99%가 물이므로 물의 질이 매우 중요하다. 수용성 무기물 100~200ppm이 함유되어야 하는데, 이는 소매점에서 판매하는 일반 생수의 경도와 같다. 증류수를 사용해선 안 되며, 염소 등 물에 첨가된 화학 물질을 모두 걸러내야 한다.

② 감각적 평가

향, 시음, 삼키기 등 커핑에서 행해지는 동작은 일상적인 식생활에서 취하는 동작보다 훨씬 더 과장된 것이다. 이런 동작은 커피의 자극성 물질로 말초 신경을 자극하여 미각과 후각을 극대화하기 위해서 커핑에서 꼭 해야 하는 행위이다. 단계는 6단계로 커피콩의 향, 추출된 커피의 향, 맛, 냄새, 후미, 밀도를 평가한다.

1) 커피콩의 향

커핑의 첫 단계로, 표본으로 8.25g을 분쇄하여 컵에 넣고 분쇄 직후 커피콩에서 이산화탄소가 방출되면서 발생하는 여러 가지 냄새를 맡는다. 향의 특성은 맛의 특성을 나타내며, 향긋한 냄새는 새콤한 맛으로, 코를 찌르는 냄새는 톡 쏘는 맛으로 이어진다. 향의 강도는 표본의 신선도, 즉 표본을 볶을 때부터 분쇄할 때까지의 시간을 나타낸다.

2) 추출된 커피의 향

커핑의 두 번째 단계로, 분쇄 직후의 커피에 끓인 생수 150mL를 붓고 약 3분 동안 커피 입자가 물에 젖게 한다. 그러면 커피 입자가 물 위에 떠서 막을 형성한다. 커핑 숟가락으로 부드럽게 저으면서 물의 온도에 의해 여러 가지 기체가 발생하는데, 이 기체들을 코로 길게 깊이 들이마신다. 이때 맡을 수 있는 냄새는 과일류, 견과류, 풀 등의 냄새로 분류하고 구별한다. 일반적으로 커피 향은 커피 종류에 따라 다르며, 향의 강도는 커피콩을 볶을 때부터 분쇄할 때까지의 시간에 좌우된다. 즉 커피의 수분과 산소 함유량에 따라 결정된다.

3) 맛

커핑의 세 번째 단계로, 커핑용 숟가락(8~10cc의 액체를 뜰 수 있고 열이 빨리 전도되도록 은도금되어

있는 둥근 수프용 숟가락)으로 추출된 커피를 6~8cc 떠서 입 바로 앞에서 빨아들인다. 이런 방식은 커피가 혀에 골고루 퍼지게 하고, 그에 따라 단맛, 짠맛, 신맛, 쓴맛의 4가지 맛에 즉각적으로 반응하도록 한다.

온도는 자극을 느끼는 데 매우 중요한 역할을 한다. 온도에 따라 단맛이 감소하므로 새콤한 커피는 처음에 부드럽게 느껴지지 않고 혀끝이 얼얼한 느낌을 준다. 따라서 커피를 3~5초 동안 머금고 맛의 방향과 강도에 신경을 써야 한다. 그렇게 함으로써 커피의 1차적인 맛과 2차적인 맛을 알 수 있기 때문이다.

4) 냄새

커핑의 네 번째 단계로, 세 번째 단계와 동시에 이루어진다. 추출된 커피가 혓바닥에 고루 퍼지도록 하면 커피에 함유된 액체 상태의 유기 물질들이 증기압의 변화에 따라 기체 상태로 변화한다. 그러므로 커피를 강하게 빨아들이면 이 기체들이 콧구멍으로 들어가 냄새를 분석할 수 있게 된다. 맛과 냄새를 동시에 평가하는 이 방법으로 커피의 독특한 맛과 향을 구분할 수 있다.

5) 후미

커핑의 다섯 번째 단계로, 커피를 몇 초 동안 입 안에 머금고 있다가 삼키면 후두를 수축시켜 입천장 뒤쪽에 남아 있는 증기를 콧구멍 속으로 보냄으로써 이루어진다. 후미를 내는 물질은 다양한 맛과 향을 내는데, 초콜릿처럼 달콤한 맛, 모닥불이나 담배 연기 같은 냄새, 정향처럼 혀를 톡 쏘는 향신료 맛 등 다양하게 합쳐진 맛과 향이 난다.

6) 밀도

커핑의 마지막 단계로 혀로 입천장을 골고루 돌려 촉감을 느껴 본다. 미끌미끌한 느낌은 커피에 함유된 지방을 나타내고, 끈적거리는 느낌은 커피에 함유된 섬유질과 단백질을 나타낸다. 이 두 가지의 느낌이 커피의 밀도를 구성한다.

커피가 식으면 냄새와 후미를 평가하는 과정을 반복한다. 커피를 식히는 이유는 온도가 4가지 기본 맛에 영향을 끼친다는 것을 감안하여 보다 정확하게 맛과 향을 평가하기 위해서이다.

커핑할 때에는 적어도 둘 이상의 커피콩 표본을 가지고 비교하면서 해야 하는데, 이는 맛과 향의 일관성이나 유사성을 판단할 수 있기 때문이다. 일관성을 시험할 때에는 같은 표본으로 3~4컵을 만들어 커핑하고, 유사성을 시험할 때에는 같은 표본으로 1컵 이상을 만들어 표준 표본과 비교한다. 이렇게 하면 커피콩마다의 미묘한 맛과 향의 차이를 분석할 수 있을 뿐만 아니라, 맛과 향의 특성을 기억해 두었다가 나중에 커핑할 때 참고 자료로 활용할 수 있다.

많은 표본을 커핑할 때에는 커피를 삼키지 않고 뱉어내어 미지근한 물로 입안을 씻는다. 여러 가지 맛과 향을 평가하다 보면 감각이 무디어지므로 커피마다 맛과 향을 정확하게 평가할 수 있는 표본 수의 한계가 있다.

③ 커핑의 방법

커핑의 가장 중요한 요소는 평가원의 관능 평가 능력이다. 관능 평가실을 운영하는 커피 회사는 6~8명의 관능 평가원을 두고 있는데, 관능 평가는 통계적으로 평균값을 이용한다. 커핑을 할 때는 3~5개의 컵을 준비하고 동시에 맛을 본다. 이는 샘플 간에 통일성과 유사성 평가를 위해서이다.

1) 커핑 랩

커핑 랩은 커핑이 이루지는 곳으로, 실내 온도는 20~30℃여야 하며, 습도는 85% 미만이어야 한다. 그리고 커핑에 영향을 줄 수 있는 소리, 빛 등의 외부 방해 요인으로부터 차단되어야 하고, 실내의 전체적 색상은 밝은색이어야 한다.

2) 커핑의 순서

❶ 분쇄 커피 담기

커핑하기 전 24시간 이내에 8~12분 동안 중간 로스팅 정도로 하고, 커핑 전 15분 이내에 분쇄하여 커피 컵에 각각 8.25g씩 담는다.

❷ 분쇄된 커피 향기

코를 컵 가까이 대고 깊게 들이마시면서 커피 향기의 속성과 강도를 체크한다.

❸ 물 붓기

약 93℃ 정도의 끓인 물 150mL를 모든 커피 입자가 골고루 적셔지도록 가득 붓는데, 이때 가용성 성분 용도는 1.1~1.35%가 된다.

❹ 추출 커피의 향기

물을 붓고 3~5분 정도 지나면 커피 입자는 컵 표면에 층을 만드는데, 커핑 스푼으로 3번 정도 밀면서 향의 변화를 평가한다.

❺ 거품 걷어내기

흡입을 위해 표면의 거품을 스푼 2개를 사용하여 걷어낸다.

❻ 향·후미·산도·무게·균형 평가

거품을 걷어내고 물 온도가 70℃ 정도 되면 커핑 스푼으로 약 6~8mL 정도 떠서 입 안으로 강하게 흡입해 혀와 입안 전체로 퍼지게 한다. 이 단계에서 향과 후미를 평가한다. 그런 다음 커피 온도가 60~70℃가 되면 산도, 무게감, 균형을 평가한다.

❼ 당도, 균일성, 청결성 평가

물의 온도가 내려가 실온에 근접한 37℃ 정도가 되면 평가한다.

⑤ 커핑 시트의 작성

① 평가 항목 및 기준 점검

SCAA(Specialty Coffee Association of America Coffee) 커핑 기준에 따라 9가지 평가 항목을 숙지하고 평가 점수 및 점수대별 등급을 숙지한다.

1) 9가지 평가 항목 구분

fragrance/aroma, acidity, body, flavor, sweetness, clean up, balance, uniformity, aftertaste

2) 점수별 해당 평가 기준 확인

0~10점으로 구성되어 있으며 〈표 10-4〉와 같이 점수별 평가 정도를 숙지한다.

 표 10-4 항목별 점수

점수	내용	점수	내용
10.0	exceptional	4.0	fair
9.0	outstanding	3.0	poor
8.0	excellent	2.0	very poor
7.0	very good	1.0	unacceptable
6.0	good	0	not present
5.0	average		

출처: 한국직업능력개발원, 커피 테이스팅, 2019, p.14

3) 총점에 따라 해당 커피의 등급 이해

항목별 점수가 매겨진 후 최종 합계로 총점을 구하게 되는데, 최종 점수에 따라 〈표 10-5〉와 같이 등급을 구분할 수 있다.

📝 표 10-5 최종 점수대별 분류

총 점수 구간	specialty 표기	구분
95-100	exemplary	super premium specialty
90-94	outstanding	premium specialty
85-89	excellent	specialty
80-84	very good	premium
75-79	good	usual good quality
70-74	fair	average quality
60-70	-	exchange grade
50-60	-	commercial
40-50	-	below grade
<40	-	off grade

출처: 한국직업능력개발원, 커피 테이스팅, 2019, p.15

2 커핑 향미 구분

커핑의 평가는 향을 맡는 후각(elfaction), 맛을 보는 미각(gustation), 입안에서 느끼는 촉각(mouthfeel)의 세 단계로 나누어지기 때문에 이를 구분한다.

1) 후각에서 느껴지는 향미 구분

📝 표 10-6 후각 용어 및 내용

상태	내용
aftertaste	• 커피를 삼킨 후 입안에 남아 있는 잔여물로부터 느껴지는 향기 • 초콜릿 향, 탄 냄새, 향신료 향, 송진 향 등이 느껴진다.
aroma	• 추출된 커피로부터 나오는 가스를 코로 깊게 들이마셨을 때의 향기 • 과일 향, 풀 향, 견과류 향 등이 느껴진다.
caramelly	• 마시면서 느끼는 향기(nose) 중 하나 • 캔디 향, 시럽 향

상태	내용
carbony	• 일반적으로 다크 로스트 커피의 후미 중 하나 • 추출 커피를 삼킬 때 느끼는 향기 • 크레졸(cresol)과 비슷한 페놀(phenol) 맛이나 가연성 물질과 비슷한 피리딘(pyridine) 향
chocolaty	• 커피를 마신 다음 입안에 남는 향기(aftertaste) 중 하나 • 추출된 커피를 마실 때 느끼는 향기로 무가당 초콜릿, 바닐라를 연상
complexity	• 커피의 많은 향기 중에 있는 가스와 증기의 질적인 표현 • 후각에서 감지되는 다양하고 상반된 느낌의 표현
flat	• 전체 향기의 양적 표현으로 약하게 감지할 수 있는 정도의 향기
fragrance	• 갓 로스팅된 커피를 분쇄했을 때 생긴 향기 물질을 코로 흡입했을 때 느껴지는 향기 • sweetly floral, sweetly spicy
fruity	• 추출 커피 향기의 하나 • 달콤한 감귤 향이나 새콤한 베리 향
full	• 커피의 전반적인 향에 대한 양적 표현으로 다소 뚜렷한 강도로 단계별로 향이 느껴지는 것을 말한다.
herby	• 추출 커피 향기의 하나 • 파 향, 콩 향
intensity	• 커피의 전체 향기 중에 포함되어 있는 가스와 증기의 자극성과 상대적 강도의 양적 수준
malty	• 커피를 마실 때 느끼는 향기 • 볶은 곡물 향
nose	• 커피를 삼킬 때 느끼는 향기 • 캐러멜 향, 초콜릿 향, 송진 향
nutty	• 커피를 마실 때 느끼는 향기 • 볶은 견과류 향
rich	• 커피의 전체 향기를 양적으로 표현 • 네 가지 종류의 향기에 굉장히 뚜렷한 강도의 향이 완전하게 이루어져 있을 때 표현
rounded	• 커피의 전체 향기를 양적으로 표현 • 네 가지 향기 성분의 가스와 증기가 불완전하게 구성되어 중간 정도로 느껴질 때
spicy	• 추출 커피를 마신 다음 입안에 남는 향기 • wood-spice, wood-seed
Sweetly floral	• 로스팅된 커피를 분쇄했을 때 나는 향기 • 재스민 같은 꽃향기를 연상
sweetly spicy	• 로스팅된 커피를 분쇄했을 때 나는 향기 • 카다멈(cardamom) 같은 방향성 향신료를 연상
turpeny	• 커피를 마신 다음 입안에 남는 향기 • 송진 같은 수지 냄새, 장뇌 같은 약품 냄새

출처: 한국직업능력개발원, 커피 테이스팅, 2019, p.15, 16

2) 미각에서 느끼는 맛 구분

① 커피의 1차 맛의 특성 구분

커피 맛은 기본적으로 단맛, 짠맛, 신맛, 쓴맛, 네 가지로 구성되어 있다. 이러한 기본 맛은 각 맛의 상대적 강도에 따라 6가지 맛으로도 세분화된다.

표 10-7 커피의 1차 맛의 특성

상태	내용
acidy	• 혀끝에서 주로 느낀다. • 커피 중의 산에 의해 생성되며 당과 결합하여 추출 커피의 전체적인 단맛을 증가시킨다.
mellow	• 혀끝에서 주로 느낀다. • 커피 중의 염에 의해 생성되며 당과 결합하여 추출 커피의 전체적인 단맛을 증가시킨다.
winey	• 혀의 뒤쪽 측면에서 주로 느낀다. • 커피 중의 당에 의해 생성되며 산과 결합하여 추출 커피의 전체적인 신맛을 증가시킨다.
bland	• 혀의 앞쪽 측면에서 주로 느낀다. • 커피 중의 당에 의해 생성되며 염과 결합하여 추출 커피의 전체적인 짠맛을 증가시킨다.
sharp	• 혀의 앞쪽 측면에서 주로 느낀다. • 커피 중의 산에 의해 생성되며 염과 결합하여 추출 커피의 전체적인 짠맛을 증가시킨다.
soury	• 혀의 뒤쪽 측면에서 주로 느낀다. • 커피 중의 염에 의해 생성되며 산과 결합하여 추출 커피의 전체적인 신맛을 증가시킨다.

출처: 한국직업능력개발원, 커피 테이스팅, 2019, p.17

② 커피의 2차 맛 구분

커피는 온도에 따라 맛도 달라진다. 여러 온도에서의 맛을 평가하고, 전체적으로 적합한 맛의 느낌을 인지해야 한다. 1차 맛을 구분한 후 2차 맛을 구분하여 맛의 방향을 표현하는 적합한 용어를 선택한다.

표 10-8 커피의 2가지 맛(2차)

상태	맛의 변화	2차 맛
acidy	단맛 쪽	nippy
	신맛 쪽	piquant
mellow	단맛 쪽	mild
	짠맛 쪽	delicate
winey	단맛 쪽	tangy
	신맛 쪽	tart
bland	단맛 쪽	soft
	짠맛 쪽	neutral
sharp	짠맛 쪽	rough
	신맛 쪽	astringent
soury	짠맛 쪽	acrid
	신맛 쪽	hard

출처: 한국직업능력개발원, 커피 테이스팅, 2019, p.17

③ 촉각에서 느끼는 정도를 구분

커피를 마실 때 또는 마신 후 입안에서 느끼는 정도를 말한다. 커피의 점도(viscosity)와 미끈함(oilness)을 감지할 수 있다. 이 두 가지가 합쳐진 느낌을 바디(body)감이라고 한다.

표 10-9 지방의 함량에 따른 촉각

상태	내용
watery	· 지방 함량이 비교적 낮은 수준일 때 느낌 · 적은 양의 커피를 넣고 추출할 때 흔히 보이는 특성
smooth	· 지방 함량이 다소 낮은 수준일 때 느끼는 입안의 촉감 · 생두 중 지방 함량이 보통 정도일 때 나타남
creamy	· 지방 성분이 다소 높은 수준일 때 느끼는 입안의 촉감 · 생두 중 지방 성분이 많을 때 나타남
buttery	· 지방 성분이 비교적 높은 수준일 때 느낌 · 에스프레소 커피의 특성, 지방 성분이 커피 섬유질과 섞이므로 나타남

출처: 한국직업능력개발원, 커피 테이스팅, 2019, p.18

표 10-10 고형분(섬유질이나 불용성 단백질) 양에 따른 촉각

상태	내용
thin	· 고형 성분이 비교적 낮은 수준일 때 · 커피 양을 적게 넣고 추출한 페이퍼 드립 커피에서 잘 나타남
light	· 고형 성분이 다소 낮은 수준일 때 · 커피 양을 적게 넣고 추출한 커피에서 잘 느껴짐
heavy	· 고형 성분의 양이 어느 정도 많을 때 · 커피 추출액에 섬유질과 불용성 단백질이 많을 때 느껴짐
thick	· 비교적 많은 고형 성분이 있을 때 · 에스프레소의 대표적 특성 · 섬유질과 불용성 단백질이 많을 때 느껴짐

출처: 한국직업능력개발원, 커피 테이스팅, 2019, p.18

3) 평가지에 따라 커피의 외관, 향기와 맛, 촉감을 표시

평가지에 있는 평가 항목별로 평가를 진행한다. 이때 〈표 10-11〉과 같이 각 항목별 평가 방법을 숙지하여 평가한다.

표 10-11 항목별 평가 방법

상태	평가 방법

fragrance/aroma	· 분쇄 향기(fragrance)와 추출 향기(aroma)를 평가
	· 특별한 향이 나면 'qualities' 항목에 기입
	· dry, break, wet aroma 항목은 5점부터 강도(intensity)를 기입
	· 최종 점수는 세 가지에 대한 선호도를 점수로 표시
	  - 물을 붓기 전 분쇄 상태의 커피 향
	  - 스푼으로 밀면서 맡은 향
	  - 적셔진 커피로부터 나는 향

acidity	· 신맛은 좋은 맛일 때는 brightness라 하고, 반대의 경우는 sour라 함 · 신맛은 처음 흡입했을 때 평가 · 강도는 Intensity 항목에 5점부터 표기, 최종 점수는 선호도에 따라 기록
body	· 입안에서 느껴지는 매끄러움과 점착성을 평가 · 강도에 따라 Level 항목에 기입하고 선호도에 따라 그 정도를 평가
flavor	· 커피를 마셨을 때 맛과 향이 결합된 강도(Intensity), 질(quality), 복합성(complexity)을 평가
sweetness	· 단맛에 대한 평가 · 각각의 컵에서 단맛이 느껴지면 2점씩 계산하여 총 10점(2 × 5)이 됨

상태	평가 방법
clean cup	• 커피를 마시고 뱉을 때 부정적인 요소가 있는지 평가 • 5개의 컵에서 결점을 찾는 것으로 컵당 2점씩 감점함
balance	• 전체적으로 flavor, 신맛, 바디 등이 균형 잡혀 있는지를 평가 • 샘플에서 어떤 맛이나 향이 부족하거나 강하면 balance 점수를 낮게 줌
uniformity	• 5개의 컵이 모두 맛과 향이 동일한지 평가 • 모든 컵이 동일하면 10점, 그렇지 않으면 컵당 2점씩 감점
aftertaste	• 커피를 마신 뒤 뱉거나 삼켰을 때 맛과 향이 얼마나 지속되는가를 평가 • 지속 시간이 짧거나 좋지 않으면 낮은 점수를 줌

출처: 한국직업능력개발원, 커피 테이스팅, 2019, p.19

4) 평가지에 평가 의견 작성

샘플별로 평가된 결과를 종합하여 평가 의견을 작성한다. 이때 해당 커피의 특징적인 내용을 적는다.

11

에스프레소

1 에스프레소의 정의

1 정의

에스프레소(Espresso)는 일반적으로 '빠르다'란 의미인 'Express'에서 비롯되어 만들어진 단어로 '빠르게 추출되는 커피'란 뜻이다. 또한 이 말에서 유래된 'Expresso'는 압력을 가해 추출한다는 뜻을 지닌 라틴어의 'Esprimere'라고 잘못 전달되기도 한다. 에스프레소는 '손님을 위해 준비된 요리'라는 의미로서의 이탈리아어인 '에스프레시보(Espressivo)'에서 유래되었다는 설이 설득력을 얻고 있다.

보일러에는 뜨거워진 물과 수증기가 있는데, 에스프레소는 이 수증기의 압력으로 물이 커피 가루를 통과하여 추출하게 되는 증기 압력 추출 방식을 이용한다.

드립식 커피가 1~2분의 시간이 걸리는 데 비해 에스프레소는 추출 시간이 약 20초 정도밖에 안 걸리는 만큼 카페인의 함량이 적고 원두의 입자도 일반 커피보다 더 미세하다. 약 9기압 정도의 증기를 투과시켜야 하므로 일반 커피메이커나 드립퍼로는 에스프레소를 만들기 힘들다.

그림 11-1 에스프레소 기계

출처: 서진우, 커피바이블, 2018, 대왕사, p.137

② 특징

에스프레소의 가장 큰 특징은 드립 커피(여과지에 내리는 커피)보다 농도가 짙다는 것이다. 같은 부피를 놓고 비교해 봤을 때 드립 커피보다 일정 부피 안에 융해된 고형체의 양이 많다. 그러나 흔히 생각하는 것과는 달리 카페인의 함유량이 적은데, 커피를 빠른 시간에 뽑아내며, 에스프레소용 커피콩이 드립용보다 카페인이 낮은 경우가 대부분이기 때문이다. 에스프레소용 커피는 주로 보통 내려 먹는 커피보다 강하게 볶은 커피를 쓴다.

정확히 추출된 에스프레소의 맛은 매우 진하고 일반 커피에서는 볼 수 없는 황금색 크림층의 크레마가 형성된다. 크레마는 커피 원두 속의 오일과 투과 증기가 만나 커피 위로 떠오른 층을 말하며, 에스프레소 머신의 성능과 종류 및 원두의 종유와 배전 상태에 따라 달라진다. 또한 크레마에는 원두의 향이 응축되어 있기에 너무 두껍거나 옅으면 에스프레소의 적절한 맛을 즐기기가 어려운 만큼 크레마가 에스프레소의 맛을 좌우한다 해도 틀린 말은 아니다.

에스프레소 방식에서 사용되는 압력은 9~10기압, 추출 시의 온도는 90±5℃, 추출 시간은 30±5초가 이상적이다. 에스프레소 한 잔을 추출하기 위한 커피 양은 보통 6~7.5mg이며, 추출된 에스프레소의 양은 1~1.5oz(약 28~42mg) 정도가 된다. 에스프레소의 추출에 보통 18~24초가 걸린다.

순수한 물과 비교했을 때 에스프레소의 물리적 특성

- 전기 전도도는 증가한다.
- 표면 장력은 감소한다.
- 점도는 증가한다.
- pH는 감소하고 밀도는 증가한다.

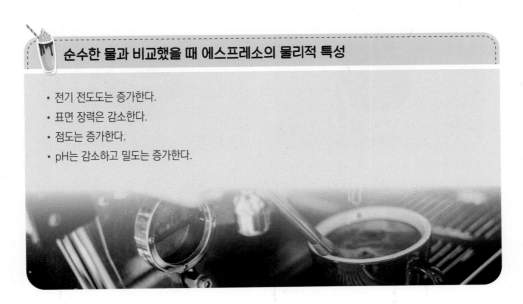

③ 요인

정성적 의미의 에스프레소는 가늘고 곱게 잘 분쇄된 원두에 뜨거운 물을 에스프레소 머신에서 가압으로 짧은 시간에 통과시켜 농축되게 추출한 커피를 말한다.

정량적 의미의 에스프레소는 에스프레소 머신에 약 7~8g의 분쇄된 커피를 투입한 뒤 8~10bar의 압력으로 90~95℃의 물을 통과시켜 25~30초 사이에 25~30mL(크레마 포함)의 양으로 추출한 커피를 말한다.

에스프레소 제조 과정에서 위의 각각의 요소 중 어느 하나라도 문제가 생길 경우 정상 추출이 어렵게 된다.

④ 종류

1) 에스프레소(espresso)

에스프레소는 빠르게 추출한 커피를 원액으로 마시고 입속에 남는 여운을 즐기는 커피이다. 25~30mL를 추출하여 약 60~90mL의 에스프레소 잔에 제공한다.

2) 리스트레또(ristretto)

리스트레또는 짧게 제한적으로 추출한 에스프레소를 말한다. 에스프레소보다는 적은 양인 약 15~20mL를 짧은 시간에 추출해 에스프레소 잔에 제공한다. 진하면서도 아주 부드러운 맛이 특징이다.

3) 룽고(lungo)

룽고는 길게 추출한 에스프레소를 말한다. 에스프레소보다 더 많은 35~45mL를 추출한다. 약간의 잡맛과 쓴맛이 강하고, 크레마의 색이 에스프레소에 비해 연하며 카페인 함유량이 많다.

4) 리스트레또, 에스프레소, 룽고 비교

출처: 한국직업능력개발원, 에스프레소 음료제조, 2019, p.22~23

 에스프레소용 커피

에스프레소에는 드립용보다 강하게 볶은 커피가 사용되며, 3종 이상의 여러 단종 커피를 블렌딩하여 사용하는 것이 보통이다. 에스프레소 블렌딩에는 아라비카 커피 외에도 저렴하고 거친 맛을 내는 로부스타 커피가 사용되는 경우가 있는데, 주로 유럽, 특히 이탈리아는 로부스타 커피를 에스프레소 블렌딩에 사용한다. 그런가 하면 미국은 에스프레소 블렌딩에 주로 아라비카 커피만을 사용하는 경향이 있다.

② 에스프레소 발전 과정

커피 본래의 성분(Essence)을 보다 많이 우려내려는 노력에서 에스프레소 추출기가 탄생했다고 한다면, 에스프레소 추출기의 기원은 이브리크(Ibric or Ibriq) 주전자라고 보아야 할 것 같다. 이브리크 주전자를 사용하여 커피를 추출하면 매우 진한 커피를 즐길 수 있지만, 장시간 커피를 끓여야 하므로 커피의 향 손실이 많다. 그래서 개발되기 시작한 것이 진공식 커피 추출기이다. 물을 밀폐된 용기 내에서 끓일 때 발생하는 수증기압을 추출에 이용하여 보다 많은 커피 성분을 추출할 수 있는 진공식 추출기는 19세기 초 독일에서 처음으로 선을 보였으며, 그 이후 유럽 각 지역으로 전파되었다. 이로 인해 한 시간에 2,000잔의 커피를 추출할 수 있는 기계가 에드워드 로이젤(Edouard Loisel)에 의해 개발되어 1855년 파리 엑스포에서 처음으로 전시되었다. 1905년 이탈리아의 베쩨라(Bezzera)는 단순히 압력 용기 내에서 물을 끓임으로써 발생하는 수증기압을 커피 추출에 이용한 추출기를 개발하여 최초로 상용화에 성공했다. 그러나 이 기계는 압력에 의해 물의 온도가 110℃ 정도로 올라간 상태에서 커피가 추출되므로 일반적인 추출에서는 잘 추출되지 않는 바람직하지 않은 성분들이 많이 추출되어 쓴맛이 상대적으로 강하고 제어하기 어려워 커피 추출을 실패할 수 있는 단점을 가지고 있었다. 압력 또한 1.5 기압 정도로 현대식 장비와는 비교할 수 없는 정도이다. 이러한 단점을 보완한 현대식 에스프레소 추출기와 동일한 방식의 압축 공기를 사용한 추출기는 1946년 이탈리아의 아킬 가기가 (Achille Gaggia)에 의해서 발명되었다. 이 기계는 물을 끓이는 보일러와 압력을 공급해 주는 펌프를 별도로 분리하여 원하는 온도와 압력으로 커피를 추출할 수 있게 해주었다. 피스톤과 스프링을 이용한 기계를 만들어 9기압보다 더 강력한 압력으로 커피를 추출하여 크레마(Crema)를 발견했다. 1960년 '페이마 E61'이 탄생했는데 이 기계는 전동 펌프를 이용해 뜨거운 물을 커피로 내보내는 것이 가능했으며 열교환기를 채택하여 머신의 크기가 더 작아지는 계기가 되었다. 이후 버튼 하나만 누르면 커피가 분쇄되고 우유 거품이 만들어지는 완전 자동 방식인 머신 'Acrto 990'이 탄생했다. 에어(Air) 방식은 초기의 지렛대를 움직여 공기 압력을 얻는 수동 방식에서 모터를 구동하여 공기 압력을 얻는 반자동으로, 커피 분쇄, 충진, 추출 등 일련의 동작을 자동화한 완전 자동으로 발전했다.

③ 크레마 평가

① 크레마 이해

영어로 '크림'이라고 하는 뜻의 크레마는 에스프레소 커피 상부의 다소 붉은빛을 띠는 거품을 가리킨다. 에스프레소를 추출하는 데 있어 가장 중요한 요소이며 에스프레소의 품질을 시각적으로 판단할 수 있는 기준이기도 하다.

에스프레소 추출 시 90~95℃의 뜨거운 물에 순간적으로 5초 정도 커피를 우려내고 (infusion) 나서 8~10bar의 압력으로 밀어내어 생기는 황금색이나 갈색의 크림이다. 곱게 간 에스프레소에서 나오는 아교질과 섬세한 커피 오일의 결합체인데, 젤라틴(gelatin)과 같은 콜로이드(교질)의 고운 입자들이 분산되어 커피 위에 떠 있는 상태라고 할 수 있다.

크레마는 처음 추출 시에는 짙은 갈색이었다가 시간이 지나면서 점점 엷은 갈색으로 변하며, 완성된 에스프레소의 가장 좋은 크레마는 갈색 띠가 3~4mm 정도 형성되고 표면에는 호랑이 줄무늬가 형성되는 것이다.

에스프레소(Espresso)는 커피 추출 방식의 하나로 기계 내의 고압력으로 물을 커피 가루 사이로 통과시켜 추출하는 방식을 말한다. 즉 고압에서 빠른 시간에 추출하는 방식으로 추출된 커피 자체를 에스프레소라고 부르기도 한다.

크레마의 중요성은 다음과 같이 표현하는 것이 가장 바람직하다. 일반적으로 크레마가 많다고 해서 좋은 품질의 에스프레소라고 할 수는 없으나 크레마가 매우 적거나 없는 에스프레소는 거의 대부분 품질이 좋지 않다. 더욱이 좋은 품질의 에스프레소는 크레마가 있으면 더 맛있다.

크레마는 단열층의 역할을 하여 커피가 빨리 식는 것을 막아주고, 커피의 향을 함유하고 있는 지방 성분을 많이 지니고 있어 보다 풍부하고 강한 커피 향을 느낄 수 있게 해준다. 또한 그 자체가 부드럽고 상쾌한 맛을 지니고 있어 에스프레소에 있어서 매우 중요하다.

크레마가 많은 에스프레소 커피를 만들려면 신선한 원두, 좋은 에스프레소 추출기, 적절한 분쇄 정도, 적절한 탬핑, 신선하고 깨끗한 물이 꼭 필요하다. 여기서 적절한 탬핑이란 추출 시 적당한 압력이 걸릴 수 있도록 커피를 다져주는 것을 말한다.

2 크레마 평가

1) 시각적 평가

시각적으로 색상은 노랑(황금색), 갈색, 붉은색으로 형성된다. 커피의 신선도와 정확한 추출을 통해 줄무늬나 점박이 패턴이 형성되기도 한다. 평가 시에는 굵은 거품이 존재하는지 여부와 흰색에 가까운 색이 있는지 여부를 평가한다. 경우에 따라서는 명도뿐만 아니라 채도를 평가에 적용하여 표면이 밝게 빛을 반사(shiny)하는지 탁한지(dark)에 대한 평가를 한다.

2) 지속력과 복원력의 평가

지속력과 복원력의 평가는 크레마의 밀도와 두께, 농도를 평가하는 것으로 설탕을 뿌려 가라앉는 속도를 통해 평가하는 전통적인 방법이 있고, 스푼으로 밀어서 두께를 확인하고 밀린 자리를 다시 메우는지를 평가하는 방법, 그리고 잔을 45°로 기울이며 펼쳐지는 상태를 통해 평가하는 최근의 방법이 있다.

3) 평가의 시기

크레마는 휘발성 성분이므로 평가 시 또는 음료 제조 시에 즉시 평가하거나 추출 즉시 사용하는 것이 중요하다.

표 11-1 크레마 평가의 시기

크레마	색상이 옅을 경우	색상이 진할 경우	없을 경우
투입량	기준량 이하 원두 사용	기준량 이상 원두 사용	기준량 이하 원두 사용
추출 시간	추출이 너무 빠름	추출이 너무 오래 걸림	-
신선도	-	-	신선하지 않은 원두 사용
물의 온도	-	-	온도가 낮은 물의 추출

탬핑 & 태핑

• 탬퍼의 종류

탬퍼(tamper, 커피다지기)는 포터필터에 커피를 채운 상태에서 수평을 잡아 주며 단단하게 눌러주는 기구를 말한다. 탬퍼에는 그라인더에 부착되어 있는 그라인더 일체형 탬퍼, 스테인리스와 나무 손잡이가 결합된 탬퍼, 알루미늄 탬퍼, 플라스틱 탬퍼 등이 있다. 알루미늄 탬퍼는 무게가 무겁기 때문에 적은 힘으로도 탬핑할 수 있다. 스테인리스와 나무 손잡이가 결합된 탬퍼는 무게가 보통으로, 바리스타가 탬핑하는 힘을 조절하며 사용할 때 용이하다. 플라스틱 탬퍼는 가벼우므로 주로 수평을 맞추기 위해 사용한다. 이러한 탬퍼를 이용해 몇 번의 에스프레소 추출을 연습한 다음, 바리스타 자신에게 맞는 탬퍼를 선택해서 사용하면 된다. 탬퍼는 크게는 58mm와 64mm의 크기로 나눌 수 있다. 에스프레소 머신 회사마다 포터필터의 필터 바스켓 규격이 다르기 때문에 그에 맞춰서 탬퍼의 크기를 선택한다.

• 탬핑(tamping)

　포터필터에 담긴 분쇄된 커피를 평평하게 고른 후, 탬퍼(tamper)로 눌러 다지는 작업을 말한다. 탬핑은 에스프레소 기계로부터 뜨거운 물이 커피 입자 사이로 고르게 통과하게 하기 위한 바리스타의 마지막 동작이다. 이 과정에서 커피가 어느 한쪽으로 다져지게 되면 내려오는 물이 덜 다져진 곳으로 많이 흘러 커피의 성분이 고르게 추출되지 않으므로 커피의 맛은 일정하지 않게 된다. 따라서 탬핑은 두 번으로 나누어서 하는 경우가 있는데, 1차 탬핑은 살짝 다져주는 정도로 하며 보통 2~3kg 정도의 압력으로 커피를 수평으로 부드럽게 눌러준다.

• 태핑(tapping)

　1차 탬핑을 하고 나면 필터 홀더 내벽에 커피 가루가 붙게 되는데, 이때 탬퍼 손잡이로 포터필터를 1~2회 부드럽게 쳐서 필터 바스켓 안으로 커피 가루를 떨어뜨리기 위한 동작을 말한다. 이때 태핑의 강도가 너무 약하면 가루가 떨어지지 않고, 너무 세면 커피의 표면에 균열이

태핑의 의미

생기므로 가루가 떨어질 정도로만 한다. 최근에는 이 태핑 동작을 생략하는 경우도 많이 있다. 2차 탬핑은 자기 몸에 맞는 힘으로 세게 누른다. 보통 13~15kg 정도의 압력으로 수평이 되도록 한다. 수평이 맞지 않으면 쓴맛이 강한 에스프레소가 추출된다. 기울기가 올라간 쪽에서 과다 추출이 일어나기 때문이다. 탬핑 시 탬퍼를 좌우로 돌려가며 눌러 주는 경우도 있다. 돌면서 탬핑하면 커피 표면에 가해지는 힘이 배가된다는 장점이 있다. 그러나 과도하게 돌리면 커피 표면에 막이 형성되어 물 투과가 힘들어질 수 있다. 이럴 경우 추출에 방해가 일어날 수 있으므로 과도하게 돌리는 것은 피하는 것이 좋다.

잘못된 태핑(tapping) 동작

1. 탬퍼의 아랫부분(base)으로 치는 경우

2. 필터 바스켓을 치는 경우

3. 포터필터의 날개를 치는 경우

3. 탬퍼의 손잡이로 치는 경우

④ 에스프레소의 4요소

① 혼합(Blend)

혼합이란 맛의 창조라고 할 수 있는데 에스프레소는 커피 한 종보다 두 가지를 혼합하는 것이 좋다. 에스프레소의 품질을 결정하는 두 번째 요소는 볶는 과정과 냉각 과정이다. 볶는 과정은 커피 생두가 커피 원두로 바뀌는 변환 과정의 하나로 이 과정에서 커피 원두만이 가지는 감각적인 특성과 물리적인 변화가 이루어진다. 볶는 과정이 끝나면 냉각 과정으로 들어가게 되며 이 냉각 과정은 수냉식과 공랭식 두 가지 방법이 있다.

포장 방식 역시 중요 요인의 하나로 혼합 과정의 결실을 맺는 과정이다. 포장 방식에서 가장 중요한 변수는 커피 원두에 가장 해로운 성분인 산소와 수분을 얼마나 차단시킬 수 있느냐 하는 것이다. 산소는 커피 원두를 산화시키는 원인이 되며 산화 과정에서 커피 원두의 향이 분해되고 결국 이취를 발생시키는 원인이 된다. 수분, 즉 습기 역시 차단되지 않으면 커피가 굳어버리거나 정량인데도 불구하고 정량 커피를 만들 수 없는 원인이 된다. 포장 역시 산화와 습도를 방지하고 원두 특성을 보존한다는 점에서 매우 중요한 단계이다.

② 분쇄(Grinder)

원두 형태로 판매되는 커피의 경우 분쇄된 커피보다 더 많은 향을 함유하고 있다. 에스프레소가 즉석에서 준비하는 커피이므로 추출 직전에 분쇄된 커피는 많은 향을 보존할 수 있다. 원두를 분쇄하는 데 사용되는 기구를 그라인더(Grinder)라고 부른다. 그라인더 중에서 가장 중요한 부분은 그라인더 디스크(날)이며 2개의 디스크가 회전 운동을 통해 원두를 분쇄해주고, 장착된 링너트는 원두 입자의 크기를 조절해준다. 그라인더에는 일반적으로 두 가지가 있는데 평면형 디스크는 원두 400kg을 분쇄하면 날이 무디어져 다시 교체해야 하지만, 원뿔형은 약 1t까지 분쇄할 수 있는 내구성을 갖추고 있고 커피 원두의 과열을 방지하는 데도 유리하기 때문에 주로 원뿔형 디스크가 많이 사용된다.

원뿔형 디스크의 회전 속도는 350~400rpm으로 1,400~1,800rpm에 달하는 평면형 디스크보다 훨씬 느린 편이라 분쇄 작업 시에도 커피 원두가 열을 받아 향이 공중분해 되는 것을 막아주지만 작업 용량을 초과했을 때는 빨리 디스크를 교체해주어야 한다.

분쇄 시 입자의 크기는 에스프레소 추출 시간과도 밀접한 관계가 있다. 적절한 분쇄 입자가 사용되었을 경우 에스프레소 한 잔을 추출하는 데 약 20~30초 사이가 된다. 추출 시간이 짧으면 입자가 거칠고, 길면 분쇄 입자가 너무 가늘다는 의미이다. 또 한 가지 는 그라인더 투입량 조절이다. 그라인더는 작업 중인 커피 종류에 따라 정확한 양을 투입하도록 세팅되어 있지만 커피 한 잔을 추출하기 위해 필요한 양은 원두 종류나 상태에 따라 조금씩 차이가 난다.

3 기계(Machine)

에스프레소 머신은 물을 가열할 때 발생하는 높은 압력을 분쇄된 커피 사이로 통과 시켜 커피 엑기스를 추출하는 방식으로, 이때 열과 압력은 기계 내부에 있는 용해 가능 한 커피의 향과 당밀성의 성분을 추출하게 된다. 에스프레소 머신은 물의 온도가 섭씨 90℃ 정도가 되어야 하고 추출 압력도 7~8bar 정도로 일정하게 유지해야 한다.

그림 11-2 에스프레소 기계

출처: 서진우, 커피바이블, 2018, 대왕사, p.140

4 바리스타(Barista)

커피의 원두와 시설도 중요하지만 진정 커피를 만드는 사람의 기술에 따라 커피의 맛도 많은 차이가 난다. 바리스타의 역할은 우선 어떤 원두를 선택하여 어떻게 그 기능을 활용할 것인지가 중요하다. 완벽한 커피 추출을 위해 꾸준히 노력하며 정확한 지식과 함께 기능에 대해 숙련해야 한다.

5 에스프레소 추출 과정

1 에스프레소 추출 특징

① 부드러운 크레마(Crema)가 형성된다.
② 깊고 중후한 바디감이 있다.
③ 단맛과 신맛이 어우러진 균형 잡힌 맛이 난다.
④ 분쇄도를 가장 가늘게 쓰는 추출 방법 중 하나이다.
⑤ 추출량과 추출 시간에 맞게 분쇄도를 조절해야 한다.
⑥ 추출된 에스프레소의 pH는 5.2 정도다.

표 11-2 에스프레소 추출 특징

구분	단위
추출 시간	20~30초
추출수 온도	90~95℃
분쇄 원두의 양	7±1g
추출 압력	9±1bar
추출량	25±5mL

2 에스프레소 추출 순서

① 잔이 뜨거운지 확인한다.

② 포터필터를 뽑은 후 찌꺼기 제거 후 마른 행주로 닦는다.

③ 그라인더를 작동시키면서 바스켓에 파우더를 담는다.

④ 탬퍼로 편평하고 고른 힘으로 커피를 누른다.

⑤ 가장자리를 청소한다.(바스켓과 접촉하는 면을 넉박스 위에서 손으로 쓸어서 청소)

⑥ 추출 버튼을 눌러 물을 2~3초 빼준다.

⑦ 그룹 안으로 포터필터를 끼워준다.

⑧ 샷 잔을 준비한다.

⑨ 정확한 버튼을 사용하여 샷을 만든다. 자동적으로 물이 나온다.

⑩ 모든 샷은 20~30초 안에 만들어야 한다.

⑪ 10초 내에 만들어진 샷을 사용한다.

⑫ 음료를 만든 후 포터필터를 제거하고 가루를 버려준다.

⑬ 물로 깨끗이 씻어준다.

최고의 에스프레소

- 신선한 커피의 향기
- 4~6brix의 짙은 농도
- 3~4mm 두께의 균일한 적갈색 크레마
- 탬핑이 강하면 크레마가 잘 생기지 않으면서 쓴맛이 강한 커피가 추출되고, 탬핑이 약하면 신맛이 강한 묽은 커피가 추출된다. 크레마가 짙은 커피가 추출되도록 분쇄 입도와 탬핑을 조절한다. 잘 추출된 에스프레소에는 황갈색의 크레마가 균일하고 두껍게(3~4mm) 표면에 형성된다.

3 Pulling Express Shots 과정

1 포터필터 분리

2 필터 바스켓 물기 제거

3 분쇄 & 커피 받기(Grinding & Dosing)

4 커피 고르기(Leveling)

5 팩킹(Packing)

6 추출 전 물 흘리기(Purging)

 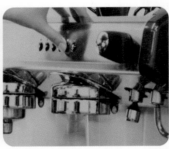

7 포터필터 결합

홈

포터필터 결합

8 추출

⑨ 포터필터 청소/그룹 장착

④ 에스프레소 추출 결과

에스프레소의 과소/과다 이론은 맛과 향에 대한 기준에 의해서 만들어진 것이다. 즉, 고객의 맛과 향에 대한 기준에 의해 커피 투입량과 추출 시간 그리고 추출량, 추출 온도를 평균으로 귀결한 것이다.

1) 과소 추출

에스프레소가 기준치인 30mL(25~35mL)에 도달하는 시간이 25초(20~30초) 미만인 경우를 말한다.

- 보통 투입량이 기준보다 적은 경우
- 분쇄 입자가 기준보다 굵게 조절된 경우
- 추출 압력이 기준보다 강한 경우에 해당
- 이외에도 탬핑 압력이 약한 경우, 건조한 경우, 로스팅 강도가 약한 경우, 원두의 가스량이 적은 경우, 추출 온도가 기준보다 낮은 경우에도 발생

표 11-3 시간과 양에 따른 추출 결과

구분	정상 추출	과소 추출	과다 추출
시간	25초		
양	30mL	40mL 이상	20mL 이하

2) 과다 추출

에스프레소가 기준치인 30mL(25~35mL)에 도달하는 시간이 25초(20~30초)를 초과하는 경우를 말한다.

- 보통 투입량이 기준보다 많은 경우
- 분쇄 입자가 기준보다 미세하게 조절된 경우
- 추출 압력이 기준보다 약한 경우
- 이외에도 탬핑 압력이 강한 경우, 공기 중의 습도가 높은 경우, 로스팅 강도가 강한 경우, 그라인더의 연속 시간이 긴 경우, 원두의 가스 팽창 압력이 강한 경우, 추출 온도가 기준보다 높은 경우에도 발생

표 11-4 에스프레소 추출 결과

구분	과소 추출	과다 추출
입자의 크기	분쇄 입자가 너무 굵다	분쇄 입자가 너무 가늘다
커피 사용량	기준보다 적은 커피를 사용	기준보다 많은 커피를 사용
물의 온도	기준보다 낮은 경우	기준보다 높은 경우
추출 시간	너무 짧은 추출 시간	너무 긴 추출 시간
바스켓 필터	구멍이 너무 큰 경우	구멍이 막힌 경우
펌프 압력	펌프 압력이 높은 경우	펌프 압력이 낮은 경우
보일러 압력	보일러 압력이 낮은 경우	보일러 압력이 높은 경우

그림 11-3 에스프레소 머신의 구조

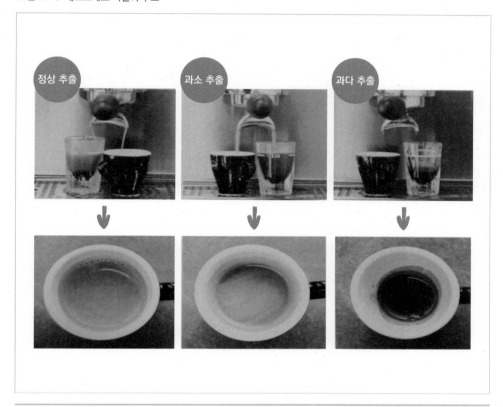

⑥ 에스프레소 머신 시스템

① 에스프레소 머신의 구조

에스프레소 머신은 수동·반자동·자동·완전자동의 모델로 구성되어 있는데, 공통점은 원두를 분쇄하여 밀폐된 공간에서 온수를 압출하여 원두의 성분을 최적의 조건으로 추출해내는 것이다. 자동과 완전자동은 추출물 양의 프로그램화가 가능하기 때문에 편리하며, 완전자동의 경우 분쇄부터 추출까지 원터치로 작동된다.

그림 11-4 에스프레소 머신의 구조

❶ 전원 버튼
❷ 컵 워머
❸ 온수 버튼
❹ 추출 작동 버튼
❺ 스팀 레버
❻ 스팀 완드(스팀 파이프)
❼ 온수 노즐
❽ 그룹 헤드
❾ 스팀, 추출수 압력 게이지
❿ 보일러 수위 표시계
⓫ 싱글 포터필터
⓬ 더블 포터필터
⓭ 드레인 박스, 드립 트레이

② 에스프레소 머신의 부품

부품	기능	
보일러 (Boiler)	전기로 물을 가열해 온수와 스팀을 공급 본체는 동 재질, 내부는 부식 방지를 위해 니켈로 도금	 보일러의 구조(싱글 보일러)
그룹 헤드 (Group head)	추출을 위해 물이 공급되는 부분으로 포터필터 장착	 그룹 헤드의 구조
개스킷 (Gasket)	추출 시 고온 고압의 물이 새지 않도록 차단	
샤워 홀더 (Shower holder, Diffuser)	그룹 헤드 본체에서 한 줄기로 나온 물이 홀더 를 지나면서 6~8개의 물줄기로 갈라져 필터 전체에 골고루 압력이 걸리도록 해줌	

부품	기능	
샤워 스크린 (Shower/Dis- persion screen)	샤워 홀더를 통과한 물을 미세하고 수많은 줄기로 분사시킴	
펌프 모터	압력을 7~9bar까지 상승시킴 이상이 생기면 물 공급이 제대로 되지 않아 소음 발생	
솔레노이드 밸브 (Solenoid valve)	물의 흐름을 통제하는 부품(찬물, 온수의 추 출 조절) 3극 솔레노이드 밸브: 커피 추출에 사용되는 물의 흐름 통제	
플로우 미터 (Flow meter)	커피 추출 물량을 감지해주는 부품	

부품	기능
포터필터 (Porter Filter)	분쇄된 커피를 담아 그룹 헤드에 장착시키는 기구로 항상 그룹 헤드에 장착시켜 온도를 유지

블라인드 필터

필터 바스켓 (1잔용)

필터 바스켓 (2잔용)

필터 고정 스프링

필터 홀더
(filter holder)

추출구
(spout)

손잡이

포터필터의 구조

• 필터 바스켓(1잔용)

• 필터 바스켓(2잔용)

 에스프레소 사용 기물

그림 11-5 에스프레소 사용 기물

① 탬퍼: 원두를 다질 때 사용
② 노크 박스: 원두 찌꺼기를 버리는 용기
③ 스팀 피처: 우유 거품을 내는 스팀을 하기 위한 도구
④ 그라인더 브러시: 그라인더를 청결하게 하기 위한 솔
⑤ 계량스푼: 원두 계량 시 사용
⑥ 에스프레소 샷 글라스: 에스프레소 추출용 글라스
⑦ 온도계: 온도를 측정하는 도구

출처: 서진우, 커피바이블, 2018, 대왕사, p.156

커피학개론

12

라떼 아트

① 우유 스티밍의 준비와 원리

① 우유 스티밍의 준비

1) 우유의 종류

❶ 시유

유제품 중에서 가장 기본이 되는 제품으로 일반적으로 마시는 흰 우유를 말한다.

❷ 가공유

시유에 다른 성분을 첨가하거나 여러 가지 가공을 한 제품이다.

- **강화 우유**: 우유에 무기질 및 비타민 성분을 첨가한 것
  ⓔ 칼슘 강화 우유, 비타민 D 강화 우유 등

- **유음료**: 우유 및 유제품을 주요 원료로 하여 과일즙, 색소 또는 향료 등을 첨가하여 맛을 개선시킨 제품
  ⓔ 바나나 우유, 초코 우유 등

- **특별 우유**: 웰빙 및 특별한 목적에 맞게 생산되는 제품
  ⓔ - 저지방 우유: 우유의 유지방을 부분 제거한 우유로 살이 찌는 것을 방지한다.
    - 유당 분해 우유(저유당 우유): 우유를 유당 분해 효소로 처리하여 유당을 분해한 우유로 우유 분해 효소가 없는 사람을 위해 만든 우유이다.
    - 멸균 우유: 살균한 우유이며, 유통 기한이 긴 것이 특징이다.

2) 우유의 성분(일반 시유)

❶ 수분

우유 전체에서 약 88%를 차지한다.

② 단백질

유단백질은 우유의 약 3%를 차지하며, 단백질의 82%를 차지하는 것은 카제인(casein)이고, 나머지 18%에 해당하는 것은 대부분 유청 단백질(whey protein)이다.

유청 단백질은 열에 의해서 응고되는 단백질로서, 우유를 가열하면 우유 표면에 얇은 막이 형성되는데, 이것이 유청 단백질이다.

③ 지방

유지방은 우유의 약 3.5%를 차지하며 주로 에너지원으로 이용된다. 일반적으로 저지방 우유는 지방이 약 1%이다.

④ 탄수화물(유당)

유당은 우유에 약 4.6% 함유되어 있으며, 유당 분해 효소가 없는, 즉 유당 불내증(lactose intolerance)이 있는 사람들을 위해 유당 분해 우유(lactose free)가 있다.

⑤ 비타민

비타민은 인간의 영양을 위한 필수 물질이며, 우유에는 이들 비타민의 거의 모든 종류가 함유되어 있다.

⑥ 무기질

우유는 비교적 높은 양의 무기질을 함유하고 있다. 특히 칼슘의 함량이 높으며 성장과 신진대사에 중요한 역할을 한다.

그림 12-1 우유의 성분

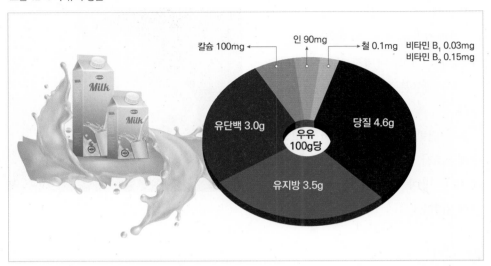

칼슘 100mg → 　인 90mg → 철 0.1mg 비타민 B$_1$ 0.03mg
비타민 B$_2$ 0.15mg

유단백 3.0g

당질 4.6g

우유
100g당

유지방 3.5g

©www.hanol.co.kr

표 12-1 우유에 함유된 무기질의 함량

성분	평균	함유 범위
Ca	121	114~124
Mg	12.5	1.7~13.4
K	144	116~176
P	65	53~72
Cal	108	92~131
Na	60	48~79

이외에 40여 개의 효소도 들어 있다.

결론적으로 우유는 비타민 C와 철분을 제외하고는 모든 영양소가 골고루 함유된 질 좋은 식품이다. 일반적으로 가장 많이 사용하는 우유는 시유이고, 실온에서 장기간 사용해야 하는 경우는 멸균 우유, 유당 분해 효소가 없는 사람에게는 유당 분해 우유(lactose free), 저지방을 원하는 사람에게는 저지방 우유를 사용하면 된다. 우유를 가열할 때 품질에 작용하는 요소는 유단백질과 유지방이다.

3) 우유 스팀

① 스팀 피처

데워진 우유를 담을 음료 용기의 크기와 한 번에 만들어야 하는 잔 수에 따라 적당한 스팀 피처(steam pitcher)의 크기를 선택할 수 있어야 한다.

② 재질

유리, 플라스틱, 스테인리스 재질 등이 사용되는데, 상대적으로 열전도율이 높아 우유의 온도를 제어하기 용이하고 재질이 단단하여 내구성이 좋은 스테인리스 제품을 많이 사용한다. 요즘에는 코팅을 하여 열전도율을 높인 제품도 사용된다.

③ 크기

300mL, 350mL, 600mL, 750mL, 900mL, 1,000mL 외에 대형 스팀 피처도 있으며, 내가 사용할 음료 용기의 크기와 만들 음료의 잔 수를 생각하여 스팀 피처를 선택하면 된다. 일반적으로 300mL는 한 잔용, 600mL는 두 잔용, 900mL는 서너 잔용으로 사용되나 사용할 음료 용기의 사이즈(10oz, 12oz, 14oz 등)에 따라 달라질 수 있다.

그림 12-2 여러 가지 크기와 모양의 스팀 피처

출처: 한국직업능력개발원, 커피 음료 우유 스티밍, 2018, p.5

4) 스팀 밸브

① 스팀 밸브의 종류

스팀 밸브(steam valve)는 스팀의 개폐를 통해 스팀의 양을 조절하는 부분으로, 돌리는 손잡이식(스팀 노브(knob)라고도 불림)과 위아래로 작동하는 레버식(lever)이 대부분이다.

② 스팀 밸브의 역할

스팀의 개폐를 담당한다. 레버식은 한쪽 방향으로(일반적으로 아래 방향이나 위 방향도 있음) 레버를 내리면 밸브가 열려 스팀이 나온다. 돌리는 손잡이식 머신의 경우에는 반시계 방향으로 돌리면 스프링이 당겨지면서 밸브가 열리고, 시계 방향으로 돌리면 스프링이 늘어나면서 밸브가 잠기게 되어 있다. 밸브를 많이 돌리면 스팀이 강하게 나오고, 조금 돌리면 약하게 나온다. 스팀의 세기는 스프링에 의해 조절된다.

5) 스팀 노즐

① 스팀 노즐

스팀 노즐은 우유를 데울 때 사용되는 부분으로 매우 뜨거우므로 조심해야 하며, 우유를 사용하기 때문에 청결한 상태가 되도록 각별히 사용법을 숙지해야 한다. 스팀 노즐은 구멍이 서너 개 있는 것이 주로 사용된다. 우유를 데울 때 사용되는 우유 양에 따라 노즐의 구멍을 선택하면 된다. 600mL의 용기를 사용할 때는 세 개짜리가 사용하기 쉽고, 900~1,200mL를 사용할 경우에는 네 개짜리가 편리하다.

② 스팀 노즐 사용 시 유의 사항

스팀 노즐은 우유를 데우는 역할을 하므로 청결이 무엇보다 중요하다. 따라서 스팀 사용 후에는 먼저 스팀 밸브를 열어 스팀을 빼 주어야 한다. 또 우유가 노즐 안쪽에 남아 있기 때문에 바로 밸브를 열어 우유를 제거해야 한다. 우유를 빨리 제거해 주지 않으면 우유가 안에서 굳어 스팀이 점점 약해지는 현상이 일어날 수 있다. 스팀 밸브를 열면 스팀 노즐에 남아 있는 우유가 튀어나온다. 행주를 이용하지 않고 그냥 스팀 밸브를 열어 주면 주위가 지저분해진다. 스팀 밸브를 열어 청소한 후에는 스팀 노즐에 묻어 있는 우유를 젖은 행주로 깨끗이 닦아준다.

③ 스팀 노즐 사용 후 청소

- **스팀 파이프**(steam pipe) **속 우유 제거**

스티밍을 마친 후 스팀 밸브를 열어 스팀 파이프 안에 들어 있는 우유를 제거한다.

에스프레소 머신 트레이 위에는 항상 스팀 파이프를 닦을 수 있게 깨끗한 젖은 행주를 비치한다. 스팀 밸브를 그냥 돌려 우유를 빼내면 주위에 우유가 튈 수 있으니 깨끗한 젖은 헝겊으로 감싸서 가볍게 밸브를 열어 우유를 제거해야 머신 주변이 위생적으로 관리된다.

· 스팀 파이프 표면의 우유 제거

스팀 파이프 속의 우유를 제거한 뒤 바로 깨끗한 젖은 헝겊으로 스팀 파이프와 스팀 팁에 묻어 있는 우유를 깨끗이 닦아낸다. 일부 커피 전문점들 중에는 우유 스티밍을 한 뒤 방치해 놓는 경우가 많이 있는데, 이는 위생에 매우 좋지 않다. 우유는 변화가 빨리 일어나는 식품이므로 항상 바로바로 닦는 습관이 매우 중요하다.

② 우유 스티밍의 원리

1) 우유 거품 내기의 원리

스팀 팁의 구멍에서 고압의 스팀이 나오게 되고, 스팀 파이프의 각도 및 담그는 깊이에 따라 고운 거품(벨벳 밀크) 또는 거친 거품이 나오게 된다. 되도록 스팀 파이프와 우유 표면은 90°의 각도를 유지하는 것이 좋다. 기계의 종류에 따라 직각이 안 되는 경우가

그림 12-3 우유 스티밍 생성 원리

©www.hanol.co.kr

많지만 이때는 최대한 직각으로 맞추면 된다. 스팀 파이프를 너무 깊이 집어넣으면 공기가 우유 속에 빨려 들어가지 않고, 우유의 표면에서 너무 가깝게 작업하면 거친 거품이 일어나게 된다. 그러므로 스팀 노즐의 적당한 위치를 파악하고 많은 연습을 통하여 고운 거품을 낼 수 있어야 한다. 스팀 작업 시 주위에 다른 향기가 많으면 우유 속에 그 향도 빨려 들어가기 때문에 주변 공기에 대해서도 주의를 기울여야 한다.

2) 우유 스티밍 시 우유의 성분 변화

우유의 성분 중 스티밍과 관련된 성분은 지방과 단백질이다. 목장에서 착유한 원유를 그대로 방치해 두면 지방구가 차례로 부상하여 위쪽으로 크림층을 형성하게 되지만, 일반적으로 시판되는 우유는 지방구를 작게 만들어 크림 분리가 일어나지 않게 균질화한 것이다.(담백하고 연한 맛이 된다.)

❶ 지방

우유는 순수한 물보다 표면 장력이 낮으며, 일정 온도(약 30℃) 이상으로 가열하면 표면 장력이 더 낮아지고 이때 기포가 발생하게 된다. 이 기포들은 지방과 결합하게 된다.

· 스티밍을 제대로 하지 못했을 경우

지방구들이 분리하면서 다시 큰 지방구와 작은 지방구로 분리되고, 스팀을 통해 생성되는 기포들이 이와 결합하여 스티밍이 엉성하게 된다. 이렇게 되었을 때는 위로 거품층이 떠오르기 때문에 위쪽의 거품층과 아래쪽의 끓기만 한 우유로 분리된다.

· 스티밍을 제대로 했을 경우

결과물이 균일한 지방구와 거품층을 지니고 있어 부드럽고 윤기 나는 거품층을 형성하고, 이러한 거품이 상당히 오랫동안 지속된다.

❷ 단백질

우유를 스티밍할 때에 40℃ 정도에서 수분이 증발하면서 우유 성분이 농축됨과 동시에 우유 표면에 단백질이 응고하게 되고 스팀이 나오면서 지방과 단백질의 막에 기포들이 붙게 된다.(단백질과 당이 가열 시간에 따라 냄새를 발생시킨다.)

· 적당한 깊이로 스팀 노즐을 넣어 적당한 온도로 가열했을 경우

적당한 온도(약 70℃ 전후)까지는 고소함과 바디감을 준다. 스팀 노즐을 적당히 담가 스티밍했을 때 대류가 일어나며 지방과 단백질이 고루 섞여 맛있고 품질 좋은 스팀 우유를 만들 수 있다.(노즐 팁이 잠길 정도)

· 깊게 스팀 노즐을 넣어 과도하게 가열했을 경우

과도한 온도는 우유의 신선함을 잃게 하고 좋지 않은 비린내를 발생시킨다. 스팀 노즐을 깊게 담가 스티밍했을 때는 스팀 피처의 바닥면의 온도를 빠르게 상승시킴과 동시에 우유의 온도도 빠르게 올라가기 때문에 단백질과 지방성 피막이 그에 따라 빠르게 형성되어 품질 좋은 스팀 우유가 만들어지지 않는다. 이러한 스팀 우유는 맛도 떨어진다.

② 우유 스티밍의 방법

우유 스티밍은 반자동 머신에 부착된 스팀 노즐을 이용하여 만드는데, 이 스팀 노즐은 강한 압력으로 뜨거운 수증기를 발산한다. 이때 발산되는 수증기 압력을 이용하여 주변의 차가운 공기를 같이 유입하게 된다. 이런 원리로 우유 표면에 스팀 깊이가 적절하게 맞춰지면 우유의 온도는 급격히 상승하지 않는다.

① 우유 스티밍의 방법

❶ 스팀 피처에 우유를 붓는다.

❷ 스팀 노즐 속 고여 있는 물을 뺀다.

❸ 스팀 피처 속 우유에 스팀 노즐을 담가준 후 분사한다.

팁을 우유 표면에
절반 정도 담가준다.

❹ 스팀 피처를 조금씩 내려주며 거품을 만든다.(공기 주입, 혼합, 가열)

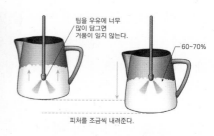

팁을 우유에 너무
많이 담그면
거품이 일지 않는다.

60~70%

피처를 조금씩 내려준다.

❺ 스팀 피처에서 스팀 노즐을 빼준 후 스팀 완드를 청소한다.

• 작업이 끝나면 젖은 행주로 신속히 닦아줌

• 스팀을 다시 한 번 분사시킴

6 스팀 피처를 바닥에 내려쳐 주며 2~3회 회전시켜 거품을 깬다.

피처를 내려쳐 줌 　　　　　2~3회 회전시켜 줌

7 에스프레소가 담긴 잔에 붓는다.

1. 피처를 약간 높은 위치에서 가늘게 붓는다.

2. 컵 안에 1/2 정도 차면 피처를 내리면서 좀 더 굵게 붓는다.

3. 컵에 가득 찰 때까지 굵기를 유지하면서 계속 붓는다.

4. 완성

12_ 라떼 아트

255

2 라떼와 카푸치노 스티밍의 차이

1) 카푸치노 스티밍

❶ 150~180mL 사이즈의 잔에 제조하며, 600cc 피처를 사용할 시 피처의 코(약 200mL)까지의 양을 담아 스티밍하면 카푸치노 두 잔의 양이 나온다.

❷ 스팀 밸브를 열어준 후 스팀 노즐을 우유의 표면과 직각이 되게 각을 맞추어 우유에 담근다.

❸ 스팀 밸브를 끝까지 돌려 빠른 시간 안에 "치익치익" 하는 소리와 함께 공기 주입을 시작한다. 고온·고압의 스팀이 나올 때 우유 표면과 가까운 공기를 끌고 들어가게 되는데, 이때 우유 표면과 스팀 노즐 사이의 거리에 따라 거품의 고운 정도가 결정되므로 많은 연습을 통하여 고운 거품을 낼 수 있도록 해야 한다.

❹ 우유의 높이가 피처의 7~8부 정도까지 찰 때까지 계속 공기를 주입한다.

❺ 우유가 롤링되는 포인트를 찾아 롤링을 시킨다. 이 작업은 큰 거품을 제거함과 동시에 우유의 온도를 맞추어 주는 작업이다. 이때 스팀 파이프를 너무 깊이 담그면 롤링이 제대로 되지 않고 바닥 쪽의 우유만 회전하게 되어 전체적으로 균일한 스팀 밀크를 만들기 힘들다. 스팀 팁만 잠길 정도로 하여 롤링하면 우유의 회전이 잘 되고 전체적으로 균일하게 혼합된 스팀 우유가 만들어진다. 또 롤링할 때 스팀 피처 가장자리 쪽으로 스팀 막대를 위치시켜 롤링하는 방법이 교육되고 있으나, 이때 주의하여야 할 점은 피처의 벽을 데우게 되어 우유의 온도를 빨리 올리는 부작용이 있다는 것이다. 굳이 가장자리로 스팀 파이프를 옮기지 않아도 롤링을 잘할 수 있다.

❻ 적당한 온도가 되면 스팀 손잡이를 돌려 잠근 후 피처를 내린다.

❼ 한두 번 정도 가볍게 바닥에 스팀 피처를 쳐서 큰 거품을 깨주고 손목의 스냅을 이용해 스팀 피처를 돌려 우유를 혼합시켜 주면 골고루 균일한 스팀 밀크가 완성된다.

2) 카페 라떼 스티밍

❶ 200~250mL 사이즈의 잔에 제조하며 600cc 피처 사용 시 피처의 코까지(약

200mL)의 양을 담아 데우면 카페 라떼 한 잔의 양이 나온다. 잔 사이즈마다 우유의 양이 다른데, 시중에는 라떼 잔과 카푸치노 잔을 같이 사용하는 경우가 많다. 하지만 정통 카푸치노 잔의 사이즈는 작다.

❷ 스팀 손잡이를 돌려 열어준 후 스팀 노즐을 우유의 표면과 직각이 되게 각을 맞추어 우유에 담근다.

❸ 스팀 손잡이를 열어 약간의 공기를 주입한 후 우유가 롤링되는 포인트를 찾아 온도를 높인다.

❹ 적당한 온도가 되면 스팀 손잡이를 돌려 잠근 후 피처를 내린다.

❺ 한두 번 정도 가볍게 바닥에 스팀 피처를 쳐서 큰 거품을 깨주고 손목의 스냅을 이용해 스팀 피처를 돌려 우유를 혼합시켜 주면 골고루 균일한 스팀 밀크가 완성된다.

 ## 고운 거품 만드는 방법

우유 거품을 만들기 위해 스팀 레벨은 처음 시작 단계의 레벨을 돌린다. 스팀 완드는 ㄱ자로 구부러져 있는 형태와 직선 형태가 있으며, 그 맨 밑의 구멍을 스팀 노즐이라고 하는데, 구멍으로 뜨거운 스팀이 나온다. 우유 저그는 우유가 담겨져 있는 저그이다.

• 우유 거품을 만들기 위해서는 가장 끝부분 구멍 뚫린 곳인 스팀 완드의 노즐이 우유 표면 바로 밑에 들어가 있어야 한다. 이 때 나는 소리가 "칙칙칙" 하는 소리로 보통 3번 정도 난다. 일반적으로 스팀 완드의 끝부분은 저그의 중간 위치에 놓고 레버를 돌린다.

• 우유를 회전시키면 처음에 생긴 큰 거품들이 돌아가면서 없어지게 되고 고밀도 입자의 우유 거품이 생긴다. 우유를 회전시키기 위해서는 보통 스팀 노즐의 부분을 벽쪽으로 이동시킨다. 이를 스위트 스팟(Sweet Spot)이라고 한다.

• 거품이 충분하면 스팀 완드를 우유 밑쪽으로 집어 넣는다. 이 작업은 거품을 만드는 것이 아니라 우유의 온도를 올리는 기능을 한다. 카푸치노같이 거품이 많이 필요할 경우는 처음의 칙칙칙 작업을 2~3번 하고, 거품을 조금만 만들고 싶을 경우는 한 번만 하고 우유를 회전시키다가 노즐을 밑부분으로 내려서 온도를 올리면 된다.

• 거품을 많이 만들려면 거품이 올라오는 만큼 우유 거품이 생기는 부분에 스팀 노즐을 위치시켜 저그를 조금씩 내렸다 올린다.

우유 거품 만들기 핵심 요령

©www.hanol.co.kr

3 라떼 아트의 원리

1 라떼 아트 이해

1) 라떼 아트 정의

❶ 라떼 아트(latte ate)는 스팀된 우유와 우유 거품 그리고 크레마가 형성된 에스프레
소를 이용해 카푸치노나 카페라떼의 표면에 예술적 가치가 있는 문양 등을 그려
넣는 기술을 말한다. 커피에 데운 우유를 넣어 마시는 것에서 출발한 라떼 아트는
에스프레소 머신의 스팀 기술이 개발된 이후 많은 발전을 했다. 우유 거품을 미세
하게 만드는 기술, 크레마와 우유 거품의 밀도를 비슷하게 만드는 기술은 라떼 아
트의 발전에 기여한 핵심 요소라 할 수 있다.

❷ 최초의 발전은 이탈리아에서 시작되었다고 전해진다. 그 후 1980년대 미국에서 발
전되기 시작했다는 것이 일반적이다. 한국은 2010년 이후 급속한 발전을 이루면

서 라떼 아트의 세계적인 강국이 되었다. 한국 바리스타들이 세계적인 대회에서 훌륭한 성적을 거둔 것은 그 좋은 예이다. 또한 인터넷 등의 매체가 훌륭한 그림과 동영상을 제공할 수 있게 되면서 라떼 아트는 바리스타가 가져야 할 중요한 기술로 인식되기 시작했다.

2) 라떼 아트 요소

좋은 라떼 아트를 익히기 위해서는 많은 연습이 필요하다. 여기에 에스프레소 추출 기술, 스티밍 기술, 라떼 아트 기술 등 세 가지가 복합적으로 작용해야 라떼 아트는 예술성을 갖추게 된다. 요컨대 미세한 거품(micro form), 크레마(crema), 바리스타의 숙련 기술이 필수 요소이다. 따라서 바리스타는 거품의 품질을 조절할 수 있는 능력과 에스프레소를 다룰 수 있는 능력이 갖추어진 상태에서 라떼 아트 기술을 익혀 나가야 한다. 특히, 동일한 양의 커피가 담긴 잔의 평면에 같은 도구와 재료를 이용한다 해도 바리스타가 구현하는 속도와 시간 차에 따라 전혀 다른 형태의 패턴이 형성된다. 따라서 바리스타는 자신이 원하는 패턴을 구현하기 위해서 시간과 속도를 다르게 사용할 수 있도록 충실히 연습해야 한다.

2 라떼 아트 준비

1) 커피 머신 점검

커피 머신 내부의 보일러 스팀의 온도와 압력이 일정하게 유지되는지 확인한다. 보일러의 온도가 너무 높은 경우에는 수증기의 온도가 너무 높아져서 우유의 온도가 빨리 상승하게 된다. 이때 스팀 분사 시간이 짧아지고, 우유 온도가 급격하게 상승해 거품과 우유를 교반할 수 있는 시간이 짧아져서 좋은 거품을 만들기 어렵게 된다.

2) 스팀봉 확인

커피 머신 스팀봉 팁의 분사 각도는 45° 정도가 되는지 확인한다.

그림 12-4 **커피 머신 및 스팀봉**

출처: 한국직업능력개발원, 라떼 아트, 2019, p.4

3) 스팀 피처 준비

스팀 피처의 재질은 스테인리스가 적합하고, 너무 무겁거나 두껍지 않은 것이 좋다. 너무 무겁거나 두꺼우면 바리스타가 우유 온도를 감지하기 어렵기 때문이다. 스팀 피처의 크기는 0.15L, 0.35L, 0.6L, 1L, 1.5L 등 아래의 사진과 같이 다양하다.

그림 12-5 **스팀 피처 종류**

출처: 한국직업능력개발원, 라떼 아트, 2019, p.4

4) 라떼 아트 잔 준비

라떼 아트에 사용하는 잔의 온도는 뜨겁게 유지되어야 한다. 온도가 충분히 높지 않을 때는 우유의 온도가 낮아져 맛에 영향을 주고 크레마의 색상에 시각적 영향을 끼치기 때문이다.

그림 12-6 **라떼 아트 잔**

출처: 한국직업능력개발원, 라떼 아트, 2019, p.5

③ 스팀 피처 잡는 요령 익히기(파지법)

바리스타 성향에 따라 세 가지 형태 중 하나를 선택하여 잡는다. 중요한 점은 우유를 일정하게 붓는 것이다.

그림 12-7 스팀 피처 파지법

출처: 한국직업능력개발원, 라떼 아트, 2019, p.5

④ 라떼 아트 방법론

① 푸어링 라떼 아트

1) 푸어링 라떼 아트의 이해

푸어링(pouring)은 우유 거품의 낙하 속도를 이용해 크레마와 조화를 이루거나 크레마를 밀어 표면 회전하도록 하면서 우유 거품과 크레마가 일정한 패턴을 이루도록 만들어 내는 기술이다. 보통 위에서 아래로 떨어지는 속도를 이용(top-down)하거나 좌우로 흔들어서 속도(roll from side to side)를 만들어낸다. 이 기술은 바리스타의 숙련도를 측정하는 중요한 평가 기준이라고 할 수 있다. 자유롭게 크기 조정과 속도 조절이 가능하도록 연습해야만 다양한 패턴을 만들어낼 수 있다.

2) 푸어링 라떼 아트의 방법

❶ 세 가지 형태의 우유 스티밍을 제조한다

☕ 드라이 폼을 만든다

라떼 아트에서 드라이 폼(dry form)은 거품을 많이 일으켜 푸석푸석한 형태로, 밀도가 낮고 건조한 느낌 때문에 좋은 평가를 받지 못했다. 하지만 최근 들어 3D 형태의 라떼 아트가 생겨나면서 스팀한 밀크 펌을 1분 정도 보관했다 사용하면 드라이 펌을 이용할 수 있다. 물론 거품량을 더 많이 생성시켜 사용할 수도 있는데, 사용하는 우유량의 2배 정도의 거품량을 만든다. 차가운 음료에 거품을 사용하므로 평소 연습해 두어야 한다.

그림 12-8 **드라이 폼**

출처: 한국직업능력개발원, 라떼 아트, 2019, p.7

☕ 기본 폼(semi form)을 만든다

라떼 아트를 만들 때 가장 많이 사용한다. 150mL의 카푸치노를 만들 때에도 사용되며 촉감이 뛰어나다. 사용하는 우유량의 1.5배 정도의 거품량을 만든다.

그림 12-9 **기본 폼의 밀기**

출처: 한국직업능력개발원, 라떼 아트, 2019, p.7

☕ 웻 폼(wet form)을 만든다

넓은 잔을 사용하는 라떼 아트에서 많이 사용하며 메뉴 중 플랫 화이트에 사용하는 얇은 형태의 스팀을 말한다. 사용하는 우유량의 1.3배 정도 거품량을 만든다.

그림 12-10 **웻 폼**

출처: 한국직업능력개발원, 라떼 아트, 2019, p.7

② 중앙 모으기를 한다

중앙 모으기는 라떼 아트의 가장 기본이 되는 연습이다. 보통 카푸치노나 카페라떼를 만들 때는 많이 연습한다. 라떼 아트에서 중앙 모으기는 크기를 자유롭게 조정하는 연습을 위한 것이다. 크기를 조정하면서 높이 조절과 속도에 대한 기술을 익히게 되며, 좌우 흔들기 연습을 통해 손과 팔의 근육이 리듬을 타는 훈련을 하게 된다.

중앙 모으기는 커피 표면의 크레마와 우유 거품의 밀도가 같아지면서 가라앉거나 위에 얹어질 때, 떨어뜨리는 높이와 속도에 변화를 주어 중앙에 바르게 모으는 연습이다. 연습 도중에도 항상 스팀 피처의 주둥이(스파웃)가 크레마와 접촉하지 않도록 연습한다. 이때 연습을 시작하는 초기부터 닿지 않도록 훈련해 두어야 기술이 향상되면서 위생적인 기술 구사가 가능하다.

☕ 탑 다운(top-down)으로 중앙 모으기를 한다

한쪽에 잔을 들고 한쪽 손에는 스팀 피처를 든다. 위에서 아래로 내리면서 우유 거품이 크레마 위에 띄워지며 원형의 모양이 만들어지도록 한다. 이때 얹어지는 높이와 부어 주는 속도를 동시에 이용하면서 원의 크기를 작게도 만들어 보고 크게도 만들어 보면서 크기를 조정할 수 있도록 한다.

우유와 거품의 상태에 따라 너무 크게 만들어진다고 판단되면 높이를 올리면서 소량의 우유가 들어가게 하면 크기가 더 이상 커지는 것을 방지할 수 있다. 반대로, 너무 작은 원이 만들어진다고 판단되면 더 낮게 그리고 약간의 속도를 높이면 크기를 더 커지게 할 수 있다.

☕ 좌우 흔들기로 중앙 모으기를 한다

한쪽에 잔을 들고 한쪽 손에는 스팀 피처를 든다. 좌우로 흔들면서 우유와 거품을 부어주면 우유

그림 12-11 탑다운 중앙 모으기

출처: 한국직업능력개발원, 라떼 아트, 2019, p.8

그림 12-12 좌우로 흔들어 중앙 모으기

출처: 한국직업능력개발원, 라떼 아트, 2019, p.9

거품이 떠오르면서 결이 생기게 된다. 이때에도 원의 크기를 조절하는 연습을 한다. 중앙 모으기를 연습할 때 스팀 피처 파지법을 정확하게 훈련해야 한다. 푸어링과 좌우 흔들기를 할 때, 또는 원이나 하트를 만들 때 한쪽이 더 커지는 것을 방지하기 위한 훈련으로, 어설픈 파지법은 대칭을 무너뜨리는 요인이 되기 때문이다.

❸ 우유와 우유 거품을 활용하여 하트를 제조한다

☕ 푸어링으로 하트를 만든다(꼬리 빼기)

❶ 한손에 잔을 잡고 다른 한손에는 스팀 피처를 든다.

❷ 스팀 피처를 든 손의 팔꿈치를 어깨높이까지 올린다.

❸ 셰이킹을 하면서 우유와 거품의 밀도를 확인한다.

❹ 잔을 약 45°로 기울여 스팀 피처가 들어갈 수 있는 공간을 확보한다.

그림 12-13 푸어링 하트

출처: 한국직업능력개발원, 라떼 아트, 2019, p.10

❺ 스팀 피처에서 우유 거품을 떨어뜨리며 잔과 멀어지도록 살짝 위로 올린다.

❻ 위로 올리면서 우유 거품이 잔에 보이지 않도록 크레마를 정리한다.

❼ 스팀 피처를 아래로 내리며 우유를 부어준다(푸어링). 부어 주는 위치가 중요한데 잔 표면의 1/3 부분에 붓는다. 이때 손잡이와 스파웃이 90°가 되도록 훈련한다.

❽ 잔에 우유 거품이 떠오르며 자리를 잡기 시작하면 잔을 45°에서 0° 방향으로 천천히 세워주며 우유 거품을 부어 주는 속도를 높인다. 그 결과로 중앙 모으기의 크기가 커지게 된다.

❾ 잔을 0° 방향으로 완전히 세우는 동시에 스팀 피처를 45° 높이로 상승시키면서 우유 거품을 붓는다. 이때 손목의 스냅만 이용하는 것이 좋다.

❿ 그 결과 원형의 우유 거품이 들어가는 부분과 나오는 부분으로 나뉘면서 하트 모양이 완성된다.

② 에칭 아트

1) 에칭 아트 정의

에칭(etching) 기술은 도구를 이용해 우유와 크레마의 표면에 문양을 만들어내는 기술을 말한다. 사용하는 도구는 바리스타에 따라 여러 가지가 있으며, 도구의 두께와 도구 표면의 점착성이 음료의 표면에 닿으면서 그림을 만들어낸다. 아래의 밀어 넣기 기술의 패턴에 비해 표현할 수 있는 방법이 더 많다는 장점이 있으며, 이 점 때문에 그림을 그려

그림 12-14 에칭 아트 도구

출처: 한국직업능력개발원, 라떼 아트, 2019, p.20

넣는다고 인식되고 있다. 에칭 기술은 최근 입체적인 표현(3D)이 가능하다는 장점이 부각되면서 소비자들에게 호응을 받고 있다. 이에 따라 바리스타들에게 다양한 상상력을 부여하는 기술로 정착되고 있다.

2) 에칭 방식으로 라떼 아트 하는 방법

❶ 에칭펜을 이용한 아트를 제조한다

☕ **에칭펜과 소스를 이용하여 플라워를 제조한다**

❶ 우유 거품으로 중앙 모으기를 한다.

❷ 우유 거품을 따라 소스를 짠다.

❸ 초코 소스를 원형의 크기를 달리해서 하나 더 짠다.

❹ 에칭펜을 이용해 상하좌우로 중앙에서 바깥쪽으로 선을 긋는다.

❺ 에칭펜을 위생 행주에 항상 닦아준다.

❻ 다시 45° 각도로 중앙에서 바깥쪽으로 선을 긋는다.

❼ 이번에는 바깥쪽에서 중앙으로 선을 긋는다.

그림 12-15 에칭 도구를 이용한 플라워 만들기

출처: 한국직업능력개발원, 라떼 아트, 2019, p.22

☕ 에칭펜과 소스를 이용하여 다양한 모양의 아트를 제조한다

❶ 우유 거품으로 중앙 모으기를 한다.

❷ 우유 거품을 따라 소스를 가운데에 일자로 짠다.

❸ 초코 소스를 가운데를 중심으로 양 옆에 나란히 짠다.

❹ 에칭펜을 이용해 보는 방향에서 좌우 또는 상하로 3개의 선을 긋는다.

그림 12-16 도구를 이용한 에칭 아트 만들기

출처: 한국직업능력개발원, 라떼 아트, 2019, p.22

❷ 크레마와 우유 거품을 이용한 아트를 제조한다

☕ 거품으로 나비를 만든다

❶ 좌우 흔들기로 중앙 모으기를 한다.

❷ 에칭펜을 이용해 우유를 찍어 두 개의 더듬이를 짠다.

❸ 에칭펜을 이용해 크레마 부분에서 안쪽으로 3개를 그어 아래쪽의 모양을 잡는다.

❹ 안쪽으로 그어준 3개의 선 안쪽에서 2개의 선을 안쪽에서 바깥으로 긋는다.

❺ 에칭펜을 크레마에 살짝 찍어 위쪽 날개에 하나씩 장식을 찍는다.

그림 12-17 도구를 이용한 나비 만들기

출처: 한국직업능력개발원, 라떼 아트, 2019, p.23

☕ 거품으로 병아리를 만든다

① 좌우 흔들기로 중앙 모으기를 한다.

② 에칭펜을 이용해 우유 부분을 살짝 밀어 입을 만든다.

③ 에칭펜을 이용해 크레마 부분에서 안쪽으로 3개를 그어 모양을 잡는다.

④ 에칭펜을 이용해 아래쪽에 발을 만든다.

⑤ 에칭펜에 크레마를 찍어 작은 날개를 몸통 부분에 만든다.

⑥ 에칭펜에 크레마를 살짝 묻혀 눈을 만든다.

그림 12-18 도구를 이용한 병아리 만들기

출처: 한국직업능력개발원, 라떼 아트, 2019, p.24

③ 소스를 활용해 에칭 아트를 제조한다

☕ 소스를 이용해 혜성을 만든다

① 컵의 한쪽에 원형 모으기를 만든다.

② 소스를 우유 거품의 원형을 따라 짠다.

③ 에칭펜을 이용해 안쪽에서 바깥쪽으로 직선을 긋는다.

④ 에칭펜을 위생 행주에 항상 닦아준다.

⑤ 90°의 각도로 상하좌우 4개를 긋는다.

⑥ 45° 각도로 에칭펜을 이용해 바깥쪽에서 안쪽으로 직선을 긋는다.

⑦ 2번의 길게 짜놓은 소스를 에칭펜으로 스프링 형태로 그린다.

그림 12-19 도구를 이용한 혜성 만들기

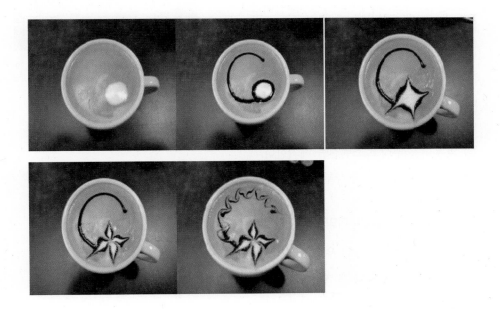

출처: 한국직업능력개발원, 라떼 아트, 2019, p.25

③ 스텐실 아트

1) 스텐실 아트 정의

스텐실이란 글자나 무늬, 그림 따위의 모양을 오려낸 후, 그 구멍에 물감을 넣어 그림을 찍어 내는 기법을 말한다. 라떼 아트에서의 스텐실 아트는 여러 가지 모양이 그려진 종이 등의 도구를 이용하여 아트를 만들어내는 것이다. 스텐실 도구로 나타낼 수 있는 모양은 다양하다.

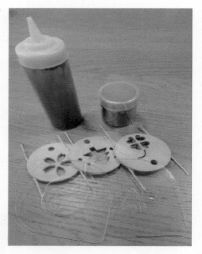

그림 12-20 **스텐실 기구 및 파우더**

출처: 한국직업능력개발원, 라떼 아트, 2019, p.29

2) 스텐실 아트 방법

❶ 스텐실 아트 기구를 이용하여 아트를 제조한다

☕ **스텐실을 이용하여 판다곰을 만든다**

❶ 우유 거품으로 중앙 모으기를 한다.
❷ 판다곰 스텐실 기구를 컵 위에 덮는다.
❸ 파우더를 뿌리고 스텐실을 제거한다.
❹ 스텐실 기구에 묻은 가루를 위생 행주로 항상 닦아준다.

☕ **스텐실을 이용하여 다양한 디자인을 만든다**

❶ 스텐실 아트를 위하여 우유 거품을 만든다.
❷ 글자 및 다양한 모양을 컵 위에 덮는다.
❸ 파우더를 뿌리고 스텐실을 제거한다.
❹ 스텐실 기구에 묻은 가루를 위생 행주로 항상 닦아준다.

❷ 크레마와 우유 거품을 이용한 스텐실 아트를 제조한다

☕ 거품 위에 눈꽃을 만든다

❶ 우유 거품의 흰 원 모양을 크게 푸어링한다. 이때 스텐실을 올렸을 때 우유가 닿지 않도록 너무 가득 채우지 않도록 한다.

❷ 눈꽃 모양의 스텐실을 선택하여 컵 위에 올려 놓는다.

❸ 파우더를 뿌리고 스텐실을 제거한다.

그림 12-21 눈꽃

출처: 한국직업능력개발원, 라떼 아트, 2019, p.31

☕ 거품 위에 사람 모양을 만든다

❶ 우유 거품의 흰 원 모양을 크게 푸어링한다. 이때 스텐실을 올렸을 때 우유가 닿지 않도록 너무 가득 채우지 않도록 한다.

❷ 사람 모양의 스텐실을 선택하여 컵 위에 올려 놓는다.

❸ 파우더를 뿌리고 스텐실을 제거한다.

그림 12-22 사람

출처: 한국직업능력개발원, 라떼 아트, 2019, p.32

13

여러 가지 커피 추출 방식

1 드립법

- 2~3분에 걸쳐 추출
- 자연적인 중력에 의해 추출하기 때문에 수용성 성분만 추출됨
- 커피 성분 중 좋은 맛과 향기 성분을 빠르게 추출하여 향기가 풍부하고 맛이 깨끗함

1 추출 방법

1) 세팅

서버(하부) 위에 드립퍼(상부)를 놓고 여과지를 접어 밀착시킨다.

→ 분쇄 커피를 한 잔당 8g 계량하여 담고 평평하게 맞춘다.

→ 끓인 물은 추출용 주전자에 부어 92~96℃로 맞춘다.

2) 적시기

소량의 물로 커피 표면을 적시고(wetting) 30초 기다린다.

→ 커피가 빵처럼 부풀어 오르며 몇 방울의 커피액이 떨어지도록 물 양을 조절해준다.

3) 1차 추출

끓인 물의 1/3을 중심에서 나선형으로 가늘게 여과지에서 약 5mm 떨어진 곳까지 붓는다.

팽창이 멈추는 시점에 추출을 시작함

©www.hanol.co.kr

4) 2차 추출

나머지 1/3의 물로 추출한다.

5) 3차 추출

나머지 1/3의 물로 추출한다.

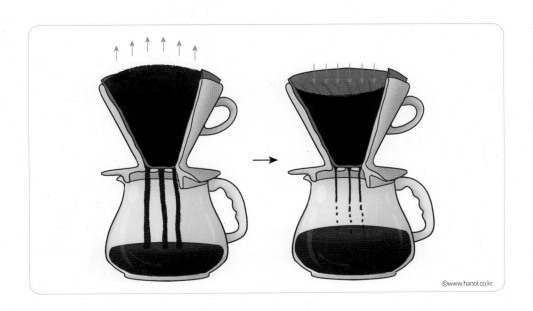

©www.hanol.co.kr

2 핸드 드립 추출 시 자세

오른손을 주로 사용하는 사람은 왼손을 테이블에 올리고 최대한 몸이 움직이지 않도록 균형을 맞춘다. 드립 기구와 손의 위치의 거리를 적당히 두어 드립 포트를 회전시킬 때 서버에 드립 포트가 닿지 않도록 주의한다. 어깨에 힘이 많이 들어가지 않도록 힘을 뺀 후 일정한 속도와 방향으로 물줄기를 만들어준다.

① 왼발을 앞으로 하여 중심축을 잡는다.

② 왼손을 테이블 위에 안정적으로 올려놓는다.(왼손을 손바닥이 테이블을 향하도록 올려놓고 팔꿈치를 약간 구부린다.)

③ 드립 포트의 손잡이는 시연자가 사용하기 편하도록 잡는다.(힘을 주지 않고 가볍게 드립 포트를 잡아서 부드럽게 물줄기를 조절할 수 있도록 한다.)

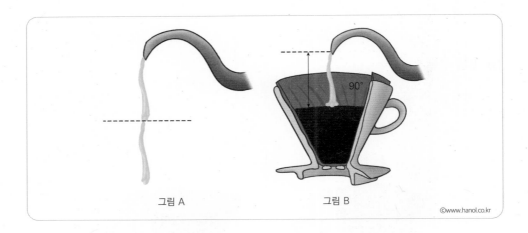

그림 A   그림 B

©www.hanol.co.kr

3 드립 포트(Drip Pot)

드립 포트는 분쇄된 원두에 물을 부을 때 사용하는 도구다. 어떤 방식으로 분쇄된 원두에 물을 주는가에 따라 커피의 맛이 달라지기 때문에 커피포트의 형태는 일반 주전자와는 많이 다르다. 가용성 성분이 잘 용해되게

하려면 원두의 표면에 물을 균일하게 적셔 주어야 한다. 드립 포트의 배출구는 S 자 모양으로 학의 목처럼 되어 있어서 학구라고 부르기도 한다. 이러한 핸드 드립 전용 드립 포트는 배출구 부분이 좁고 길어 사용자가 물줄기를 조절하기에 용이하다. 드립 포트의 재질은 스테인리스, 동, 법랑 등으로 다양하며, 모양과 크기도 각각 다르다.

4 드립퍼(Dripper)

1) 재질별 특징

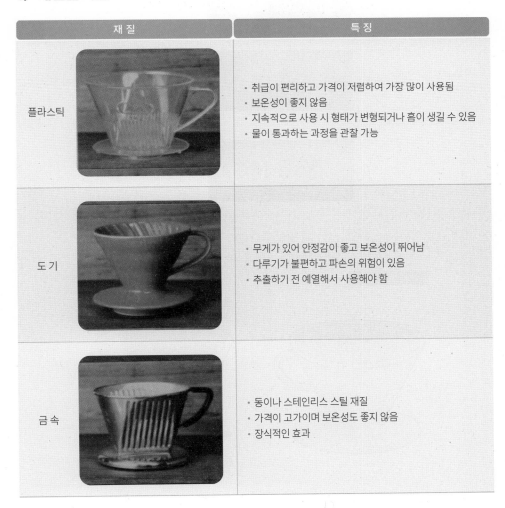

재 질	특 징
플라스틱	• 취급이 편리하고 가격이 저렴하여 가장 많이 사용됨 • 보온성이 좋지 않음 • 지속적으로 사용 시 형태가 변형되거나 흠이 생길 수 있음 • 물이 통과하는 과정을 관찰 가능
도 기	• 무게가 있어 안정감이 좋고 보온성이 뛰어남 • 다루기가 불편하고 파손의 위험이 있음 • 추출하기 전 예열해서 사용해야 함
금 속	• 동이나 스테인리스 스틸 재질 • 가격이 고가이며 보온성도 좋지 않음 • 장식적인 효과

2) 추출구별 특징

명칭	추출구	특징
메리타 (Melitta)	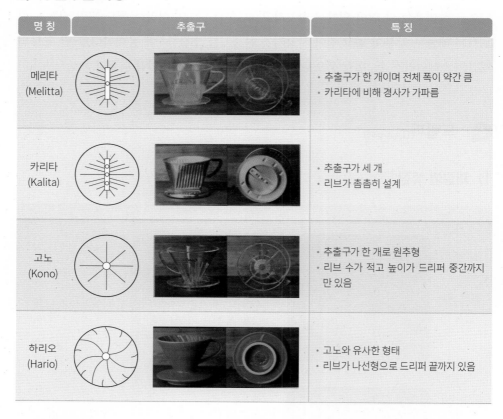	• 추출구가 한 개이며 전체 폭이 약간 큼 • 카리타에 비해 경사가 가파름
카리타 (Kalita)		• 추출구가 세 개 • 리브가 촘촘히 설계
고노 (Kono)		• 추출구가 한 개로 원추형 • 리브 수가 적고 높이가 드리퍼 중간까지만 있음
하리오 (Hario)		• 고노와 유사한 형태 • 리브가 나선형으로 드리퍼 끝까지 있음

리브의 역할

리브

공기 공기

공기 공기

©www.hanol.co.kr

⑤ 여과지(Filter)

드립 필터는 커피 가루와 물을 분리시켜 미세한 미분까지 걸러주는 역할을 한다. 필터는 드리퍼에 맞는 모양의 필터를 선택해야 드리퍼 위에 올렸을 때 안정감 있게 고정된다. 필터 재질에 따라 종이 필터와 융 필터가 있다.

1) 종이 필터

종이 필터는 각각의 드리퍼에 따라 모양이 다르다. 천연 펄프 필터와 표백 필터가 있다.

2) 융 필터

융 필터는 드리퍼로도 쓰인다. 커피 가루와 미분은 걸러내지만 커피 오일 성분은 통과하므로 매끄러운 촉감의 바디감 있는 커피를 추출할 수 있다.

3) 여과지 사용 방법

❶ 드리퍼에 맞는 크기의 페이퍼를 준비한다.

❷ 먼저 옆면을 안으로 접는다.

❸ 아랫면을 뒤쪽으로 접어준다.

❹ 양쪽 끝을 접어준다.

❺ 완성된 모습

❻ 드리퍼에 밀착시킨다.

② 사이펀 추출법

네이피어(Napier)식 추출 기구 -일본 UCC 커피박물관-

바슈(M. Vassieux) 부인의 특허품

- 1840년경 스코틀랜드 Robert Napier가 진공식 추출 기구 개발
- 1841년 프랑스 M. Vasieux 부인이 오늘날과 같은 기구 개발
- 1924년 일본인 고노에 의해 상품화에 성공 → '사이펀'
- 2~3분에 걸쳐 추출, 침출법에서 발전한 순환 추출법(진공식 추출)
- 원래 명칭은 Vacuum Brewer
- 열원: 알코올 램프, 할로겐 램프, 가스 스토브

1 사이펀의 역사

사이펀이 처음 발명된 곳은 1827년 독일에서였다. 지금의 모습은 1842년 프랑스의 마담 배쉬(Madame Vassieux)에 의해 만들어진 것이다. 이후 일본의 고노(Kono)에서 지금의 사이펀이라는 이름으로 대중화되었다.

2 사이펀의 특징

사이펀은 다른 추출 기구와는 다르게, 추출할 때 지속적으로 가열되고 있기 때문에 커피의 휘발성 향기들이 더 많이 발산된다. 사이펀은 향이 풍부한 것은 물론, 추출하는 과정을 볼 수 있어 시각적인 효과가 있는 것이 큰 특징이다.

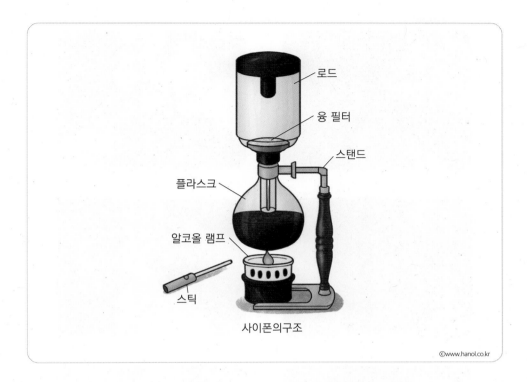

로드

융 필터

스탠드

플라스크

알코올 램프

스틱

사이폰의구조

©www.hanol.co.kr

3 추출 방법

1. 중간 – 가는 입도로 분쇄한 커피를 계량하여 상부 플라스크에 넣어준다.

2. 물을 계량하여 하부 플라스크에 넣고 상부 플라스크와 연결해준다.

3. 하부 플라스크의 물을 가열해준다.
   → 상층에 생긴 수증기가 끓은 물을 중앙 유리관을 통해 상부 플라스크로 밀어 올려준다.

4. 상부 플라스크로 올라온 끓은 물과 커피를 약 1분간 나무 스푼으로 일정 간격 저어서 커피를 추출해준다.

5. 추출이 완료되면 하부 플라스크의 램프를 옮겨 불을 꺼준다.

6. 하부 플라스크가 냉각된 후
   → 상부 플라스크의 커피가 여과관을 통하여 하부로 여과된다.

7. 하부 플라스크 분리 후 잔에 부어 서빙한다.

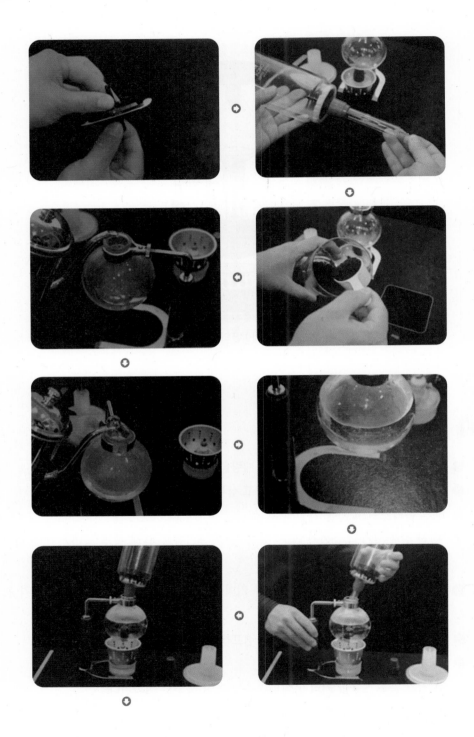

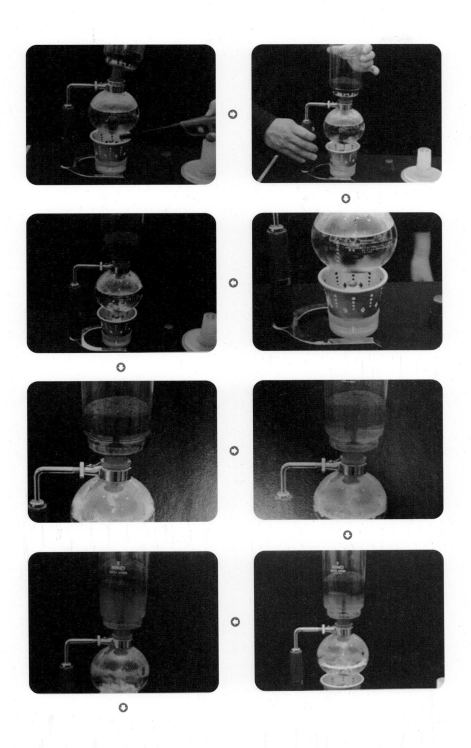

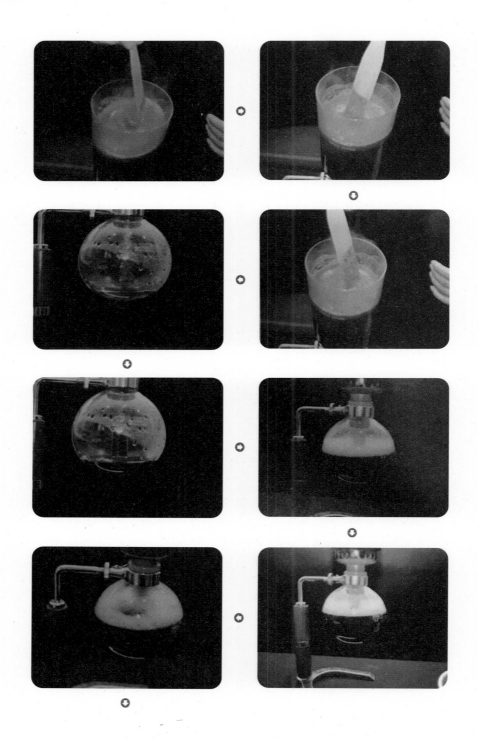

출처: 서진우, 커피바이블, 2018, 대왕사, p.167

4 추출 핵심 포인트

① 로스팅한 지 2주일이 안 된 신선한 원두를 사용한다.

② 플라스크에 원하는 양만큼 물을 넣고 프라스크 겉면의 물기를 잘 닦아주어야 한다. 물기가 묻어 있는 상태로 가열하면 유리 파손의 원인이 된다.

③ 가열을 시작하고 플라스크 안에서 기포가 올라오면 로트를 끼워 넣는다. 로트를 끼워 넣고 10초 정도 후에 물이 올라가기 시작하면 사이펀 커피 추출 첫 단계는 잘 된 것이다.

④ 로트에 물이 올라오기 시작하면 대주걱으로 10번 정도 저어준다. 대주걱의 넓은 면적 쪽으로 물살을 내듯이 한 번에 1초의 빠르기로 저어준다.

⑤ 첫 번째 10번 저은 후에 2인분인 경우 약 20초 정도 기다렸다가 알코올 램프를 치우고 다시 10번을 저어준다. 커피가 로트에서 플라스크로 내려올 때 거품이 많이 나올수록 추출이 잘 되었다고 볼 수 있다. 사용 후에는 바로 용기를 닦아야 하는데, 세제나 스펀지를 사용하지 말고 따뜻한 물로만 부드럽게 씻는다.

5 추출 시 유의 사항

사이펀은 추출 기구가 모두 유리 재질로 되어 있기 때문에 기구의 파손에 유의하여야 한다. 사이펀이 파손될 때는 크게 두 가지의 경우가 있다. 첫 번째는 기구의 재질상 부주의에 의한 파손이고, 두 번째는 급격한 온도 차이에 의한 파손이다. 추출이 끝난 후 기구는 열에 달궈져 있기에 차가운 물로 세척하면 깨질 위험이 있다. 그러므로 물이 묻어 있는 상태에서의 가열이나 물이 들어 있지 않은 상태에서의 가열은 유의하여야 한다. 필터 또한 청결히 관리해야 한다. 1회용 종이 필터는 사용 후 폐기하면 되지만, 융 필터는 추출이 끝나면 삶아서 커피의 오일 성분을 제거하고 깨끗한 물을 밀폐 용기에 넣은 후 냉장 보관해 주어야 한다.

3 프렌치 프레스 추출법

• 많은 커피 성분이 컵 안에 남게 되어 바디가 강한 커피 추출
• 1850년대 프랑스에서 처음 금속 재질로 만듦
• 1930년 이탈리아 칼리마니(Attilio Calimani)가 현재의 프렌치 프레스 개발
• Coffee plunger, Plunger pot 로도 불림

1 프렌치 프레스의 유래

18세기 프랑스에서 커피 가루와 뜨거운 물을 넣은 통에 천이나 금속판이 부착된 막대로 눌러 커피 용액을 뽑아내던 전통 기구에서 유래했다. 1950년대에 보덤사에서 현재 형태로 프렌치 프레스의 원형이 만들어졌고 전 유럽에 널리 퍼졌다.

② 프렌치 프레스의 구조

비커와 플런저로 구성되어 있다. 플런저에는 뚜껑과 나일론 메시 필터가 장착되어 있다. 필터는 커피 가루와 커피 추출액을 분리한다. 사용 후에는 분해 청소하여 청결하게 유지하여야 한다.

③ 프렌치 프레스의 특징

침지식으로 손쉽게 다룰 수 있으며 균일한 추출이 가능하다. 금속 필터로 인해 커피 오일 성분과 미세한 커피 가루가 풍부한 바디감을 주지만, 미분으로 인한 텁텁함이 있다.

④ 추출 방법

① 굵게 분쇄된 커피를 필요한 양만큼 기구에 넣는다. 이때 커피의 양은 분쇄된 커피 약 7mg당 물 약 140cc 비율로 하여 기구의 용량과 마실 커피의 양을 감안하여 산출한다.

② 필요한 양만큼 뜨거운 물(약 90~92℃)을 기구에 붓는다. 처음에 커피를 고루 적시도록 천천히 부은 다음 뚜껑을 덮고 약 5분 정도 기다린다.

③ 도중에 뚜껑을 열고 스푼을 휘저어 추출이 더 잘되도록 한다.

④ 뚜껑 손잡이를 밑으로 천천히 밀어 내려 20~30초 후에 스크린 부분이 바닥에 닿을 때까지 지속함으로써 추출을 마무리한다. 이때 스크린이 뒤틀려 커피 찌꺼기가 새지 않도록 주의하고, 스크린이 뒤틀려 커피 찌꺼기가 새어 나왔다면 스크린을 빼내어 따뜻한 물에 헹구고 다시 밀어 내려도 된다. 추출이 끝나면 커피 면에 거품이 이는 것을 볼 수 있는데, 이를 통해 신선한 커피가 사용되었다는 것을 알 수 있다.

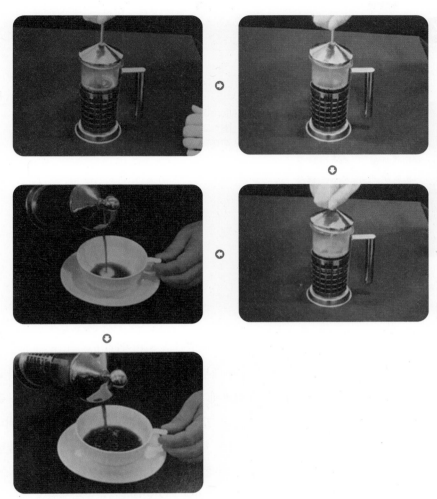

출처: 서진우, 커피바이블, 2018, 대왕사, p.170

 모카 포트 추출법

· 1933년 Alfonso Bialetti에 의해 탄생
· 직화식, 신선하고 짙은 향기의 커피 추출
· 카푸치노, 카페라떼와 같이 우유를 섞는 커피에 적합

❶ 모카 포트의 특징

수동식 에스프레소 기구로 1933년 이탈리아의 알폰소 비알레띠(Alfonso Bialetti)에 의해 개발되었으며, 그 후 비알레띠는 이탈리아 대부분의 가정에서 사용할 정도로 모카포트를 대표하는 브랜드가 되었다. 가장 완벽하게 투과 원리를 적용한 기구로, 커피를 추출할 때 일단 추출이 시작되면 제어하고 말고 할 틈도 없이 순식간에 추출이 끝나버리기 때문에 '에스프레소 포트(espresso pot)'라고도 한다. 모카 포트는 하부 포트(하단부 포트)에 물을 붓고 원두 가루를 스켓에 채워 넣은 뒤 불에 올려 가열하는 직화식 에스프레소 추출 기구이다. 하부 포트에 물이 끓으면서 수증기와 증기압이(1~3기압) 발생되어 바스켓의 파이프를 타고 상부 포트(상단부 포트)로 물이 이동해 커피 가루를 적시면서 커피가 추출되는 방식이다.

❷ 모카 포트 추출법의 기본 원리

강하게 로스팅하고 미분쇄한 커피를 뜨거운 물로 가압하여 신선하고 짙은 향기의 커피를 빠르게 추출하는 방법이다. 카페라떼나 카푸치노와 같이 우유를 섞는 커피에 적합하다.

그림 13-1 모카 포트 추출 도구

❶ 원두커피
❷ 상부 포트
❸ 하부 포트
❹ 필터 펀넬
❺ 계량스푼

출처: 서진우, 커피바이블, 2018, 대왕사, p.164

❸ 모카 포트의 구조

구조는 처음 물을 부어두는 아래의 하부 포트와 커피를 넣고 다지는 바스켓을 거쳐서 맨 위의 필터 상부를 포함하는 상부 포트로 구성되어 있다. 커피를 담는 바스켓 부분은 아랫면이 샤워링 필터로 되어 있으며 긴 막대가 달려 있다. 이 커피 여과기를 '퍼컬레이터(percolator)', '카페티에라(caffettiera)'라고도 부른다.

©www.hanol.co.kr

4 추출 방법

❶ 플라스크에 추출에 필요한 물을 붓는다. 정수를 추출 용량대로 계량하여 하부 통의 밸브 하단까지 붓는다. 짙은 커피를 만들 때는 잔당 70cc를 사용한다. 밸브는 스팀압이 너무 높을 때 안전밸브 역할을 하므로 물을 밸브보다 낮게 채운다.

❷ 에스프레소용으로 강하게 로스팅하고 미분쇄한 신선한 커피를 1인분 기준 7g씩 준비한다. 중앙 필터에 분쇄된 원두커피를 넣어 평평하게 탬핑하는데, 이때 탬핑이 너무 강하면 크레마가 생기지 않을 수 있으므로 주의한다.

❸ 커피를 담은 필터 펀넬을 하부 통 위에 맞추어 넣고 상부 통을 돌려서 밀폐 및 고정하고 뚜껑을 닫는다.

❹ 가스레인지에 안정되게 올려놓고 강한 불로 한 번 끓인다. 모카 포트를 약한 불 위에 놓고 약 1분 가열하면 상부 통에 추출 커피가 나온다. 에스프레소가 포트 중간까지 올라오기 시작하면 불을 줄였다가 조금 후 완전히 끈다. 커피의 양, 수량 및 끓이는 속도가 잘 맞추어지면 5~6brix의 짙은 커피를 만들 수 있으며, 테미타스 잔에 서빙한다.

❺ 커피 추출 후에는 필터 펀넬과 팩킹을 잘 청소하고 건조시켜 보관한다.

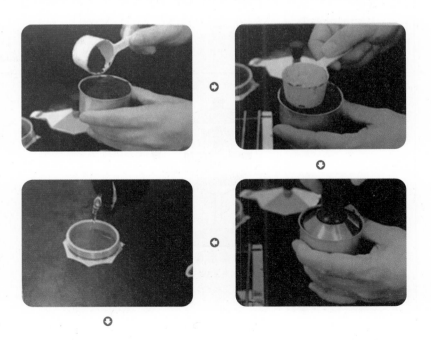

출처: 서진우, 커피바이블, 2018, 대왕사, p.173, 174

5 이브릭 추출법

- 가장 오래된 추출 기구
- 여과를 하지 않으므로 커피 입자를 에스프레소보다 더 가늘게 분쇄

1 이브릭(튀르키예식) 커피의 특징

이브릭은 체즈베(cezve)라고도 부르는 커피를 추출하는 가장 오래된 튀르키예식 추출 방법이다. 커피를 곱게 갈아서 물에 넣고 끓여 마시는 방식이다. 커피 입자를 따로 거르는 거름망이 없으므로 커피를 따를 때 주의하여야 한다. 원두의 분쇄도는 에스프레소보다 곱게 갈아주어야 하는데 이는 곱게 분쇄해야 거품이 사라지고 커피 가루가 빠르게 가라앉기 때문이다. 추출하는 방법은 이브릭 안에 곱게 간 커피 6~8g을 넣고 물 60mL를 넣어준 후 중불에서 기구를 달여준다. 끓어오르면 넘치기 전에 불 밖으로 뺐다가 가라앉으면 다시 불 위에 올려놓는다. 이렇게 2~3회 반복하면 추출이 완료되며 기호에 따라 설탕을 첨가할 수 있다.

커피 입자를 따로 거르는 거름망이 없으므로 커피를 따를 때 특히 주의하여야 한다. 원두의 분쇄도는 에스프레소보다 곱다. 곱게 분쇄해야 거품이 사라지고 커피 가루가 빠르게 가라앉기 때문이다.

❷ 추출 방법

❶ 추출하려는 이브릭 기구의 용량에 맞도록 정수한 물을 준비한다.
보통 원두 6~8g일 때 물 60mL를 준비한다. 기호에 따라 설탕을 첨가해도 좋고 빼도 좋다.

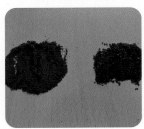

❷ 원두를 추출에 맞게 분쇄한다.

❸ 이브릭에 커피 용량에 맞게 물을 넣고 삼발이 등을 이용해 가열한다.

❹ 2~3회 정도 가열해주어 끓어오르면 불에서 내려 저은 후 다시 가열한다.

❺ 침전물(커피 가루)이 나오지 않도록 조심하여 잔에 따른다.

⑥ 에어로 프레스 추출법

① 에어로 프레스의 특징

에어로 프레스는 미국 회사인 에어로비(Aerobie)의 앨런 애들러(Alan Adler) 회장이 2005년 발명한 토털 이머전(total immersion) 방식의 휴대용 공기압 추출 커피메이커이다. 공기압 프레스와 특수 마이크로필터 드립 방식으로, 깊고 풍부하며 깔끔한 맛의 커피를 빠르고 손쉽게 추출한다. 에어로 프레스는 커피 분쇄도, 커피 양, 물의 양, 침지 시간, 교반 횟수를 조절하여 에스프레소 추출과 드립 추출 모두 가능하다.

청소 유지 관리가 용이하며, 휴대가 간편하여 야외에서 사용하는 것이 가능하고, 커피 추출 시간이 짧아 초보자도 안정적인 맛의 커피를 추출할 수 있다는 장점이 있다.

② 에어로 프레스 구조

구멍이 여러 개인 필터 캡(filter cap), 커피와 물을 담는 체임버(chamber), 압력이 새지 않도록 막아 주는 고무 실(seal)이 부착된 플런저(plunger), 체임버에 커피와 물을 담을 때 밖으로의 흘림을 막아 주는 퍼널(funnel), 커피와 물을 잘 섞이게 하는 스터러(stirrer)로 구성되어 있다.

③ 추출 방법

필터는 종이 필터, 금속 필터(스테인리스 필터), 융 필터를 사용한다.
❶ 체임버에서 플런저와 캡을 제거한 후 캡에 필터를 넣고 체임버에 돌려 끼운다.
❷ 튼튼한 잔 위에 체임버를 올린다.
❸ 분쇄된 커피 16~20g을 체임버에 넣는다.
❹ 체임버에 50~70mL의 물을 부어 커피와 물이 잘 혼합되도록 스틱으로 잘 교반한 후 1분 침지한다.

⑤ 고무 실에 물을 적신 후 플런저를 체임버에 삽입한다. 부드럽게 0.5~1cm 정도 누른 다음, 플런저가 커피에 닿을 때까지 압력을 유지하며 계속 눌러준다. 부드러운 압력이 에어로 프레스 사용법의 핵심이다.

⑥ 추출된 커피를 온수로 희석한다.

❶ 융 필터를 여과기 아래 쪽에 세팅한다.

❷ 분쇄된 커피를 계량하여 담는다.

❸ 상부의 수조에 찬물을 붓는다.

❹ 코크를 잠근 후 수조를 설치한다.

❺ 여과기 위에 종이필터 올려 놓는다.

❻ 물이 커피 가루에 균일하게 배어들게 한다.

❼ 커피액이 떨어지기 시작한다.

❽ 추출을 완료한다.

7 기타 추출법

1 워터 드립

워터 드립(water drip) 구조
©www.hanol.co.kr

- 더치커피(Dutch Coffee)라고도 함
- 찬물로 장시간(4~12시간) 추출
- 찬물로 추출하여 카페인이 아주 적게 추출됨
- 추출한 뒤 냉장고에서 며칠 숙성시킨 후 마셔야 강하면서 부드러운 맛이 남

☕ 추출 방법

❶ 융 필터를 여과기 아래쪽에 세팅한다.

❷ 분쇄된 커피를 계량하여 담아준 후 상부의 수조에 찬물을 붓는다.

❸ 코크를 잠근 후 수조를 설치한다.

❹ 여과기 위에 종이 필터를 올려놓는다.

❺ 물이 커피 가루에 균일하게 배어들게 한다.

❻ 커피 추출액이 떨어지기 시작한다.

2 퍼컬레이터

- 포트에 물을 넣고 바구니 모양 기구에 굵게 분쇄한 커피를 넣는다.
- 프랑스식 드립 포트이다.

3 커피언

- 미국에서 많이 사용하며 대량 추출하여 동시에 서빙할 때 편리하다.
- 장시간 서비스 가능하도록 추출액을 받는 통 주변에 뜨거운 물을 순환시켜 온기를 유지한다.

4 케멕스 커피메이커

- 독일의 화학자 슐룸봄(Schlumbohm)에 의해 탄생한 커피 추출 도구이다.
- 드리퍼와 서버가 하나로 연결된 일체형이다.
- 리브가 없어 이 역할을 하는 공기 통로를 설치한다.
- 물 빠짐이 페이퍼 드립에 비해 좋지 않다.

14

베리에이션
커피 메뉴

① 베리에이션 메뉴의 종류와 레시피

원액 자체인 에스프레소에 첨가물을 단 하나라도 넣으면 그것을 모두 베리에이션 커피라고 칭한다. 너무 쓰고 먹기 힘든 에스프레소에 다양한 향과 색을 더해 마시기 쉽고 미적 표현도 뛰어나 대중적인 인기를 얻고 있다.

에스프레소 메뉴

에스프레소 (Espresso)	• 이태리에서 보통 카페(Caffe)라고 하며 25~30mL 정도의 커피를 데미타세(Demitasse) 컵에 제공	
도피오 (Doppio)	• 더블 에스프레소의 의미 Two shot, Double shot 이라고 함	
리스트레또 (Ristretto)	• 추출 시간을 짧게 하여 양이 적은 에스프레소를 10~15초 동안 15~20mL 정도 추출	
룽고 (Lungo)	• 롱(Long)의 의미가 있으며 일반적 에스프레소보다 추출 시간을 길게 하여 보다 양이 많게 추출된 에스프레소(40~50mL)	
아메리카노 (Americano)	• 룽고와 유사하나 에스프레소에 뜨거운 물을 추가하여 희석한 것	

② 에스프레소 커피 음료 레시피

1) 카페 아메리카노 제조

카페 아메리카노(caffe americano)는 에스프레소의 농도를 약하게 만든 커피의 일종으로 커피를 필터링해 상대적으로 농도를 약하게 즐기는 미국인들의 습관에 착안한 메뉴이다. 에스프레소와 물을 혼합하는 방식으로 제조한다.

그림 14-1 카페 아메리카노

출처: 한국직업능력개발원,
커피 음료 제조, 2019, p.40

❶ 180~270mL 정도의 잔을 준비한다.

❷ 에스프레소를 ❶의 잔에 받는다.

❸ 뜨거운 물을 ❷에 따른다. 에스프레소를 기준으로 했을 경우 에스프레소 : 물의 비율은 1 : 4~6 정도로 한다.

그림 14-2 카페 아메리카노 제조 과정

출처: 한국직업능력개발원, 커피 음료 제조, 2019, p.40

2) 롱 블랙 제조

롱 블랙(long black)은 카페 아메리카노의 만드는 순서를 바꾸어 만드는 것으로, 뜨거운 물을 먼저 받고 그 위에 바로 에스프레소를 받아 크레마가 그대로 남아 있는 음료이다. 카페 아메리카노가 액체를 즐기는 음료라면 롱 블랙은 크레마와 액체를 함께 즐기는 음료이다. 따라서 롱 블랙은 차가운 메뉴로는 만들지 않고 뜨거운 음료로 한정하며, 차가운 음료를 같은 방법으로 만들면 아이스아메리카노라고 부른다. 한편, 호주와 뉴질랜드에서는 롱 블랙의 추출을 물과 희석시키는 개념이 아니라 2샷만큼의 커피 파우더를 넣고 180mL 정도의 빈 잔에 계속 길게 추출해 마시는 방식의 커피 메뉴를 말한다.

그림 14-3 롱 블랙 제조 과정

출처: 한국직업능력개발원, 커피 음료 제조, 2019, p.41

③ 베리에이션 메뉴

에스프레소 마끼아또 (Espresso macchiato)	• 마끼아또는 점, 얼룩을 의미 • 에스프레소 위에 우유 거품을 2~3스푼 올려 에스프레소 잔에 제공	
카페라떼 (Caffe latte)	• 에스프레소에 데운 우유를 섞어 제공 • 카푸치노보다 좀 더 많은 우유, 거품은 거의 없거나 아주 약간	
카푸치노 (Cappuccino)	• 에스프레소에 우유와 거품이 조화를 이루는 메뉴 • 150~200mL 잔에 제공	
카페 꼰 빠나 (Caffe con panna)	• 에스프레소에 휘핑크림을 넣어 부드럽게 즐기는 메뉴	
카페오레 (Café au Lait)	• 프렌치 로스트한 커피를 드립으로 추출하여 데운 우유와 함께 카페오레 볼(bowl)에 동시에 부어 만듦 • 일반적으로 에스프레소와 거품 우유를 사용하여 만듦	
카페모카 (Caffe mocha)	• 에스프레소에 초콜릿 시럽과 데운 우유를 넣어 섞은 뒤 휘핑크림을 얹고 초콜릿 시럽과 초콜릿 가루로 장식	
카페프레도 (Caffe Freddo)	• 아이스커피로 에스프레소를 얼음이 담긴 잔에 부어 만듦	

1) 카페라떼(caffe latte) 제조

카페라떼는 에스프레소에 스팀한 우유와 우유 거품을 배합해 만드는 음료이다. 스팀 피처를 이용해 바로 메뉴를 완성할 수 있어 신속하게 서브가 가능하다. 180~270mL 정도의 잔을 사용하며, 에스프레소를 기준으로 에스프레소 : 우유 : 거품의 비율은 1 : 5 : 1 정도이다. 리스트레또, 룽고, 도피오를 추출해 다양한 농도의 카페라떼를 만들 수 있으며, 최근 라떼 아트가 발전하면서 카푸치노와 같이 표면에 아트를 넣고 있다.

그림 14-4 카페라떼

출처: 한국직업능력개발원,
커피 음료 제조, 2019, p.41

❶ 스팀 피처에 170mL 찬 우유를 준비한다.

❷ 270mL 잔에 에스프레소를 추출한다.

❸ 준비된 우유를 스티밍한다.

❹ 추출한 에스프레소 ❷에 우유 ❶과 우유 거품 ❸을 부어 넣어 카페라떼를 완성한다.

그림 14-5 카페라떼 제조 과정

출처: 한국직업능력개발원, 커피 음료 제조, 2019, p.42

2) 카푸치노 제조

카푸치노(cappuccino)는 에스프레소와 우유, 우유 거품의 배합으로 만드는 음료이다. 원재료는 카페라떼와 동일하지만 배합 비율에서 차이가 난다. 잔의 크기는 150~180mL로 한정되어 카페라떼에 비해 진한 음료이다. 에스프레소 30mL : 우유 60mL : 우유 거품 60mL로 구성하는 것이 일반적이다. 다음과 같은 순서로 우유를 스티밍해서 카푸치노를 만든다.

그림 14-6 카푸치노

출처: 한국직업능력개발원,
커피 음료 제조, 2019, p.43

❶ 600mL 스팀 피처에 차가운 우유 200mL를 준비한다.

❷ 카푸치노 잔(150~180mL)에 에스프레소를 추출한다.

❸ 우유 거품을 만든다.

❹ 스팀된 우유와 우유 거품을 보조 피처에 100~120mL를(분배하기) 따른다.

❺ ❷의 잔에 스팀된 우유와 거품을 에스프레소 30mL : 우유 60mL : 우유 거품 60mL 비율이 되도록 붓는다.

❻ 보조 피처에 분배해 둔 스팀 우유와 우유 거품으로 두 번째 카푸치노를 만든다.

그림 14-7 카푸치노 제조 과정

* 카푸치노는 바리스타의 숙련도를 측정하는 중요한 메뉴이다. 에스프레소 추출과 스팀 기술, 분배 기술 그리고 푸어링(pouring) 기술이 종합된 메뉴이기 때문이다. 한 잔을 만든 다음, 분배해 둔 스팀 우유와 우유 거품을 다시 스팀 피처에 넣고 우유 거품 다루기를 통해 다시 한 잔을 만들 수 있도록 준비한 후, 1-5의 만드는 순서에 따라 다시 한 잔의 카푸치노를 만들어 본다.

출처: 한국직업능력개발원, 커피 음료 제조, 2019, p.44

3) 카페모카 제조

카페모카(caffe mocha)는 에스프레소에 우유, 초콜릿, 휘핑크림을 첨가하여 초콜릿의 달콤한 맛과 휘핑크림의 부드러움을 즐기는 커피이다.

그림 14-8 카페모카

출처: 한국직업능력개발원,
커피 음료 제조, 2019, p.72

❶ 200~250mL 정도의 잔을 사용한다.

· 일반 커피 잔, 머그잔, 유리잔 모두 사용 가능하다.

❷ 휘핑크림을 얹지 않을 경우 우유 스티밍은 우유 거품을 얹고 그 위에 초콜릿 소스로 드리즐(drizzle)해야 하기에 미세한 거품으로 곱게 스티밍한다.

❸ 휘핑크림을 얹을 경우 우유 스티밍은 카페라떼의 수준으로 스티밍한다.

❹ 에스프레소 추출량은 리스트레또, 에스프레소, 룽고, 도피오를 사용해서 다양한 맛을 만들 수 있다.

· 에스프레소는 크레마 포함 30mL를 기준으로 한다.

❺ 초콜릿은 소스 형태와 파우더 형태, 또는 생초콜릿을 녹여 사용한다.

❻ 다음과 같은 순서로 에스프레소를 추출하여 카페 모카를 만든다.

- 350~600mL 스팀 피처에 90~120mL의 찬 우유를 따른다.

- 준비된 잔에 초콜릿 파우더 15~20mL를 넣는다.

- 잔(또는 벨크리머)에 에스프레소 30~40mL를 추출한다.

- 스팀 밸브를 작동하여 길게 공기를 주입하는데, 거칠게 되지 않도록 노즐 깊이를 잘 조절하며 스티밍한다.

- 잔에 에스프레소를 붓고 바스푼으로 잘 저어 혼합한다. 에스프레소와 초콜릿 파우더가 잘 섞이도록 구석구석 잘 젓는다.

- 피처 안의 스티밍된 우유를 잔의 상부에서 1~1.5cm 아래까지 우유 액을 따른다.

- 휘핑기를 이용하여 잔 안쪽의 내벽을 따라 원형을 그리며 쌓아 올린다.

- 초콜릿 소스를 보기 좋게 드리즐한다.

그림 14-9 카페모카 제조 과정

> *카페모카 제조 시 초콜릿 소스를 사용하기도 한다.
> *카페모카 제조 시 휘핑크림이 아닌 우유 거품을 얹은 후 초코 소스로 드리즐해서 완성하거나 라떼 아트를 적용하여 완성하기도 한다.

출처: 한국직업능력개발원, 커피 음료 제조, 2019, p.73

② 카페라떼 응용 메뉴의 종류와 레시피

응용 메뉴를 만들기 위해 각종 부재료, 즉 우유, 시럽, 소스, 파우더, 휘핑크림, 주류 등을 잘 활용해서 맛있는 메뉴를 만들 수 있도록 준비한다.

① 응용 메뉴의 부재료

1) 시럽

시럽은 향이 강하고 단맛이 나며 소스보다 점도가 약한 액체로, 점도가 높아 걸쭉한 소스와 구별된다. 커피 매장에서 사용되는 시럽의 용도는 커피 음료와 에이드, 과일 주스, 모히토, 빙수, 아이스티 음료 등에 사용된다.

일반적으로 유리병에 담아 판매하며, 브랜드마다 향미의 차이가 있고 각 브랜드 전용 시럽 펌프가 따로 있으니 구입할 때 잘 선택해야 한다.

시럽의 종류로는 바닐라, 캐러멜, 헤이즐넛, 토피넛, 아몬드, 케인슈가, 메이플, 아이리시, 홍차, 딸기, 키위, 레몬, 사과, 복숭아, 수박, 블루베리, 자몽, 라즈베리, 체리 등이 있다.

2) 소스

소스는 단맛이 나며, 시럽보다 점도가 강해 걸쭉한 액체로, 점도가 낮아 출렁거리는 시럽과 구별된다. 커피 매장에서 사용되는 소스의 용도는 커피 음료와 스무디, 라떼 음료 등에 사용된다.

일반적으로 플라스틱에 담겨 판매하며, 각 브랜드 전용 펌프가 따로 있으니 구입할 때 잘 선택해야 한다. 브랜드마다 향미의 차이가 많고, 과일 소스의 경우 과일의 함량과 성분(농축액, 과즙, 과육 등)의 차이가 많아 냉장 보관하거나 유통 기한이 짧은 제품도 있으니 유의해야 한다.

소스의 종류로는 캐러멜, 초콜릿, 다크 초콜릿, 화이트 초콜릿, 티라미수, 딸기, 키위, 블루베리, 망고, 유자, 자몽, 레몬, 오렌지, 청포도, 그린애플, 복숭아, 석류 등이 있다.

3) 파우더

파우더는 미세한 분말 가루로 액체와 잘 섞여야 하며, 습기에 약해 잘 밀봉하거나 밀폐 용기에 담아 잘 보관해야 한다. 커피 매장에서 사용되는 파우더의 용도는 커피 음료와 스무디, 빙수, 라떼 음료 등에 사용된다.

일반적으로 파우치나 캔에 담아 판매하며 브랜드마다 향미의 차이가 있다.

파우더의 종류로는 초콜릿, 자바칩, 캐러멜, 민트 초콜릿, 바닐라, 블루베리, 녹차, 레몬, 복숭아, 망고, 딸기, 바나나, 고구마, 오곡, 홍차, 요거트 등이 있다.

4) 휘핑크림

휘핑크림은 두 가지로 분류된다. 우유에서 분리된 지방으로 만든 동물성 크림(유크림)이 있고, 팜유, 식용유, 야자유 등 식물성 유지에서 추출된 식물성 크림(가공유 크림)이 있다.

일반적으로 휘핑크림은 지방 38%, 물 62%로 이루어져 있다.

커피 매장에서 사용되는 휘핑크림의 용도는 커피 음료와 스무디, 빙수, 라떼 음료 등에 사용되기도 하고, 사이드 메뉴에도 사용된다. 대개 종이팩에 담아 판매하는데, 가당이거나 무가당인 경우가 있으니 무가당인 경우 시럽을 넣어 사용해야 단맛을 낼 수 있다.

❷ 카페라떼 응용 메뉴 종류와 레시피

1) 라떼 마끼아또 제조

라떼 마끼아또(latte macchiato)는 응용 메뉴의 하나로 우유의 농도를 높여 만든 음료로서 시각적 우수성이 뛰어난 메뉴이다. 240mL의 손잡이가 있는 유리잔을 이용해 레이어(layer)가 만들어지는 것을 보여준다.

그림 14-10 라떼 마끼아또

출처: 한국직업능력개발원,
커피 음료 제조, 2019, p.46

❶ 설탕시럽 20mL를 잔에 담는다.

❷ 100mL 정도의 우유를 스티밍한다.

❸ ❷의 우유와 우유 거품 100mL를 붓는다.

❹ 시럽, 우유, 우유 거품이 잘 섞이도록 젓는다.

❺ 다시 우유와 우유 거품 100mL를 붓는다.

❻ 에스프레소 1잔을 벨크리머에 추출한다.

❼ ❻의 에스프레소를 잔의 중앙에 천천히 부어주면서 층(layer)이 만들어지는 것을 확인한다.

❽ 각각의 층이 1:1:1이 되었는지 확인한다.

그림 14-11 라떼 마끼아또 만드는 과정

* 고객이 설탕시럽을 요구하는 경우에는 벨크리머 같은 작은 종지에 따라 서비스해 고객이 직접 농도를 맞추도록 하는 것이 좋다.
* 매장에서는 고객들이 슈거프리 제품을 사용하는 경우가 많으므로 이를 준비해 두는 것이 좋다.
* 응용 메뉴: 캐러멜, 바닐라, 헤이즐넛 라떼 마끼아또는 만드는 첫 단계에서 설탕시럽 대신 각 시럽을 대신 넣고 나머지 순서에 따라 만드는 메뉴이다.

출처: 한국직업능력개발원, 커피 음료 제조, 2019, p.47

2) 바닐라 카페라떼 제조

바닐라 카페라떼(vanilla caffe latte)는 에스프레소에 우유와 바닐라 시럽을 첨가하여 바닐라 향과 시럽의 단맛을 즐기는 커피이다.

그림 14-12 바닐라 카페라떼

❶ 180~250mL 정도의 잔을 사용한다.

❷ 에스프레소를 기준으로 했을 경우 에스프레소 : 우유의 비율은 1 : 3~4 정도로 한다.

• 에스프레소는 크레마 포함 30mL를 기준으로 한다.

출처: 한국직업능력개발원,
커피 음료 제조, 2019, p.69

❸ 리스트레또, 에스프레소, 룽고, 도피오를 사용해서 다양한 맛을 만들 수 있다.

❹ 1cm 미만의 우유 거품을 사용한다.

❺ 다음과 같은 순서로 에스프레소를 추출하여 바닐라 카페라떼를 만든다.
- 350~600mL 스팀 피처에 90~120mL의 찬 우유를 따른다.
- 준비된 잔에 바닐라 시럽 20mL를 넣는다.
- 잔에 에스프레소 30mL를 추출한다.
- 스팀 밸브를 작동하여 짧게 공기를 주입하며, 스티밍한 후 깊숙이 담근 상태로 65~70℃로 데운다.
- 피처 안의 스티밍된 우유를 잔을 기울여 잔 가운데 위치에 회전하며 붓고, 잔 용량의 2/3을 채웠을 때 잔을 세운 뒤 우유를 굵게 따라 거품을 얹는다.
· 라떼 아트가 가능한 경우 여러 디자인으로 표현한다.

❻ 각종 시럽을 활용하여 다양한 맛의 카페라떼를 만든다.
· 각종 시럽 10~20mL을 먼저 넣어서 위의 방법으로 만들면 캐러멜, 헤이즐넛, 토피넛, 마카다미아 카페라떼 등을 만들 수 있다.

그림 12-13 바닐라 카페라떼 제조 과정

> * 바닐라 카페라떼 제조 시 시럽이 아닌 파우더를 사용하기도 한다.

출처: 한국직업능력개발원, 커피 음료 제조, 2019, p.70

3) 캐러멜 카페 마끼아또 제조

캐러멜 카페 마끼아또(caramel caffe macchiato)는 에스프레소에 우유, 우유 거품, 캐러멜 소스를 첨가하여 캐러멜 향과 소스의 단맛을 즐기는 커피이다.

그림 14-14 캐레멜 카페 마끼아또

출처: 한국직업능력개발원, 커피 음료 제조, 2019, p.70

❶ 200~250mL 정도의 잔을 사용한다.

• 일반 커피 잔, 머그잔, 유리잔 모두 사용 가능하다.

❷ 우유 스티밍은 우유 거품을 얹고 그 위에 캐러멜 소스로 드리즐(drizzle)해야 하기에 미세한 거품으로 곱게 스티밍한다.

• 우유 거품은 1~1.5cm 정도이다.

❸ 에스프레소 추출량은 리스트레또, 에스프레소, 룽고, 도피오를 사용해서 다양한 맛을 만들 수 있다.

• 에스프레소는 크레마 포함 30mL를 기준으로 한다.

❹ 다음과 같은 순서로 에스프레소를 추출하여 캐러멜 카페 마끼아또를 만든다.

　- 350~600mL 스팀 피처에 90~120mL의 찬 우유를 따른다.

　- 준비된 잔에 캐러멜 소스 15~20mL를 넣는다.

　- 벨 크리머에 에스프레소 30~40mL를 추출한다.

　- 스팀 밸브를 작동하여 길게 공기를 주입하는데, 거칠게 되지 않도록 노즐 깊이를 잘 조절하여 스티밍한다.

　- 잔에 에스프레소를 붓고, 바스푼으로 잘 저어 혼합한다.

• 유리잔일 경우, 캐러멜 소스 위로 에스프레소와 우유가 섞인 층이 생겨 보기 좋은 모양이 형성되니 젓지 않고 즐겨도 된다.

　- 피처 안의 스티밍된 우유를 거품 스푼으로 막고, 잔의 상부에서 1~1.5cm 아래까지 우유 액을 따른 후, 거품 스푼으로 거품을 떠서 잔 가장자리 부분부터 돌려 얹으며 잔 전체를 덮는다.

　- 캐러멜 소스를 보기 좋게 드리즐한다.

그림 12-15 캐러멜 카페 마끼아또 제조 과정

* 캐러멜 카페 마끼아또는 일반적으로 캐러멜 마끼아또라 칭한다.
* 캐러멜 소스가 아닌 캐러멜 시럽을 사용하기도 한다.

출처: 한국직업능력개발원, 커피 음료 제조, 2019, p.81

③ 커피 칵테일의 종류

종류	내용
러시안 커피 (Russian Coffee)	**보드카, 깔루아, 아마레또를 주재료로 하는 칵테일** · 알콜 도수: 12도 · 제조법: 빌딩 · 글라스: 아이리시 커피 · 주재료: 보드카 : 깔루아 : 아마레또 = 30mL : 15mL : 1tsp · 부재료: 핫블랙 커피 : 휘핑크림 : 설탕 = 150mL : 45mL : 1tsp · 장식: 체리 · 만드는 법 ❶ 준비된 글라스에 얼음을 가득 채운다. ❷ 글라스에 보드카, 깔루아, 아마레또, 핫블랙 커피, 휘핑크림, 설탕으로 채운다. ❸ 바스푼으로 잘 젓는다.
카푸치노 칵테일 (Cappuccino Cocktail)	**커피 브랜디, 보드카를 주재료로 하는 칵테일** · 분류: 식후 칵테일 · 알콜 도수: 8도 · 제조법: 셰이킹 · 글라스: 칵테일 · 주재료: 커피 브랜디 : 보드카 = 30mL : 30mL · 부재료: 라이트 크림 = 30mL · 만드는 법 ❶ 얼음을 채운 셰이커에 커피 브랜디, 보드카, 라이트 크림을 넣어준다. ❷ 15회 정도 셰이킹한 후 준비된 글라스에 따른다. ❸ 오렌지 트위스트 장식을 한다.
아이리시 커피 (Irish Coffee)	**아이리시 위스키, 생크림을 주재료로 하는 칵테일** · 알콜 도수: 28도 · 제조법: 빌딩 · 글라스: 아이리시 커피 · 주재료: 아이리시 위스키 : 생크림 = 45mL : 45mL · 부재료: 아메리카노 = 60mL · 장식: 시나몬 스틱 · 만드는 법 ❶ 글라스에 아이리시 위스키, 아이리시 크림, 아메리카노로 채운다. ❷ 바스푼으로 잘 젓는다. ❸ 생크림을 얹는다.

종류	내용
커피 쿨러 (Coffee Cooler)	**보드카, 깔루아를 주재료로 하는 칵테일** · 분류: 롱드링크 · 알콜 도수: 25도 · 제조법: 셰이킹 · 글라스: 하이볼 · 주재료: 보드카 : 깔루아 = 45mL : 30mL · 부재료: 크림 : 커피 : 커피아이스크림 = 30mL : 180mL(한잔) : 1scoop · 만드는 법 ❶ 얼음을 채운 셰이커에 보드카, 깔루아, 크림, 커피, 커피아이스크림을 넣는다. ❷ 15회 정도 셰이킹한 후 준비된 글라스에 따른다. ❸ 라임 트위스트 장식을 한다. ➔ 커피아이스크림은 마지막에 올린다.
커피 그래스호퍼 (Coffee Grasshopper)	**커피 브랜디, 민트 리큐르 화이트를 주재료로 하는 칵테일** · 알콜 도수: 13도 · 제조법: 셰이킹 · 글라스: 온더락 · 주재료: 커피 브랜디 : 민트 리큐르 화이트 = 30mL : 30mL · 부재료: 라이트 크림 = 30mL · 만드는 법 ❶ 얼음을 채운 셰이커에 커피 브랜디, 민트 리큐르 화이트, 라이트 크림을 넣어준다. ❷ 15회 정도 셰이킹한 후 준비된 글라스에 따른다. ❸ 레몬 트위스트 장식을 한다.
커피 알렉산더 (Coffee Alexander)	**브랜디, 커피 리큐르를 주재료로 하는 칵테일** · 알콜 도수: 25도 · 제조법: 셰이킹 · 글라스: 칵테일 · 주재료: 브랜디 : 커피 리큐르 = 45m L : 30mL · 부재료: 크림 = 30mL · 장식: 초코 파우더 · 만드는 법 ❶ 얼음을 채운 셰이커에 브랜디, 커피 리큐르, 크림을 넣어준다. ❷ 15회 정도 셰이킹한 후 준비된 글라스에 따른다.

종류	내용
카페 로열 (Café Royale)	**브랜디를 주재료로 하는 칵테일** (왕족의 커피라는 의미를 가지고 있으며 나폴레옹이 즐겼다는 설이 있음.) • 알콜 도수: 8도 • 제조법: 빌딩 • 글라스: 아이리시 커피 • 주재료: 브랜디 = 45mL • 부재료: 아메리카노 : 설탕시럽 : 휘핑크림 = 60mL : 20mL : 45mL • 장식: 시나몬 • 만드는 법 ❶ 준비된 글라스에 얼음을 가득 채운다. ❷ 글라스에 브랜디, 아메리카노, 설탕시럽, 휘핑크림으로 채워준다. ❸ 바스푼으로 잘 저어준다. ➡ 브랜디 베이스를 아이리시 위스키로 바꾸면 아이리시 커피가 된다.
카페 알파인 (Café Alpine)	**민트 리큐르 화이트를 주재료로 하는 칵테일** • 분류: 식후 칵테일 • 알콜 도수: 6도 • 제조법: 스터링 • 글라스: 아이리시 커피 • 주재료: 민트 리큐르 화이트 = 30mL • 부재료: 커피 : 휘핑크림 = 180mL : top • 만드는 법 ❶ 믹싱 글라스에 얼음을 가득 채운다. ❷ 믹싱 글라스에 민트 리큐르 화이트, 커피, 휘핑크림을 넣는다. ❸ 바스푼으로 믹싱 글라스 벽면을 따라 잘 저어준다. ❹ 준비된 글라스에 스트레이너로 얼음을 걸러 부어준다. ❺ 레몬 트위스트 장식을 한다
밀리어네어 커피 (Millionaire's Coffee)	**베일리스, 깔루아, 프란젤리코를 주재료로 하는 칵테일** • 알콜 도수: 10도 • 제조법: 빌딩 • 글라스: 아이리시 커피 • 주재료: 베일리스 : 깔루아 : 프란젤리코 = 15mL : 15mL : 15mL • 부재료: 커피 = 180mL • 장식: 시나몬 • 만드는 법 ❶ 준비된 글라스에 얼음을 가득 채운다. ❷ 글라스에 베일리스, 깔루아, 프란젤리코, 커피로 채운다. ❸ 바스푼으로 잘 젓는다.

출처: 다음 백과

4 커피 칵테일의 레시피

1 카페 깔루아 밀크(Caffe Kahlua Milk)

⏱ 조주 기법: 직접 넣기(Building)

🍶 **재료**

- 각 얼음(Cubed Ice: 큐브드 아이스)
- 깔루아
- 냉장 우유
- 에스프레소 1샷
- 기물: 온더록스 잔(약 200mL), 지거, 지거용 물컵, 바스푼, 아이스 텅, 아이스 페일

❧ 만드는 방법

❶ 준비한 온더록스 잔에 각 얼음을 8부(잔의 80%) 넣는다.

❷ 깔루아를 1oz(약 30mL) 넣는다.

❸ 에스프레소 1샷(약 30mL)을 넣는다.

❹ 냉장 우유(약 80~100mL)를 잔에 8부까지 붓는다.

❺ 바스푼을 이용하여 잘 섞어준다.

❷ B-52

🥄 조주 기법: 띄우기(Floating)

🥄 재료

- 깔루아
- 베일리스 아이리시 크림
- 그랑 마니에
- 기물: 셰리 글라스 또는 리큐르 글라스, 지거, 지거용 물컵, 바스푼, 린넨

🥄 만드는 방법

❶ 준비한 잔에 깔루아를 1/3가량 넣는다.

❷ 바스푼 뒷면을 이용하여 잔에 플로팅되도록 베일리스 아이리시 크림을 1/3가량 넣는다.

❸ 바스푼 뒷면을 이용하여 잔에 플로팅되도록 그랑 마니에를 1/3가량 넣는다.

3 에스프레소 마티니(Espresso Martini)

⚙ 조주 기법: 흔들기(Shaking)

⚙ 재료

- 각 얼음(Cubed Ice: 큐브드 아이스)
- 깔루아
- 에스프레소: 1샷
- 보드카
- 카페 시럽
- 기물: 칵테일 글라스(약 130mL), 셰이커, 지거, 지거용 물컵, 아이스 텅, 아이스 페일

⚙ 만드는 방법

❶ 준비한 칵테일 글라스에 얼음을 1~2개 넣어 차갑게 식힌다.(칠링 작업)

❷ 셰이커 바디에 얼음을 7부(잔의 70%)를 넣는다.

③ 깔루아를 1oz(약 30mL) 넣는다.

④ 에스프레소 1샷(약 30mL)을 넣는다.

⑤ 보드카를 1과 1/3(약 40mL)을 넣는다.

⑥ 카페 시럽을 4~8펌프(약 15~30mL) 넣는다.

⑦ 셰이킹한다.

⑧ 칵테일 글라스에 칠링시켜 놓은 얼음을 버린다.

⑨ 셰이커의 캡을 열고 스트레이너를 얼음
   이 나오지 않게 막은 뒤 준비한 글라스
   에 셰이킹된 음료만 흘려 넣는다.

4 블랙 러시안(Black Russian)

🍸 조주 기법: 직접 넣기(Building)

🍸 재료

- 각 얼음(Cubed Ice: 큐브드 아이스)
- 깔루아
- 보드카
- 카페 시럽
- 기물: 하이볼 글라스(약 200mL), 지거, 지거용 물컵, 바스푼, 아이스 텅, 아이스 페일

만드는 방법

 ❶ 준비한 하이볼 글라스에 각 얼음을 8부(잔의 80%)를 넣는다.

 ❷ 깔루아를 1oz(약 30mL) 넣는다.

 ❸ 보드카를 2oz(약 60mL) 넣는다.

 ❹ 바스푼을 이용하여 잘 섞는다.

5 화이트 러시안(White Russian)

⏱ 조주 기법: 직접 넣기(Building)

재료

- 각 얼음(Cubed Ice: 큐브드 아이스)
- 깔루아
- 보드카
- 휘핑크림
- 기물: 하이볼 글라스(약 200mL), 지거, 지거용 물컵, 바스푼, 아이스 텅, 아이스 페일, 휘핑기

👌 만드는 방법

❶ 준비한 하이볼 글라스에 각 얼음을 8부(잔의 80%) 넣는다.

❷ 깔루아를 1oz(약 30mL) 넣는다.

❸ 보드카를 2oz(약 60mL) 넣는다.

❹ 바스푼을 이용하여 잘 섞는다.

❺ 휘핑크림을 올린다.(휘핑크림 대신 우유 사용 가능)

출처: 서진우, 커피바이블, 2018, 대왕사, p. 194~206

15

인스턴트 커피와
디카페인 커피의
이해

1 인스턴트 커피와 디카페인 커피의 정의 및 역사

1 인스턴트 커피와 디카페인 커피의 정의

1) 인스턴트 커피

볶아서 분쇄한 커피로부터 커피 액을 추출하고 이것을 건조·분말화한 것을 인스턴트 커피라고 한다. 분말을 그대로 뜨거운 물에 녹이면 커피 액이 되기 때문에 즉석성, 간편성으로 현대인들에게 널리 이용되고 있다.

2) 디카페인 커피

디카페인(decaffeination)은 커피콩, 코코아, 찻잎, 그리고 카페인을 함유하는 그 밖의 물질에서 카페인을 제거하는 과정이다. 디카페인 커피는 일반적으로 원래의 카페인 성분 중 1~2%를 포함하며, 임산부, 당뇨 환자, 위가 약한 사람도 먹을 수 있는 커피이다.

커피를 좋아하지만 위가 약하거나 저녁에 커피를 마시려는 사람이 늘어나면서 디카페인 소비량이 점점 급증하고 있다.

보통 디카페인 커피는 물로 워싱하는 방법으로 카페인을 제거하는데, 보통은 디카페인을 만들 때 저렴한 원두를 사용한다. 디카페인을 파는 곳 자체가 별로 없다 보니 저렴한 원두를 써도 판매가 잘 일어나기 때문이다. 그 때문에 일반 원두에 비해 디카페인의 맛이 떨어지는 경우가 많다.

 카페인의 함량

　식물의 종류에 따라 카페인의 양이 모두 다른데 아라비카종이 로부스타종보다 평균 3배가량 적다. 원두의 종류, 끓이는 방법, 사용된 커피의 양에 따라서 카페인의 양도 달라지는 것이다. 150cc의 커피를 추출하면 카페인의 양은 평균 70~150mg이 들어 있게 되는데 이것을 용량으로 환산하면 약 0.075~0.185cc이다. 카페인이 제거된 원두로 끓인 커피는 한 잔에도 약 0.3%의 카페인이 존재한다. 미국 의학계에서 인정받는 결과로는 하루 600mg=0.6cc(약 10잔 정도)까지의 카페인의 섭취는 성인의 건강에 해가 되지 않는다.

② 인스턴트 커피와 디카페인 커피의 역사

1) 인스턴트 커피

　1889년, 미국의 한 커피 수입업자와 한 로스트업자는 일본인 가토 가루토리라는 사람이 발명한 물에 녹는 차를 알게 되었다. 이들은 가토의 발명품인 탈수 처리 과정을 커피에 적용할 수 있을지에 대하여 연구하기 시작했고, 추후 미국인 화학자를 연구에 끌어들여 가토 커피 회사를 창설했다. 연구를 계속하여 2년 후인 1901년, 가가토 커피 회사는 물에 녹는 인스턴트 커피를 시카고에서 개최된 범아메리카 월드 페어에 내놓았는데, 그것이 인스턴트 커피의 시작이다.

　이 제조 기술을 받아들여 1907년에는 인스턴트 커피가 군용품으로 제조됐다. 제2차 세계대전 때는 전쟁 시 간편하게 마실 수 있도록 제조되어 그 편리함 때문에 많이 소비되었고, 후에는 일반 가정용으로도 폭넓게 소비되기 시작됐다.

• 국내 인스턴트 커피 시장의 형성

국내에서는 1970년에 최초로 커피가 생산되었다, 이전까지 미군 부대에서 흘러나온 제품이나 불법 외제품만 존재하던 시장에서 동서식품이 맥스웰하우스 커피를 들고 나온 것이다. 그 이후 농어촌개발공사와 한국네슬레가 한서식품(주)라는 이름으로 한국에 진출하며 두 회사를 양대 산맥으로 하는 국내 인스턴트 커피 시장이 본격적으로 형성되었다.

커피 산업 초창기인 70년대에 분무 건조 방식으로 생산되던 인스턴트 커피는 1980년 동서식품이 냉동 건조 방식으로 생산한 '맥심'을 내놓으며 품질이 한 단계 향상되었다.

최근에는 인스턴트 커피 제조 기술의 발달로 원두커피의 기술을 적용해 과거보다 훨씬 품질이 향상된 제품을 생산하고 있으며, 다양한 소비자층의 욕구를 충족시키기 위해 여러 가지 향미 특성을 갖는 인스턴트 커피를 개발하고 제품화하는 경향을 보이고 있다.

우리나라의 인스턴트 커피는 RTD(Ready To Drink) 형태로 제조되는데 이것은 국내 시장에서 커피 문화가 대중화되었음을 알려주는 신호탄이었다.

1980년대 이전까지 따뜻하게 즐기던 다방 커피가 커피의 전설이었지만, 인스턴트 커피 시장의 성장과 산업화에 힘입은 소비 규모의 확대는 '언제 어디서나' 즐길 수 있는 대중적인 커피 문화를 확립시켰다. 여기에 자판기의 등장으로 판매 경로가 다양해지며 RTD 커피 음료 시장이 탄생하게 되고, 이후에 구매와 음용의 편의성을 무기로 한 커피 음료 시장은 최근 30년간 꾸준히 성장하며 약 6천억 원대 규모의 시장을 형성하게 되었다.

• 국내 인스턴트 커피 시장의 위상

우리나라는 전 세계에서 13위에 이르는 커피 소비국인데 비해 다른 나라보다 원두커피의 소비가 매우 미미한 편이다. 미국의 경우 87:13, 스위스 95:5, 스페인 80:20 등으로 국외 시장의 경우 원두커피의 비율이 인스턴트 커피의 소모량보다 매우 높지만, 우리나라의 경우는 10:90 정도로 인스턴트 커피의 소비가 압도적으로 높다. 이것은 한국인의 커피 취향과 문화에 대한 각 시대상을 반영한다.

우리나라는 전 세계 인스턴트 커피 시장에서 가장 우위를 차지하고 있으며 다른 나라보다 원두커피의 소비량은 적지만, 인스턴트 커피의 소비량은 최고 수준이다. 그만큼 인스턴트 커피의 수출량도 상당히 높다. 이렇게 인스턴트 커피는 우리나라에서 대단히 인기 있고 대중적인 기호 식품이 되었다. 하지만 88년 올림픽 이후 우리나라에 에스프레소 머신이 들어오게 되면서 점차 원두커피의 소비량이 증가하고 좀 더 고급스러운 것을 찾는 여성들에 의해서 원두 커피 시장이 발전·성장하게 되었다. 미국과 일본, 독일 등 여러 나라는 원두커피의 시장이 매우 활성화되어 있지만, 그에 반해 우리나라는 여전히 미비한 편이다.

• 인스턴트 커피 시장의 모습과 변화

해외에서 우리나라의 조제 커피, 즉 믹스커피 열풍이 불고 있는 가운데 국내 인스턴트 커피, 조제

커피 시장은 어떤 흐름을 보이고 있을까? 1970년대, 맥스웰하우스를 시작으로 커피믹스를 발명한 동서식품은 경쟁자 없는 시장에서 오랫동안 인기를 독식했다. 당시 조제 커피의 시장 점유율이 80%를 차지할 정도였다. 동서식품의 확실한 성장세를 목격하자 '남양유업', 해외의 네슬레(Nestel, 국내에서는 '한국네슬레'로 법인 등록), '농심' 등 한국과 해외 기업들이 국내 인스턴트 커피 시장에 뛰어들었다. 그러나 동서식품은 소비자의 니즈를 파악해 커피믹스 외에도 '맥심 모카 골드 마일드', '맥심 화이트 골드' 등 선택의 폭을 다양화했고, 50년이 지난 지금까지도 어떤 브랜드도 동서식품을 따라가지 못하고 있다.

2000년대까지는 조제 커피가 엄청난 인기를 누렸다. 2011년 커피 시장 규모(약 2조 1,546억 원) 중 원두커피는 고작 374억 원 정도였고, 절반 이상(1조 1,102억 원)이 조제 커피였다. 이 당시는 인스턴트의 시장 규모는 축소되는 반면 조제 커피는 성장세를 보였다. 그러나 2010년대부터 커피 시장은 다른 양상을 보이기 시작하는데, 2012년 최고치를 기록한 이후 조제 커피의 인기가 하락세를 보이기 시작한 것이다. 하락은 계속되었고, 2019년에는 8,080억 원으로 축소됐다. 이는 2012년대에 등장한 '인스턴트 원두커피'가 원인으로 분석된다. 인스턴트 원두커피는 기존 인스턴트 커피에 원두커피를 첨가한 제품이다. 향과 맛이 강한 것이 특징으로 '프리미엄'이라는 이미지를 가지게 되면서 큰 인기를 끌었다. 동서식품의 '카누', 남양유업의 '루카스 나인', '롯데푸드'와 한국네슬레의 합작 회사인 '롯데네슬레코리아(이하 롯데네슬레)'의 네스카페 등 프리미엄 라인이 출시되었다. 2010년대는 카페 방문을 즐기는 소비자가 증가하고, 커피에 대한 이해와 원두커피의 관심도가 급속도로 상승한 시기인 만큼 커피 제품 구매 양상에도 영향을 준 것으로 파악된다. 또한 식품사업통계정보(FIS)가 공개한 '식품시장 뉴스레터-커피 시장'에서는 "조제 커피의 하락세와 대비되게 인스턴트 커피 매출은 꾸준한 증가세를 보이는데, 이는 인스턴트 커피 대표 브랜드인 카누, 루카스나인에서 텀블러 패키지나 리미티드 제품 제공 등과 같이 계절별로 적극적인 프로모션을 전개한 것이 영향을 미친 것으로 파악했다.

2) 디카페인 커피

커피에서 카페인을 처음 추출해 내는 데 성공한 사람은 독일의 화학자 룽게이다. 그러나 커피에서 카페인을 분리해낸다는 생각은 룽게가 한 것이 아니다. 그의 친구였던 괴테는 커피를 마시면 잠을 이루지 못하는 것에 의문을 갖고 화학자인 룽게에게 커피의 구성 성분을 분석해 볼 것을 제안했다. 창조적인 괴테의 사고와 성실한 룽게의 상업적인 성공은 그로부터 무려 한 세기가 지난 후 가능해졌다. 1906년 독일의 커피 수입업자 루드비히 로셀리우스는 자신의 연구원들과 함께 카페인이 제거된 커피를 만드는 데 성공하여 디카페인 커피를 상품화했다. 그는 브레멘에 회사를 설립하고 브랜드를 지금까지

도 익숙한 '상카(Sanks)'라고 지었다. 카페인 없는 커피가 1992년에는 커피 시장의 30%까지 차지했으나 점차 그 점유율이 떨어졌다. 카페인은 중독성이 아닌 습관성이며, 디카페인 커피가 심장병을 일으킬 확률이 높다는 등의 이유 때문이다.

 ## 인스턴트 커피와 디카페인 커피의 제조 과정

① 인스턴트 커피

각 커피 생산국에서 원두 입고 후, 품질 검사를 하여 이를 통과한 원두를 선별해 각 제품에 알맞은 정도로 볶는다. 볶은 커피콩을 적당한 크기로 분쇄하여 추출기에 넣고 열수를 이용하여 추출한다. 커피 고유의 향을 분리하여 저장하고 커피 액을 농축하여 농축된 커피 액과 회수된 커피 향을 일정 비율로 혼합한다.

1) 분무 건조 커피(SD: Spray Dried coffee)

혼합한 커피액은 열풍을 이용하여 분무 건조시켜 다시 한 번 품질 검사를 실시한 후 포장하여 완제품으로 출시한다. 추출된 액체 커피의 수분을 3%로 낮추기 위해 분무 건조한다. 210~310℃의 열풍 중에 액체 커피를 분무하여 순간적으로 탈수한다. 이때 추출액 온도를 4℃ 이하로 하여 분무하면 입자의 크기, 막의 두께, 향미가 좋은 분말이 얻어진다. 이것을 사별하여 저습(30~40% RH), 저온(24도 이하)의 실내에서 병에 충전한다.

❶ **그래뉼 커피**(Granule coffee) 분무 건조 커피를 아주 작은 입자로 분쇄하여 항습 장치로 보내면 증기를 뿌리고 작은 입자들이 수증기와 함께 엉켜 일정한 크기로 과립 커피가 된다. 이렇게 만들어진 과립 커피는 찬물에도 잘 녹는 장점이 있다.

❷ **분말 커피** 커피 농축액을 가열하여 분말 형태의 커피 가루를 얻는 방식이다. 하지만 분말 커피는 가열되는 동안 성분 및 향이 상당 부분 손실될 수 있다.

2) 동결 건조 커피(FD: Freeze-Dried coffee)

혼합한 커피액을 동결한 후 커피 입자 모양으로 분쇄하여 커피 입자를 냉동 건조기로 건조시킨 후 품질 검사를 거쳐 포장된 완제품으로 출시한다. 향기를 개선하기 위해서 진공 동결 건조한다. 액체 커피를 먼저 -15℃로 빙결하고 다음에 -5℃로 숙성시킨다. 이것을 분쇄하여 0.1~1mmHg의 진공하에서 얼음을 승화시킨다. 진공 상태에서 건조하기 때문에 제품은 분무 건조법에 비하여 훨씬 향기가 뛰어나다. 제품은 흡습성이 강하고 향기가 변하기 쉽기 때문에 수분을 3% 이하로 유지하도록 밀폐한다. 또한 인스턴트 커피는 대개 저가의 커피콩을 사용하기 때문에 향기가 뒤떨어지는 경우가 있고, 커피 추출 성분의 향기 성분이나 향료에 의해 부향되는 경우도 있다.

3) 연속적 고압 추출 방식

커피의 농축도를 높여 가용 성분을 많이 뽑아내기 위해 사용되는 방식이다. 결과적으로 볶음두에서 약 30~35%의 추출물이 얻어지며, 농축 커피의 고형분에서 만들어진 제품이다. 인스턴트 커피도 여과까지의 공정은 같다. 하지만 동결 건조 방식은 여과된 커피 엑기스를 한 번에 영하 40℃까지 내려 얼음의 결정체로 분쇄한 후 건조실로 옮겨 압력을 내리고 진공 상태로 만들어 열을 가해 얼음을 증발시킨다. 얼음은 물로 돌아가지 않고 그대로 증발해 수분을 남기지 않는다. 승화가 끝나면 얼음의 결정이 차지하고 있던 부분은 공간으로 남아 다공질의 수분을 흡수하기 쉬운(녹기 쉬운) 입자가 되고 향기도 남는다.

4) 스프레이 드라이 방식

여과한 커피 엑기스를 거대한 건조탑의 상부로 펌프업해서 공기 가열기로 고온화된 열기와 맞부딪히게 한 다음 탱크 하부에 분무하면 수분이 제거되고 분말이 되는데, 이 때 증기가 외부로 방출될 때 향이 빠져 나가는 결점이 있다.

② 디카페인 커피

디카페인 커피는 주로 물을 사용하여 카페인을 제거한다. 카페인은 79.5℃ 이상의 물에서 녹는다. 그러나 '물로 가공된'이라고 표시된 디카페인 제품이라도 화학적 방법을 쓰지 않는 것은 아니다. 화학 용제가 카페인을 없애는 기본적인 용제(Solvents)이기 때문이다. 카페인을 제거하기 위해서 그 용제를 직접 혹은 간접적으로 이용하게 된다.

먼저 직접적 화학 용제 사용 방법은 화학 용제가 들어 있는 뜨거운 물에 원두를 담가 용제에 의해 분리된 카페인이 응결하면 그 카페인을 분리해 음료 회사나 제약 회사에 판매한다. 그런 다음 원두를 추출된 물에 다시 담가 맛을 회복시킨다. 간접적 화학 용제 사용 방법은 볶지 않는 원두(Green Bean)를 뜨거운 물에 담가 카페인을 녹인 후 물과 콩이 분리되면 물은 화학 용제로 처리하는데, 이때 카페인은 많은 향기와 맛의 성분과 함께 녹아 없어진다.

카페인이 들어 있는 물은 가공 처리되어 물속의 맛과 향 성분은 원두에 다시 스며들게 하고 그 콩들은 화학적인 영향을 없애기 위해 다시 한 번 물에 헹군다. 볶지 않은 원두에는 카페인이 1% 정도 있지만, 카페인을 제거함으로써 무게는 3~5%나 감소한다. 그러므로 맛과 향의 성분이 약 2~4% 정도 사라지게 되는 것이다.

카페인이 제거된 커피는 값이 비싸지는데, 이는 카페인을 제거하는 데 사용된 노동력과 장비, 재료 등의 비용이 포함되기 때문이다. 커피 원두는 카페인이 제거된 후에 볶아진다.

1) 메틸렌 염화물

메틸렌 염화물(Methylene Chloride: DCM)은 카페인 제거의 직접적인 용재로 사용된다. 이것은 발암 물질이므로 카페인을 제거한 커피에는 아주 소량의 DCM이 들어 있다. 또한 콩에 남아 있는 DCM은 낮은 인화점에서 로스팅하므로 그 과정에서 증발한다. 그러므로 사실상 볶은 원두에는 DCM 성분이 남지 않게 된다.

❶ 직접적인 카페인 제거 방법

원두가 드럼 실린더 안에서 회전하는 약 30여 분 동안 스팀에 의해서 부드러워진다.

그러면 카페인이 제거된다. 실린더 안에 들어 있는 증기가 빠지고, 원두가 다시 8~12시간 동안 증기를 받게 되므로 남아 있는 화학 용제가 증발한다. 이후에 원두는 공기 혹은 진공 건조로 과다한 수분이 제거된다.

❷ 간접적인 카페인 제거 방법

이 방법은 때때로 'Water Processed'로 지칭된다. 원두는 약 200℃의 물에 몇 시간 동안 담기게 되는데 그때 카페인과 맛의 성분, 원두의 기름이 점점 빠지게 된다. 카페인이 들어 있는 물이 배수되면 메틸렌 염화물로 처리하고, DCM이 카페인을 흡수하면 화학 처리된 콩에 열을 가한다. 그 열로 인해 카페인에 들어 있는 화학 물질이 증발하게 된다. 이런 과정을 거친 후 커피의 기름과 맛의 성분들이 다시 생기게 된다.

2) 에틸 초산염

에틸 초산염(Ethyl Acetate)은 에틸알코올화 초산에서 상업적으로 제조한 것이다. 이것은 보통 간접적인 방법에 사용되는데, DCM 방법과 유사하다. 원두가 화학 용액의 뜨거운 물에 잠겨서 카페인과 맛의 성분이 점점 빠지게 되고, 그 화학 용액이 원두와 분리되면 에틸 초산염으로 처리하게 된다. 증기를 쐬는 과정에서 물에 있는 에틸 초산염이 제거되고, 그 물에 다시 원두를 담그면 맛의 요소가 다시 콩에 흡수된다. 마지막으로 원두가 건조되고, 그 과정 중에 3~5%의 무게가 상실되지만 맛의 성분은 더 이상 감소되지 않는다.

3) 이산화탄소 방법

이산화탄소 방법(carbon dioxide)에서는 물로 콩을 흠뻑 적시기 위해서 표준 기압이 200배 압축된 액체 이산화탄소를 사용한다. 이 방법은 카페인을 추출하는 데 5~8시간 정도 걸리게 되며, 앞에 있는 두 가지보다 빠른 방법이다. 이 방법은 커피의 여러 성분을 변화시키지 않는 특징이 있는데, 이산화탄소는 공기에서뿐만 아니라 볶아진 커피 자체 내에 있는 요소이므로 카페인을 없애는 과정에서 이산화탄소가 남아 있다 하더라도 볶은 콩에서 구별할 수 없다. 이것은 많은 양의 원두를 제조할 때 사용되지만 질 좋은 원두에는 사용되지 않는 방법이다.

4) 스위스 워터 프로세스

이 방법은 화학 용제를 쓰지 않은 유일한 방법이다. 볶지 않은 콩의 카페인을 녹이기 위해 뜨거운 물에 담근 후 카페인이 함유되어 있는 물을 카본 필터를 통해 제거한다. 카페인이 제거된 물은 새로 볶은 원두의 카페인을 제거하는 데 사용된다. 물이 카페인을 흡수하지만, 맛의 성분들은 물에서 녹지 않으므로 카페인이 제거된 원두에는 원래의 맛이 그대로 남아 있게 된다. 카페인을 없애는 과정에서 콩의 무게가 대략 2~3% 상실되는데 이는 다른 방법보다 적게 상실되는 것이다. 적은 무게 상실은 맛과 향을 이루는 요소가 더 적게 상실된다는 것을 의미한다. 스위스 워터 프로세스(swiss water process) 방법은 다른 방법에 비해 비용이 2배 정도 더 들지만, 좋은 맛을 개발할 수 있는 잠재성이 가장 높다.

③ 인스턴트 커피와 디카페인 커피의 차이점

전 세계적으로 커피 시장이 점차 발달하고 수요도 증가하면서 원두로 즐기던 커피를 인스턴트로 즐기게 되면서 기술력도 발달하고 수요도 증가했다. 인스턴트라는 말의 뜻처럼 커피를 빠르고 간편하게 즐길 수 있도록 만든 것이다. 인스턴트 커피와 디카페인 커피, 즉 원두커피의 차이점은 생산 과정의 차이, 재료의 차이, 맛과 향의 차이로 비교해 볼 수 있다.

생산 과정의 차이

원두커피의 일반적인 추출 과정은 커피 생두를 로스팅한 후 분쇄하여 뜨거운 물을 통과시켜 추출한다.

에스프레소 같은 경우는 거의 증기 수준으로 빠르고 강한 압력으로 단시간에 추출하

는데, 인스턴트 커피의 경우도 추출 과정은 비슷하다고 볼 수 있다. 하지만 이후 과정에서 인스턴트 커피는 액상 커피에서 좋은 향을 분리하고 남은 커피를 진하게 졸여서 굳혀 가루로 만들거나 잘게 덩어리로 만든다. 그리고 거기에 분리했던 향을 다시 첨가하여 오래 보존할 수 있도록 하는 것이다.

2 재료의 차이

원두커피에 쓰이는 원두의 종류는 아라비카종이다. 지역에 따라 브라질, 콜롬비아, 에티오피아, 케냐 등으로 나뉜다.

인스턴트 커피는 로부스타종을 사용한다. 로부스타종은 일반적으로 아라비카종보다 질이 떨어지는 것으로 평가받고 있다. 원두커피에도 로부스타종이 들어간다. 에스프레소의 크레마를 만드는 부분에 있어서는 로부스타가 더 탁월하고 블렌딩에도 많이 쓰인다.

3 맛과 향의 차이

재료의 차이와 맛을 보존하는 정도의 차이 때문에 인스턴트 커피는 원두커피 자체가 주는 커피의 '신맛'이나 여러 종류의 풍미를 그대로 느끼게 하는 데 있어 원두커피를 따라갈 수 없다. 인스턴트 커피가 아무리 커피 향을 보존하려 노력했다 할지라도 로스팅한

지 15일 이내, 그리고 분쇄한 지 30분 이내에 추출해서 마시는 원두커피의 맛과 향을 따라가는 것은 현재로서는 불가능하다.

디카페인의 경우, 카페인이 제거됨에 따라 맛이 변하게 되는데, 제조 과정에서 맛과 향기의 최고점이 변하기 때문이다. 또한 카페인을 없애는 데 사용하는 커피콩은 더 저렴한 로부스타종과 강하게 볶은 원두가 주로 이용된다. 그러므로 카페인을 제거한 커피는 그렇지 않은 커피보다 맛이 좀 떨어지게 된다.

국내 기업과 해외 기업

동서식품 맥심

1980년 발매된 이후 동서식품의 주력 브랜드로 성장한 맥심은 한국의 커피 시장을 선도하는 시장 점유율 1위의 최고 브랜드로 확고한 시장 위치를 차지하고 있다. 특히 맥심은 인스턴트 커피 시장에 국내 최초로 도입된 F/D(Frozen Dry) Type의 냉동 건조 커피로 인스턴트 커피의 맛과 향을 한 단계 끌어올린 국내 인스턴트 커피의 대명사라고 할 수 있다.

한국네슬레

네슬레의 경우 커피 마니아의 시각에서 그동안 동서와 싸워왔다. 고급 원두 사용이나 특별한 블렌딩을 통한 맛의 차별화를 시도했는데, 이 차별화가 신통치 않았다. 동서식품이 오랜 기간 동안 절묘한 블렌딩을 통해 일명 '다방 커피'라고 할 정도로 한국인의 입맛에 맞는 맛을 개발했다. 사실 이는 커피 마니아들 입장에서는 커피라고도 할 수 없는 제품들이어서 네슬레는 커피 본연의 맛을 조금이라도 살리려 애를 썼다. 네슬레와 동서식품의 시장 점유율 결과는 동서식품 80%, 네슬레 15%였다.

맥시머스 커피 그룹

맥시머스 커피 그룹의 역사는 칼로스 드 알데코아(Carlos De Aldecoa) 가족의 역사이기도 하다. 커피 산업의 모든 분야에서 오로지 회사에 대한 열정으로 3대째 운영하고 있다. 그들은 커피에 대한 열정과 커피 산업에 필요한 역동적이고 진취적인 자세로 고객 만족을 이끌 수 있는 뛰어난 팀을 보유하고 있다.

자사 상표와 커피 제조 과정의 모든 프로그램 개발과 개선을 통해 다른 회사가 따라올 수 없는 경험을 제공하면서 모든 단계에서 최고의 전략적인 시스템과 서비스 지원 시스템을 제공한다. 생두 농장, 커피 조달, 가공 과정, 로스터들과의 커뮤니티와 디카페인의 자연 친화적 가공 방법과 포장에 대한 다양한 옵션을 구상하며 유통 구조 전반까지 컨트롤한다. 또한 환경 보호 기관 그린파워 파트너로서 재활용 프로그램과 고객을 위한 포장 솔루션의 제조에 있어서 환경에 미치는 영향을 최소화하기 위해 노력한다. 그중의 하나가 자연 친화적인 디카페인 방법을 가공하는 것으로 탄산수 프로세스를 통해 매력적인 커피의 향기와 맛을 유지하여 미국 농무부가 인정한 유기농 커피로 인증 받기도 했다. 최고의 품질과 장기적인 고객의 가치를 통해 세계적 수준의 서비스와 제품을 제공하고, 최고의 커피를 북미에 제조 판매한다.

• 카페인 제거 방식(Sparking Water Process)
순수한 물이 튀면서 자연적으로 생성되는 이산화탄소를 이용해 생두의 화학적인 성분을 건드리지 않은 상태로 카페인을 제거하는 방식이다.

생두 → 물에 불림 → 카페인 추출(이산화탄소, 순수 물) → 추출 용기에 생두 분리

- 회사 특징

  디카페인 커피의 생산에 전념하는 회사로 가치를 창조하고 고객의 니즈를 만족시킬 수 있도록 한다. 최고의 디카페인 커피를 제공하고 고도의 기술력과 사회적인 책임감을 가지고 높은 목표를 추구하고 있다. 디카페인 산업 분야에서 리더가 되기 위한 최고의 상품과 서비스를 제공한다.

- 디카페인 가공 장소

  캐나다 몬트리올, 포르투갈 오포르토

Demus Spa

- 카페인 제거 방식[다이클로로메테인: Dichloromethane(CH_2CL_2)]

  카페인을 적당히 녹인 후 일반적으로 식품 산업에서 사용되는 유기용 매체를 사용하여 제거하는 방식으로 주로 사용하고 있다, 디카페인 처리 전과 후에 생두의 품질을 보장할 수 있는 시스템을 거친다.

- 회사 연혁

  1962년 이래 디카페인을 제조하기 시작했다.

스위스 워터 디카프(Swiss Water Decaf)

- 카페인 제거 방식

  스위스의 워터디카페인커피 주식회사는 1989년부터 특수 커피의 화학성 없는 카페인 제거에 있어 글로벌 리더라고 할 수 있다. 스위스 워터 프로세스는 커피콩에서 카페인을 제거하는 메틸렌 염화물 또는 에틸 아세테이트를 사용하는 맛 주도, 100% 화학 물질이 없는 카페인 제거 프로세스이다.

- 회사 연혁

  1930년대 스위스에서 케이컬프리 방법이 개발된 이후 1988년 물을 이용한 디카페인 커피가 시장에 소개되었다. 이 회사는 캐나다 밴쿠버에 있으며 현재 100% 디카페인 제조 회사로 인식되고 있다.

- 회사 특징

  스위스의 워터디카페인 주식회사는 카페인 제거 과학의 선두 업체다. 스위스 워터 프로세스 ®는 '도장' 인식과 디카페인 커피를 마심으로써 신뢰를 받고 있다. 100% 화학 물질이 없는 프로세스는 카페인 추출 시 브리티시컬럼비아 해안 산맥의 물만을 사용한다. 스위스 워터 디카프는 6시그마 방법론 및 품질 경영 시스템으로 지속적인 제품 향상을 위해 노력하고 있다.

16

커피와
건강

1 커피의 보관법

1 커피의 산화

커피는 볶은 후 시간이 경과하면서 맛과 향이 소실되어 가는데, 맛과 향의 소실 속도를 어느 정도까지 지연시킬 수는 있다. 커피의 맛과 향이 소실되어 간다는 것은 맛과 향에 관계되는 성분이 휘발하거나 산화되어 가는 것을 의미한다.

- 커피는 로스팅이 종료된 직후부터 산화가 진행된다.
- 보통 커피에서의 산화는 '산패'라고도 하는데 이는 다른 음식들의 부패와도 같은 의미이기 때문이다.
- 커피의 산화는 수백 개의 화합물로 이뤄져 있는 커피의 향기 물질들에 영향을 미쳐 부정적인 향을 만들어내고, 커피 속에 있는 오일 또한 산소의 영향으로 인해 기름 찌든 내와 같은 좋지 않은 향을 만들게 된다.

산소의 양이 많을수록, 주위 온도가 높을수록, 습도가 높을수록 산화 현상은 가속된다.

- 커피의 산화와 향기의 소실은 여러 요인으로 인해 진행이 빨라질 수 있는데, 산소량이 많을수록, 습도가 높을수록 산화의 속도가 빨라진다.
- 보통 상대습도가 100%일 때 3일 후부터 산화가 빨리 진행되고, 50%일 때는 7일 이후부터, 0%일 때는 약 3주 후부터 산화가 빨라진다고 볼 수 있다.

자외선 또한 커피의 맛과 향의 변화에 일조한다. 따라서 커피의 보관은 보통의 경우 공기가 적은 공간(밀폐 용기 또는 지퍼백 등)에 담아 햇빛이 들지 않는 건조하고 서늘한 곳에 보관해야 한다.

온도가 10℃ 상승할 때마다 거의 두 배 이상 향기 성분의 소실이 빨라지게 되며, 로스팅 단계가 강한 커피일수록 산화와 향의 소실이 더 빨리 일어난다. 또한 분쇄 커피는 홀빈(갈지 않은 원두커피) 커피보다 산소와 접할 수 있는 면이 늘어나게 돼 산화와 향의 소실이 더 빨라지게 된다.

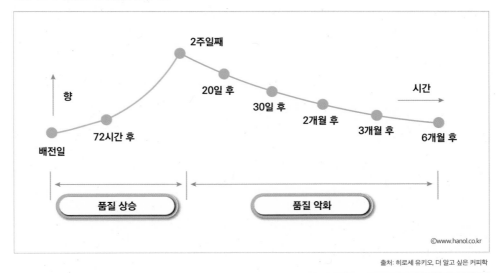

그림 16-1 신선한 커피 품질 유지 기간

출처: 히로세 유키오, 더 알고 싶은 커피학

2 커피를 제대로 보관하는 방법

커피는 며칠 동안 사용하지 않을 경우 냉동실이나 냉장실에 보관할 수 있다. 이 경우 반드시 밀폐를 완벽히 하여야 한다. 커피는 볶아지면 다공성이 되어 숯처럼 냄새를 흡수하게 되는데, 밀폐 상태가 좋지 않으면 냉장고 내부의 냄새를 흡수한다.

냉동실이나 냉장실에서 꺼내어 바로 커피 용기를 열면 온도 차에 의해서 커피에 습기가 스며들어 맛과 향이 빠른 속도로 소실되어 간다. 그렇기 때문에 용기 내부에 있는 커피의 온도가 상온에 도달할 때까지 방치해두어야 하는 번거로움을 감수해야 한다.

커피의 보관을 아무리 잘하여도 커피의 맛과 향의 소실을 근본적으로 차단시킬 수는 없으며, 단지 지연시킬 수 있을 뿐이다.

3 커피의 산화 방지를 위한 방법

커피의 산화를 막고 향기의 소실을 최대한 줄이기 위해서는 다음과 같은 커피 보관법을 잘 지키면 좋다.

❶ 원두는 소량으로 구입해 며칠 이내에 소비하는 것이 좋다.

❷ 로스팅된 지 일주일 이내의 커피를 홀빈 상태로 구입하는 것이 좋다.

❸ 구입한 원두는 밀봉해 직사광선을 피해 건조하고 서늘한 곳에서 보관해야 한다.

❹ 개봉된 원두는 필요한 만큼씩 분쇄해 사용하는 것이 좋다.

❺ 커피의 냉동 보관은 최대한 하지 않는 것이 좋지만 어쩔 수 없이 냉동 보관된 원두 는 상온과 온도가 같아질 때까지 자연 해동 후에 추출하는 것이 좋다.

❷ 커피 맛의 결정 요소

커피의 맛은 커피의 품종, 원산지, 가공 방법, 보관 등의 생두 조건, 볶는 방법, 볶는 정도나 조건, 커피의 신선도, 분쇄 입자 크기, 추출 방법, 마시는 순간의 분위기 등에 의 해서 결정된다. 생두 조건과 로스팅 조건 및 신선도 조건은 생산자 및 판매자의 역할에 달렸다.

❶ 커피

신선한 상태의 커피를 구입한다. 커피의 신선도는 커피 맛에 가장 중요한 요소이다. 커 피를 마시는 것은 커피에 들어 있는 맛과 향을 음미하는 것이다.

커피가 신선하지 않다는 것은 음미할 맛과 향이 남아 있지 않다는 것이며, 심할 경우 커피가 부패했다는 것을 의미한다. 일반적으로 신선한 커피의 기준은 볶은 후 7일, 오래 되어도 10일 이내의 제품이다. 구입한 전량을 맛있게 마시기 위해서는 바로 볶은 상태로 가능한 한 적은 양을 구입하는 것이 최선이다.

커피를 적당한 크기로 분쇄한다. 커피는 분쇄하면 맛과 향의 손실 속도가 기하급수적 으로 빨라지기 때문에 추출 직전에 필요한 만큼을 분쇄하여 사용하는 것이 좋다.

① 분쇄란?

- 분쇄란 배전된 원두커피를 갈아내는 일이다.
- 표면적이 넓어져 추출 효율이 커지는 것인데, 이것이 분쇄하는 가장 큰 이유이다.
- 커피액을 추출하기에 적당한 상태로 만들기 위한 작업이다.
- 분쇄 방법은 커피를 조리할 때 사용하는 추출 기구에 따라 다르다.
- 추출 기구인 사이폰, 드립퍼, 퍼컬레이터 등에 따라서 커피 액이 입자에서 추출되는 조건이 다르다.
- 분쇄 입자가 너무 미세하면 추출 시에 미립자가 빠지기 때문에 오히려 커피 맛이 없어지고, 반대로 너무 굵게 분쇄하면 추출 시간이 짧게 걸려 유효한 성분을 모두 추출할 수 없다. 따라서 균형 있는 맛을 내기 위해서는 기구에 알맞게 분쇄하여야 한다.

표 16-1 기구별 분쇄 정도

기구 종류	분쇄 정도	입자 크기	조리 시간
에스프레소	가는 분쇄	0.5mm	1~3분
사이폰, 커피메이커	약간 가는 분쇄	0.6mm	4~6분
드립, 전자동 커피메이커	중간 분쇄	0.7mm	4~6분
퍼컬레이터	거친 분쇄	0.9mm	6~8분

② 분쇄의 목적

- **일반 드립 커피**: 중간 굵기로 분쇄(0.5~0.7mm)
- **미세한 가루**: 커피에 미립자가 섞이거나 쓴 맛의 커피가 추출됨
- **굵은 가루**: 추출 시간이 짧아 싱겁고 맛 없는 커피가 추출됨

1) 커피의 향

커피의 향기(Bouquet)는 커피를 만들고 마시는 과정에서 크게 4개로 분류된다. 프래그란스(Fragrance, 볶는 커피 향), 아로마(Aroma, 추출 커피 향), 노즈(Nose, 마실때 향), 후미(Aftertaste, 시음

후 잔향)이다. 커피 향의 원천은 원두 고유의 향기와 로스팅 단계의 향기로서 유기 반응, 갈변 반응, 건류 반응에 의해 나타난다.

❶ **원두 고유의 향**   효소 작용, 유기 반응

꽃 향 (Flowery), 과일 향(Fruity), 허브 향(Herby)

❷ **로스팅의 향**   갈변 반응

고소한 향(Nutty), 캐러멜 향(Caramelly), 초코 향(Chocolaty)

❸ **로스팅 후반의 향**   건류, 건일 반응

송진 향(Turpeny), 향신료 향 (Spicy), 탄 향(Carbony)

2) 커피의 촉각

커피의 촉각은 바디감이라고 하는데 입안에서 느껴지는 '무게감 + 질감'을 의미하며 커피의 풍미를 결정하는 중요한 요소이다. 커피의 바디감는 Buttery, Heavy 등으로 표현되며 지방 함량과 고형 성분에 의해 다양한 바디감이 나타난다.

❶ **입안에서 느끼는 질감**(바디감)   Body는 지방 함량과 고형 성분에 따라 생성됨

❷ **지방 함량에 따른 촉각**   Buttery(느끼) > Creamy(부드러움) > Smooth > Watery

❸ **고형 성분에 따른 촉각**   Thick(매우 묵직) > Heavy > Medium > Light > Then

3) 커피의 가공

커피의 가공은 수확, 가공, 탈곡 및 보관으로 이어지는데 각 단계별 가공 방식은 커피의 맛과 연결되어 있다.

❶ **수확**   수작업 / 기계식 수확

수작업   핸드피킹(열매만 수확), 스트리밍(가지째 수확)

❷ **가공**   햇빛, 물, 기계로 가공

건식법, 습식법, 펄프트 내추럴, 세미 워시드 등

❸ **건조**   햇빛, 기계, 해풍에 의한 건조

햇빛 건조   파티오(땅 바닥), 건조대 방식이 있음

❹ **탈곡과 보관** 파치먼트를 벗겨내는 과정에서 헐링과 폴리싱으로 구분

② 물

- 한 잔의 커피에는 물 98.7%, 커피 1.3%가 들어간다.
- 맛있는 커피를 만들기 위해서 가장 중요한 것은 물이다.
- 커피를 만들 때는 무기질이 많이 함유된 물을 사용해서는 안 되며, 수돗물의 염소가 제거된 무색·무미·무취의 깨끗한 연수를 사용해야 한다.
- 미국 스페셜티협회에서는 약경수는 여과 속도를 높여 커피 고유의 맛을 좋게 만들지만, 경도가 심하게 높은 물은 여러 광물질이 커피액과 결합하여 품질에 많은 영향을 미친다고 했다. 예를 들어 탄산염의 농도가 100ppm 이상이면 커피 액이 커피 가루를 통과하는 것과 가용성 성분을 녹이는 것을 방해하고, 나트륨과 칼륨 함량이 50ppm 이상이면 신맛과 쓴맛이 강하다.
- 국내 수돗물은 70~100ppm 정도로 연수에 해당하고, 유럽은 경수이므로 정수기 사용이 필요하다.
- 정수된 물이나 생수를 사용한다.
- 추출된 커피에는 사용된 물의 맛도 함께 나타난다.
- 적당량의 커피와 물을 사용한다. 드립 방식의 추출의 경우 한 잔의 커피를 추출하기 위해서 분쇄된 커피 7~10g(커피 스푼으로 1회)에 약 180cc의 물을 사용하는 것이 적당하다.

③ 온도

94℃ 정도의 뜨거운 물을 사용하면 추출된 커피의 온도는 85~87℃이며, 여기에 크림과 설탕을 넣고 저으면 65~70℃가 된다. 이때 컵도 60~65℃ 정도로 데워서 사용하면 좋다. 이 온도로 마시는 커피가 최상의 맛을 낸다.

온도가 너무 높으면 카페인이 변질되어 이상한 쓴맛이 나고, 반대로 저온이면 탄닌의 떫은맛이 남는다.

드립 방식 추출의 경우 물 온도는 94~96℃가 적당하다.

추출된 커피는 가능한 한 즉시 마신다. 추출된 커피 속의 맛과 향을 내는 성분들 중 많은 것들은 시간이 경과하면 휘발되어 사라진다.

4 생두의 품질

- 커피의 맛은 60% 이상은 커피 생두의 품종이 결정한다.
- 커피 생두는 엷은 청록색을 띠는 것이 최상품이다.
- 커피 생두는 보존 방식과 시간의 경과에 따라 엷은 황갈색으로 변한다.

5 시간

커피 서밋을 활용할 경우 추출 시간이 20~30초 이내여야 하며, 추출된 커피는 가능한 한 30분 안에 서서히 마시면 더욱 좋은 맛을 느낄 수 있다.

3 커피의 효능

1 일반적인 효능

커피의 일반적인 효능을 살펴보면 다음과 같다.

1) 졸음 방지

카페인의 졸음 방지 효과로 각성 상태가 지속되는 사이클링(Cycling) AMP의 분해를 억제한다.

2) 학습 능률 향상

커피를 마심으로써 계산 능력이 향상된다는 연구 결과가 있다.

3) 다이어트 효과

카페인은 에너지 소비량을 약 10% 올린다. 즉 같은 것을 먹어도 카페인을 섭취한 쪽의 칼로리 소비가 10% 높게 되어 비만을 방지한다.

4) 운동의 지구력 향상

운동할 때 에너지는 글리코겐에서 공급되고, 글리코겐이 없어지면 피하지방이 에너지로 변한다. 그러나 카페인은 글리코겐보다 먼저 피하지방을 에너지로 변환하는 작용을 한다. 마라톤 선수가 레이스 중 마시는 음료에 카페인이 많은 것은 이것 때문이다.

5) 음주 후 숙취 방지와 해소에 도움

음주 후 숙취는 알코올이 체내에서 분해되어 '아세트알데히드'라는 물질로 변하기 때문에 일어난다. 즉 '아세트알데히드'를 분해해서 몸 밖으로 내보는 것이 좋은데, 카페인은 간 기능을 활발하게 하여 '아세트알데히드' 분해를 빠르게 하고, 또한 신장의 움직임을 활발하게 하여 배설을 촉진시킨다. 가능하면 술을 마신 후에 커피 한 잔을 마셔 두면 숙취가 해소되는 데 크게 도움이 된다.

6) 입 냄새 예방

최근 구취 억제제가 잘 팔리고 있는데, 커피에 함유되어 있는 푸란(Furan)류에도 같은 효과가 있다. 특히 마늘 냄새를 없애는 효과가 높다. 단, 커피에 우유나 프림을 넣으면 푸란류가 먼저 이에 결합하기 때문에 효과가 없어지게 된다.

7) 암과 동맥경화의 억제

일본 와카야마 현립 의과대학의 이와사가 히데오 교수가 커피 중에 함유되어 있는 커

피산(Chlorogenic Acid)이 발암 물질의 하나인 수산화물(Oh)의 발암성 물질을 억제하는 경향이 있다는 연구 결과를 발표했다. 동맥경화에 대해서도 도쿄 지케이카이 의대(자혜 의대)의 나가노 교수는 연구를 통해 커피가 동맥경화를 예방하는 고밀도 세포 단백질(HDL: 좋은 콜레스테롤)을 증가시킨다는 것을 밝혀냈다.

8) 항산화 성분의 보고

미국 스크랜턴 대학교 연구팀에 따르면 미국인이 먹는 식품 중 커피가 항산화 성분이 가장 많은 것으로 나타났다. 항산화 성분은 관절염이나 여러 종류의 암, 심혈관 질환과 연관성이 있는 염증을 퇴치하는 데 중요한 역할을 한다.

9) 2형 당뇨병 예방

커피를 마시는 사람들은 제2형 당뇨병에 걸릴 위험이 낮아진다는 연구 결과가 많이 있다. 당뇨병은 제1형 당뇨병과 제2형 당뇨병으로 나눌 수 있다. 췌장에서 인슐린이 전혀 분비되지 않아서 발생한 당뇨병을 제1형 당뇨병이라고 한다.

10) 치매 예방

핀란드에서 나온 연구에 따르면 커피를 마시면 알츠하이머병과 치매에 걸릴 위험이 65% 감소하는 것으로 나타났다.

11) 간 보호

커피 섭취는 간암이나 간경변증 위험을 낮추는 것과 연관성이 있다.

12) 주요 영양소 함유

커피에는 리보플라빈(비타민B2)과 판토텐산(비타민B5), 망간, 칼륨, 마그네슘, 니아신 등의 영양소가 들어있다.

13) 우울증 위험 감소

커피 섭취와 낮은 우울증 발병률 간의 연관성에 대한 수많은 연구 결과가 있다.

14) 통풍 발병 위험 감소

커피는 통풍 발병 위험을 감소시킨다는 몇 가지 연구 결과가 있다.

2 거슨 요법

거슨 요법의 핵심 이론은 "암환자는 식사를 해도 영양분을 제대로 흡수할 수 없기 때문에 독소를 제거해 온몸의 기능을 먼저 회복시켜야 한다"는 것이다.

· 거슨 요법의 암 치료 원리

거슨 요법의 암 치료 원리는 암환자는 체내 기관이 독소에 의해 오염되어 식사해도 영양분을 제대로 흡수할 수 없으므로 영향 프로그램을 통해 독소를 제거하고 영양 균형을 맞춤으로써 온몸의 기능을 정상으로 회복시켜야 한다는 데 근거한 것이다. 또한, 맞춤형 영양 프로그램을 통해 종양을 억제시킬 수 있다고 주장한다. 종양이 성장하면 혈액을 타고 간에 독소가 쌓이게 되는데, 커피 관장을 하면 해독할 수 있다. 간에서 배출된 독소가 대장에 남아 문제를 야기하는데, 지속적으로 커피 관장을 해 제독하면 좋다고 한다.

1) 필수 3대 요법

거슨 요법은 몸속 독소를 제거하고 면역 시스템을 강화하는 제한된 식이 요법, 영양 보충 요법, 규칙적인 관장 요법의 '3대 요법'으로 구성된다. 거슨 요법은 16~24개월간 지속하는 프로그램으로서, 본래 가이드라인을 엄격하게 준수해야 한다. 거슨 요법 성공 사례를 바탕으로 본다면 치료 방침을 조금이라도 어기거나 증상이 약간 호전되어 치료를 중단하면 재발하는 경우가 많다.

2) 커피 관장: 카모마일로도 가능한 관장

커피 관장은 간 내의 담도를 확장시켜 간에 축적된 독소를 대장으로 신속하게 배출시키기 위해 한다. 커피 대신 카모마일을 활용하기도 한다. 요법을 시작한 초기에는 하루 4~6회 관장하는데, 위장관계 암환자는 관장이 통증 완화에 도움이 된다는 연구도 있다. 그러나 관장이 담도를 확장시킨다는 주장의 근거는 미약하다.

커피 관장의 주된 목적은 카페인이 담관을 열어 간의 담즙을 제거하고 간의 해독 능력을 개선하는 데 있으며, 커피 관장액은 직장 자극을 최소화하도록 300~500mL 정도 주입하여 관장해야 한다. 면역력이 저하된 상태에서는 커피 관장 기구를 살균 소독하는 자외선 살균 소독기를 사용하여 위생 관리를 철저히 해야 한다. 제독 요법으로는 단식, 된장 찜질 등과 같은 자연 요법과 커피 관장이 효과적이다.

3) 커피 관장 방법

· 일일 분량을 만드는 데 필요한 준비 재료

유기농 원두 간 것 2TS + 유기농 원두 생두 1TS(하룻밤 불린 것) +생수 1,000cc
커피액을 담아 쓸 비닐봉투와 카데터, 휴지 등

· 커피물 만드는 방법

❶ 1일 적정 분량의 재료를 유리 냄비에 넣고 끓인다.

❷ 끓기 시작하면 약불로 15~20분 정도 뚜껑을 덮고 끓인다.

❸ 약 800cc 가량으로 졸아들면 완성된 것이므로 뚜껑을 열고 식혀서 약간 따끈하다 싶은 온도로 사용한다.

③ 커피 생두의 건강학적 효능

커피 생두에는 많은 항산화 물질이 함유되어 있다. 그중 해독 과정에 작용하는 중요한 성분을 몇 가지 알아보면 다음과 같다.

1) 카페인

카페인의 역할은 이완 작용이다. 우리 신체의 배독 시스템 중 수용성 독소는 소변을 통해 배출되고, 지용성 독소는 담즙을 통해 몸 밖으로 배출된다. 여러 원인으로 간이 활력을 잃게 되면 담즙 분비가 원활하지 않게 되어 간에 담즙이 적체되어 독소가 누적되고 피로가 쌓여 건강에 악영향을 주게 된다. 거슨 요법의 커피 디톡스는 직장을 통해 간으로 직접 흡수된 카페인이 간 내 담관을 이완시켜 담즙 준비를 촉진시키고 그에 따른 독소 배출 효과를 가진다.

2) 팔미트산

팔미트산의 역할은 신체 내 해독 시스템 중 중요한 글루타티온의 수치를 600~700% 높여 해독 작용을 최대한 끌어올려준다. 커피 관장을 하는 12분 동안 혈액은 간을 4번 정도 지나게 되는데, 이때 혈액 내 활성 산소가 제거되어 혈액이 깨끗해지는 효과도 있다. 글루타티온은 생명 활동에 있어 가장 중요한 항산화 해독 효소이다. 글루타티온 수치가 떨어질 경우 신체 내 해독 기능의 저하로 가볍게는 피부의 기미나 주근깨 및 노화 증상이 나타날 수 있고, 심각하게는 암이나 중대 면역 질환을 야기한다. 그래서 평소 글루타티온 농도의 관리가 건강에 대단히 중요하다.

3) 클로로겐산

클로로겐산은 최근 학자들의 연구에 의해 새롭게 떠오르는 강력한 항산화 성분이다. 우선 간에서 글리코겐의 사용을 억제하고 지방을 연소해 지방간을 해소하며 체내 지방 수치를 낮춰 준다. 경북대 강남주 교수는 '커피 속 폴리페놀이 대장암 전이와 암 발생에 미치는 영향'이라는 주제의 논문을 통해 대장암 전이 억제나 예방, 암 예방에 커피가 좋은 효력이 있다고 주장했고, 그 밖에도 염증 관련 신호를 차단하여 알츠하이머를 예방하고 당뇨에도 효과가 있다고 했다. 여기에 큰 역할을 하는 클로로겐산은 커피에 많고, 거슨 요법의 커피 디톡스는 이 성분을 대장에 가장 직접적으로 작용시켜 효과를 극대화한다.

4) 테오브로민

테오브로민(theobromine)은 카카오 열매에도 많이 들어 있는 성분으로 신체 내 말초 혈관과 평활근을 이완시켜 긴장을 완화하고 신장에 작용하여 이뇨 작용을 도와 독소 배출을 돕는다. 이러한 커피 내 몇 가지 중요한 성분으로 인해 거슨 요법의 커피 디톡스는 신체를 해독하고 정화해내는 효과가 탁월하다. 하지만 이러한 성분들은 마시는 커피 속에선 찾기가 어렵다. 커피 맛을 내기 위해서는 고열로 볶는 로스팅 과정 속에서 이러한 유기산들은 모두 기화되어 사라지고 카페인만 남는다. 그래서 거슨 요법의 커피 디톡스에 사용하는 커피는 저온에서 매우 약하게 로스팅된 생두에 가까운 커피를 사용하는 것이 중요하다.

커피학개론

17

바리스타
직무 이해

1 바리스타의 직무 이해

바리스타(Barista)는 에스프레소 커피를 중심으로 하는 높은 수준의 커피에 대한 경험과 지식을 가지고, 커피의 종류와 에스프레소, 품질, 종류, 로스팅 정도, 장비의 관리, 라떼 아트 등의 커피에 대한 지식을 바탕으로 숙련된 커피를 만들어내는 사람을 말한다.

이탈리아어로 바(bar)는 카페(cafe)를 뜻한다.

커피의 맛은 커피나무의 품종과 원산지, 가공 방법, 원두의 배합, 볶는 방법, 분쇄 크기, 추출 방법 등 커피의 생산 초기부터 마시는 그 순간의 분위기까지 모든 것에 의해 좌우된다. 따라서 바리스타의 역량에 따라 커피의 맛이 좌우된다고 할 수 있다. 커피의 신선도 유지와 향의 손실을 줄이기 위하여 원두는 마시기 직전에 분쇄하며, 고객의 주문에 알맞게 추출된 에스프레소에 물, 우유, 각종 시럽 등을 적당하게 첨가하면 드디어 고객의 입맛에 알맞은 커피가 만들어지게 된다.

이렇게 바리스타는 고객에게 커피와 기타 음료를 서비스하는 것이 주된 업무이지만 그 외에도 좋은 원두를 가려내는 일, 원두 및 부재료 구입, 저장, 재고 관리, 판매 촉진까지 해결하고 고객을 유치해야 한다. 또한 매일 커피를 시음하여 기계의 성능 유지 사항을 확인하고, 새로운 맛의 커피를 만들어내기도 한다. 일부 커피 전문점에서는 만드는 사람이 직접 서비스를 하기도 하며, 기계 및 식기류의 청결 상태를 수시로 점검하는 것도 이들의 중요한 업무이다.

1 바리스타의 용모 및 복장

❶ 규정에 맞는 청결한 복장과 두발을 유지해야 한다.
❷ 질병에 노출된 직원으로부터 전염을 방지해야 한다.
❸ 손과 손톱을 청결하게 유지해야 한다.
❹ 규정에 맞는 액세서리 기준을 유지해야 한다.
❺ 지나친 향수 사용을 삼가고 고객에게 불편을 끼칠 수 있는 이취가 나지 않게 해야 한다.

⑥ 근무 중 흡연, 음주, 취식, 약물에 대한 규정에 따라야 한다.

⑦ 건강을 유지하고 정기적인 의료 검진을 받아야 한다.

⑧ 바리스타 복장: 앞치마, 모자, 유니폼 등 깨끗한 복장을 유지한다.

⑨ 유니폼: 주 2회 이상 세탁하고 항상 깨끗함을 유지한다.

⑩ 바지: 감색이나 검정색 계통을 입고 단정한 차림새를 유지한다.

⑪ 명찰: 이름이 보이도록 왼쪽 가슴에 착용한다.

⑫ 신발: 남자 직원은 구두를 신고 여직원은 가능한 한 단화 또는 구두를 신는다.

⑬ 스타킹: 커피색 계통을 착용한다.

그림 17-1 바리스타 용모 및 복장

출처: 한국직업능력개발원, 커피매장 고객 서비스, 2018, p.14

2 서비스의 특징

보여 주는 것보다 느껴지는 부분이 더 강하게 작용하는 서비스의 일반적인 특징은 무형성, 비분리성, 이질성, 소멸성으로 요약할 수 있다. 이로 인하여 경영자는 서비스 관리를 하는 데 많은 한계점을 가지게 된다. 앞서 제시한 서비스의 일반적인 특징은 서비스 산업의 약점으로 이해해도 무방하다. 따라서 서비스의 특징을 잘 이해하고 문제점을 극복하기 위한 서비스 전략을 가져야 한다.

1) 무형성

서비스의 특성 중 가장 대표적인 특성인 무형성(intangibility)은 실체가 없기 때문에 구매하기 전까지는 그 내용의 실체를 객관적으로 파악하기 힘들다. 그러므로 고객들이 서비스를 구매하기 전 불확실성을 줄이기 위한 물적 증거를 제공하고 구매 후 커뮤니케이션을 강화할 필요가 있다.

2) 비분리성

서비스는 생산과 동시에 소비가 일어나기 때문에 이를 따로 분리하여 생각할 수 없다. 이러한 비분리성(inseparability)으로 인해 고객이 생산 과정에 참여하는 일이 빈번하게 발생하게 되므로 서로의 상호 작용이 서비스 마케팅에서 중요한 부분으로 작용한다.

3) 이질성

서비스는 제공하는 사람이나 근무 환경에 따라 내용과 질에 차이가 발생하기 때문에 표준화하기 어려운 특성을 지니고 있다. 따라서 서비스를 표준화시키기 위한 매뉴얼을 개발하여 일관성 있는 제품과 서비스를 제공하기 위해 노력해야 한다.

4) 소멸성

서비스는 일반 제품과는 달리 생산되는 즉시 소멸되는 특성을 지니므로 저장이 불가하다. 이와 같은 특성을 보완하기 위해서 수요와 공급 간의 조화와 다양한 마케팅 방안이 요구된다.

③ 서비스의 기본적인 요소

1) 종업원의 서비스 정신

서비스업에 종사하는 직원들은 고객이 요구하는 서비스에 대응할 수 있는 서비스 마인드를 갖추고, 청결하고, 용모를 단정히 함은 물론 서비스 제공에 필요한 모든 전문 지식을 반드시 숙지하여 임무를 수행함에 차질이 없도록 해야 한다. 업장에서 서비스 제공자는 생산 역할을 담당할 뿐만 아니라 고객 접촉 역할도 담당하기 때문에 매장에 대하여 고객이 갖게 되는 이미지를 형성하는 데 필수적인 요인이며 업장의 성패를 결정하는 중심적인 역할을 하고 있다. 따라서 대고객 서비스를 담당하는 이들은 서비스 상품을 완성시키는 매개체로서의 역할을 담당하기 때문에 특별히 서비스에 대한 자기 철학이 명확하지 않으면 원만한 서비스 제공에 많은 문제점이 발생될 수 있다. 일반적으로 서비스를 담당하는 종업원이 갖추어야 할 정신적인 요건을 서비스 정신이라고 하는데, 이는 종업원이 갖추어야 할 기본 정신의 영문 첫 글자에서 인용되었다. 따라서 업소의 서비스 제공자인 종업원은 서비스의 중요성을 인식하여 봉사 정신(Service mind)을 가지고, 청결성(Cleanliness), 능률성(Efficiency), 경제성(Economy), 정직성(Honesty), 환대성(Hospitality)을 통해 자발적이고 긍정적인 대고객 서비스를 제공하여 기업의 목적 달성에 이바지하는 것이 바로 종업원의 기본 정신이라 할 수 있다.

2) 용모

용모와 복장은 고객에게 첫 인상을 결정하고 업무에 임하는 마음가짐과 열의를 나타내는 것으로 항상 단정하게 관리하여 고객에게 호감을 얻을 수 있도록 해야 한다. 예절의 마음은 볼 수는 없으나 표정으로 얼굴에 나타나고, 용모와 복장도 마음의 표현임은 더 말할 필요가 없다. 그러므로 단정하고 깨끗한 용모와 복장이야말로 바람직한 서비스인의 자세라고 볼 수 있다.

3) 태도

고객과 직접적으로 대면하는 많은 서비스업장에서 가장 중요한 것은 서비스를 제공

하는 직원의 태도이다. 고객이 아흔아홉 번의 만족스러운 서비스를 경험했을지라도 단한 번의 서비스에 불만스러운 감정을 느낀다면 전체 서비스의 만족도는 제로가 되기 때문에 서비스를 제공하는 직원은 매사에 적극적이고 친절한 태도로 고객 접점 서비스에 임해야 한다. 결국 이러한 고객 응대의 태도가 충성 고객의 창출을 결정하는 핵심 요인이 된다.

4) 인사

인사는 고객이 느낄 수 있는 첫 번째 감동으로 최초 접점 직원은 밝은 표정과 음성으로 진심어린 마음을 전달할 수 있어야 한다. 인사의 종류는 상황에 따라 그 요령이 다양하며 일반적으로 허리를 숙이는 각도에 따라 목례(15°), 보통례(30°), 정중례(45°)로 구분된다. 서비스 현장 상황에 맞는 인사 요령과 인사말을 익히고 습관화하여 고객 접점 서비스의 수준을 높일 수 있도록 노력해야 한다.

인사를 할 때 행동만 하는 것보다는 인사말을 같이 하는 것이 바람직하다. 인사말은되도록 상투적인 말은 피하고 간결하고 진실성이 표현되도록 자연스럽게 한다. 고객의관심이 어디에 있는지 잘 생각한 후 화제를 선택하고, 분위기에 어울리는 말이나 표현을쓴다. 올바른 인사말 예시는 다음과 같다.

- **자주 방문하는 고객**: "어서 오십시오", "그동안 안녕하셨습니까?"
- **머뭇거리는 고객**: "안녕하십니까?, 무엇을 도와드릴까요?"
- **고객에게 사과할 때**: "고객님, 대단히 죄송합니다."
- **고객에게 반복해서 물을 때**: "죄송합니다만, 다시 한번 말씀해 주시겠습니까?"
- **안내할 때**: "이쪽으로 오시겠습니까? 제가 도와드리겠습니다."
- **지나가다 부딪혔을 때**: "죄송합니다. 실례했습니다."

2 커피와 건강

1 카페인

1) 중추신경 자극

수면 방해, 각성 효과가 있고, 긴장감을 유지시켜준다.

2) 심장 기능 활성화

흥분, 심장의 수축력과 심박수가 증가한다.

3) 이뇨 작용

술 마신 후 알코올을 분해하여 배출시킨다.

4) 에너지 생성 효과

글리코겐과 중성지방을 분해하여 에너지를 생성한다.

5) 기타

담석 예방, 항산화 효과, 치매 예방(뇌세포 활성화)

2 커피와 건강 상식

1) 커피를 마시는 것은 건강에 해로운가?

건강한 사람이 하루 2~4잔 커피를 마시는 것은 건강에 어떠한 해도 끼치지 않는다.

2) 심장 질환의 위험을 높이는가?

끓인 커피를 많이 마시면 심장 질환이 증가한다는 노르웨이 연구는 커피를 9잔 이상 마셨을 때 가능성이 있다는 것이다.

3) 카페인은 신체에 유해한가?

커피에는 약 1~2%의 카페인이 함유되어 있다.
커피 한 잔에는 150ml당 카페인 50~100mg이 들어 있다.

③ 커피 섭취를 중단해야 하는 경우

1) 수면 장애, 불면증이 심한 경우

잠드는 데 어려움이 크다면 커피를 잠시 끊고 증상이 나아진 후 마시는 것이 현명하다. 커피를 꼭 마시겠다면 오후 3시 이전까지를 데드라인으로 두면 좋다. 각성 효과를 내는 카페인 성분이 몸속에서 완전히 사라지는 데에 8시간 정도 걸리기 때문이다. 탄산음료, 초콜릿 등 다른 식품에도 카페인이 들어 있다는 것을 염두에 두자.

2) 위염, 위궤양 등 위 점막이 좋지 않은 경우

이른 아침에 속이 쓰린 이유는 공복에 독한 위산이 분비되기 때문이다. 커피는 위산의 분비를 증가시킨다. 위염, 위궤양 등 위 점막이 좋지 않은 사람들은 커피를 절제하거나 잠시 끊는 것이 좋다. 위의 염증에는 패스트푸드, 맵고 짠 음식, 탄산음료, 우유도 좋지 않다.

3) 위식도 역류 질환 악화가 걱정되는 사람

커피는 식도를 조여 주는 괄약근의 압력을 낮춘다는 연구 결과가 있다. 이로 인해 위의 내용물이 조금씩 식도로 역류해 식도 점막이 손상되는 위식도 역류 질환이 악화될 수 있다. 개인차가 크지만 증상이 심하면 커피 중단을 고려해야 한다. 마찬가지로 카페인

이 든 홍차, 녹차도 절제해야 한다.

4) 골다공증이 심한 경우

보건복지부의 '2020년 한국인 영양소 섭취 기준'을 보면 우리 국민들은 칼슘 섭취량이 낮아 50세 이상 여성의 경우 골감소증 유병률이 매우 높다. 카페인은 몸속에서 칼슘 배설을 촉진하기 때문에 커피를 절제하거나 골다공증이 심하면 커피 섭취를 중단하는 게 좋다. 칼슘이 많은 멸치, 달걀, 상추 등을 많이 먹어야 한다.

5) 빈뇨 증상으로 곤혹스러운 경우

외출 중에 소변이 자주 마려우면 불편하다. 화장실 가기가 불편한 상황을 앞두고 있다면 커피를 마시지 않는 게 좋다. 커피를 비롯해 콜라 등 카페인이 든 음료는 이뇨 작용을 촉진할 수 있다.

6) 약을 먹는 경우

감기약을 복용할 때도 카페인이 많이 든 커피를 마시지 않는 게 좋다. 탄산음료, 초콜릿 등도 카페인 함량을 살펴야 한다. 감기약이나 복합 진통제에는 카페인이 함유되어 있는데, 커피 등을 마시면 카페인 과잉 섭취로 가슴 두근거림, 불면증 등 부작용이 발생할 수 있다.

③ 커피 추천과 서비스 방법

고객이 주문한 음료는 표준화된 고객 응대 매뉴얼에 따라 어떠한 경우라도 정확하고 신속하게 제공되어야 한다. 음료를 주문 받는 담당자는 현재 매장에서 제공 가능한 음료를 구체적으로 파악하고 있어야 할 뿐만 아니라 메뉴에 대한 지식이 풍부해야 한다.

또한 음료의 특성에 따라 제공되는 서비스 기물 및 사용 방법을 정확하게 숙지하여 설명할 수 있어야 한다.

① 커피 메뉴의 종류 숙지

① 룽고

롱(long)의 의미를 가지고 있으며, 추출 시간을 길게 하여 양이 많게(40~50mL) 추출한 에스프레소이다.

② 에스프레소 마끼아또

마끼아또(macchiato)는 점, 얼룩이라는 의미를 가지고 있다. 에스프레소 위에 우유 거품을 2~3스푼 올려 에스프레소 잔에 제공한다.

③ 카페 꼰 빠나

꼰(con)은 '함께', 빠나(panna)는 '크림'이라는 의미로 에스프레소에 휘핑크림을 넣어 만든 메뉴이다. 에스프레소 잔으로 제공한다.

④ 카페 프레도

프레도(Freddo)는 이탈리아어로 차갑다는 의미이며, 에스프레소를 얼음이 담긴 잔에 부어 만든 메뉴이다.

⑤ 카페 라떼

에스프레소에 우유를 넣어 만든 메뉴이며, 카푸치노보다 더 많은 우유가 들어간다. 거품은 없거나 아주 조금만 넣는다.

⑥ 카푸치노

에스프레소에 우유와 우유 거품을 넣어 만든 메뉴로 150~200mL 크기의 잔에 제공한다. 시나몬 파우더(계핏가루)는 필수로 들어가는 재료는 아니다.

⑦ 카페오레

프렌치 로스트한 커피를 드립으로 추출해 데운 우유를 넣어 만든 메뉴이다.

⑧ 카페 모카

모카(mocha)는 초콜릿을 의미하며, 에스프레소에 초콜릿 시럽(소스), 데운 우유, 휘핑크림, 초콜릿 시럽 또는 파우더가 들어간다.

⑨ 카페 꼬레또

에스프레소에 코냑 등의 알코올류를 첨가한 메뉴이다.

⑩ 카페 샤케라또

샤케라또(shakerato)는 셰이킹(shaking)의 의미이며 에스프레소에 물과 얼음을 넣고 흔들어 만든 메뉴이다.

⑪ 카페 로마노

로마노(Romano)는 레몬이다. 에스프레소에 레몬즙이나 껍질 등을 넣은 메뉴이다.

⑫ 카페 알렉산더

아이스커피에 브랜디와 카카오 크림을 넣어 만든 메뉴이다.

⑬ 모카치노

카푸치노에 초콜릿 시럽 또는 초콜릿 소스를 넣은 메뉴이다.

⑭ 카페 아란치아타

에스프레소에 오렌지주스를 넣은 메뉴이다.

⑮ 아포카토

에스프레소에 젤라또(아이스크림)를 첨가해 만든 메뉴이다.

⑯ 카페 로얄

에스프레소에 브랜디를 섞어 만든 것으로, 왕족의 커피로 불린다. 나폴레옹이 즐겨 마셨던 음료이다.

⑰ 카페 지뉴

주전자에 물을 끓여 설탕, 커피를 넣고 천 드립으로 찌꺼기를 걸러낸 후 데운 우유를 섞어서 마시는 브라질의 커피 음료이다.

⑱ 아이리시

블랙 커피와 위스키를 3대 2의 비율로 잔에 부은 다음, 갈색 설탕을 섞고 그 위에 두꺼운 생크림을 살짝 얹은 커피이다.

⑲ 깔루아

테킬라, 커피, 설탕을 주성분으로 만들어진 멕시코산의 커피 리큐르(Liqueur)이다.

⑳ 에스프레소 솔로

이탈리아에서 보통 카페(caffe)라 하며, 25~30mL의 커피를 데미타세에 제공한다.

㉑ 도피오

더블 에스프레소(Double espresso)이며, 투 샷(Two shot)이나, 더블 샷(Double shot)을 사용하는 커피의 양이다. 추출된 커피의 양이 솔로의 두 배이다.

㉒ 리스트레또

추출 시간을 짧게(10~15초) 하여 양이 적은(15~20mL) 진한 에스프레소이다.

2 커피를 주문 받을 때

❶ 친절한 미소와 밝은 표정으로 아이 콘택트한다.

② 날씨나 그날의 이슈와 관련된 간단한 인사말을 건넨다.

③ 메뉴는 점포의 얼굴이므로 항상 깨끗하게 관리한다.

④ 메뉴 설명 시 이해하기 쉬운 단어를 사용하고 손을 펴서 손바닥이 위로 오도록 하여 메뉴명을 가리키고 행사 상품이 있으면 안내한다.

⑤ 정확한 메뉴명과 메뉴 개수를 파악한다.

· 사이즈(숏, 톨, 그란데, 벤티 등) 확인하기

· 샷 추가 확인하기(샷 추가 시 비용 발생에 대해 안내해야 함)

· 시럽 유무 확인하기(시럽 추가 시 비용 발생에 대해 안내해야 함)

⑥ 메뉴의 특이 사항을 전달한다.(매우 뜨거운 음료, 섞어서 마셔야 하는 음료)

⑦ 추가 물품 구입 항목이 있는지 체크한다.

⑧ 메뉴가 준비되는 시간과 메뉴가 나오는 곳에 대한 정보를 제공한다.

⑨ 영업 전 판매 품목과 품절 상품 및 그날의 주력 상품을 숙지하여 주문 시 착오가 없도록 한다.

3 커피에 따른 맛의 특성, 제조 시간, 가격에 대한 이해

표 17-1 커피에 따른 특징과 제조 시간 가격

커피	특징	제조 시간	가격대(원)
핸드 드립	원산지에 따른 커피 본연의 맛과 차이를 느낄 수 있다.	2~3분	스페셜티 기준 5,000~7,000
에스프레소	적은 양이지만 강한 맛과 긴 여운을 느낄 수 있다.	1분	3,000~5,000
베리에이션 메뉴	다양한 메뉴를 즐길 수 있다.	1분 30초~ 2분 20초	4,000~6,000
아메리카노	핸드 드립처럼 부드럽게 에스프레소를 즐길 수 있다.	1분	3,000~4,000
프렌치 프레스	커피의 오일 성분까지 투과되어 풍부한 맛을 느낄 수 있다.	3~4분	4,000~5,000
체즈베	가장 오래된 방식으로 커피를 물에 넣어 끓인다.	2분	4,000~5,000

출처: 한국직업능력개발원, 커피 음료 제조, 2019, p.60

4 서비스 순서와 음료 제공, 추가 요구 사항 처리 및 서비스 방법

1) 음료를 주문 받을 때

- "실례하겠습니다"라는 멘트를 사용한다.
- 정확한 존칭어를 사용한다.
- 제공되는 음료의 종류를 정확히 알고 있어야 한다.
- 제공되지 못하는 음료가 있다면 변명보다는 사과를 드리고 대체 메뉴를 추천할 수 있어야 한다.

2) 음료를 고객에게 드릴 때

- "실례하겠습니다"라는 멘트를 사용한다.
- 나온 메뉴에 대한 정확한 설명을 해준다.
- 음료 제공 순서에 맞게 서비스한다.
- "맛있게 드십시오." 또는 "좋은 시간 보내십시오." 라는 말과 함께 음료를 제공한다.
- 남녀 고객이 함께 왔을 때: 여자 고객에게 먼저 드린 다음 남자 고객에게 서비스한다.
- 다수의 고객: 연장자를 먼저 드린 다음 한쪽 방향으로 서비스한다.
- 따뜻한 음료와 차가운 음료를 함께 제공할 때: 따뜻한 음료를 먼저 제공한다.

3) 추가 요구 사항

- 금연실/흡연실에 대한 문의
- 담요 유무에 대한 문의
- 담요가 필요한 경우 준비
- 와이파이에 대한 문의
- 커피 리필 여부에 대한 문의
  - 리필이 가능하다면 음료를 다 마신 후 가능하다고 말한다.
- 커피 메뉴의 온도 및 맛에 대한 문의
  - 커피 맛에 대해서 만족할 수 있도록 물 혹은 시럽을 첨가한다.

4) 서비스 방법

- 잔을 잡을 때는 입이 닿는 부분을 손으로 잡지 않는다.
- 손잡이는 고객의 오른쪽 방향으로 오도록 한다.
- 잔을 테이블에 놓을 때 소리가 나지 않도록 해야 하며 내용물이 흐르지 않도록 한다.
- 잔에 얼룩이나 이물질이 없도록 한다.

5) 음료 추천 요령

고객은 메뉴를 선택하기 전 메뉴에 대한 정확한 정보가 없기 때문에 망설이는 경향이 있다. 이러한 경우 고객을 신속하게 파악하여 음료 구매 의욕을 자극할 수 있도록 해야 한다. 이때 주의해야 할 사항은 음료를 추천하는 과정에서 고객에게 강매하고 있다는 느낌을 주지 않도록 해야 하며, 고객의 입장을 고려한 매장의 합리적인 주문이 이루어지도록 노력해야 한다. 또한 자주 방문하는 고객일 경우에는 guest history를 작성하여 고객의 기호에 맞는 맞춤 서비스를 제공하도록 한다.

❶ 고객이 음료를 선택하지 못하고 망설일 경우 분위기에 따라 적극적으로 추천한다.
❷ 추천 상품은 주로 오늘의 특별 음료 또는 수익성이 높고 재고가 많은 품목을 우선적으로 추천한다.
❸ 고정 고객인 경우 고객의 취향을 고려하여 고객에게 가장 적합한 품목을 추천한다.
❹ 추천하고자 하는 품목의 특징을 구체적으로 설명하여 고객이 선택했을 때 후회하지 않도록 노력한다.

부록

바리스타 자격시험 출제 예상 문제

01 현재 우리가 알고 있는 커피가 '커피'라고 불리기 시작한 시기는?

① 1550년 무렵부터 ② 1600년 무렵부터
③ 1650년 무렵부터 ④ 1700년 무렵부터

02 커피의 다양한 맛과 그 맛의 근원이 되는 성분이다. 틀린 것은?

① 신맛 - 지방산 ② 쓴맛 - 카페인
③ 단맛 - 당질 ④ 떫은맛 - 리놀레산

해설 리놀레산은 신맛의 원인인 지방산 중 필수 지방산이다.

03 국가별 커피 표현법 중 틀린 것은?

① 일본 - 코히(コーヒー)
② 베트남 - Caphe
③ 러시아 - Kophe
④ 이탈리아 - Kaffee

해설 이탈리아 - caffe, 독일 - kaffee

04 오늘날 상업적으로 재배되는 커피의 3대 원종에 속하지 않는 것은?

① 아라비카 ② 레귤러
③ 로부스타 ④ 리베리카

해설 커피의 3대 원종: 아라비카종, 로부스타종, 리베리아종
(=리베리카종)

05 커피의 품종 중 전 세계 재배의 75~80%를 차지하고 있는 것은?

① 아라비카
② 카네포라종의 변이종
③ 로부스타
④ 리베리카

해설 카네포라종의 변이종 = 로부스타종

06 커피 기원설 중 6~7세기경 에티오피아에서 염소가 붉은 열매를 먹고 하는 행동을 보고 커피를 발견한 사람은?

① 칼디 ② 노르망
③ 실비우스 ④ 제우스

07 17세기 말까지 세계의 커피 공급은 어느 지역에 의존했는가?

① 이탈리아 ② 예멘
③ 파리 ④ 메독

08 16세기경 커피에 코페아 아라비카라는 이름을 붙여준 학자는?

① 리니우스 ② 코페
③ 테란 ④ 리브수

09 커피가 세계 각국으로 전파되었던 시기로 적당한 것은?

① 16세기 전후
② 17세기 전후
③ 18세기 전후
④ 19세기 전후

10 세계에서 가장 큰 커피 소비국은?

① 일본 ② 인도
③ 미국 ④ 프랑스

11 우리나라 기록상 커피를 가정 먼저 마신 사람은 누구인가?

① 고종 황제 ② 시인 이상
③ 박영효 ④ 김홍집

12 커피나무의 원산지로 현재 정설로 받아들여지는 지역은?

① 아라비아   ② 영국
③ 에티오피아   ④ 말레이시아

13 오늘날의 커피 음료로 발전시킨 지역은?

① 아라비아   ② 영국
③ 에티오피아   ④ 말레이시아

14 유럽 최초의 커피 하우스로 이탈리아 베네치아에서 개점한 연도는?

① 1578년   ② 1645년
③ 1674년   ④ 1798년

15 우리나라 최초로 고종 황제가 커피를 접한 시기는?

① 1645년   ② 1825년
③ 1882년   ④ 1896년

16 아라비아반도 고원 지대에서 생산하는 아라비카종으로서의 커피 수출항이던 곳은?

① 모카   ② 레반토
③ 아덴   ④ 바타비아

> **해설** 모카항의 이름에서 모카 커피가 비롯됨.

17 여행가들이 "커피를 추출하고 마시는 것에 관련된 예절과 법도가 있다"라고 할 정도로 커피를 마시기 전 절을 하고 상대를 존경한다고 표현하는 문화를 가진 지역은?

① 이탈리아   ② 그리스
③ 아랍   ④ 프랑스

18 커피 재배에 관한 설명이다. 맞지 않는 것은?

① 커피 음용이 시작된 초기, 커피는 예멘에 모여서 일부는 육로로, 대부분은 홍해 항로를 따라 각지로 운반되었다.

② 1658년 네덜란드는 포르투갈로부터 빼앗은 실론에 모카로부터 커피나무를 옮겨 재배해서 성공했다.

③ 아프리카 지역에서 발생한 사비병(coffee leaf rust)으로 인해 오히려 번성한 품종은 아라비카종이다.

④ 1600년대 동인도 회사를 설립하여 바타비에 근거를 두고 커피의 재배 지역을 확보한 나라는 네덜란드이다.

> **해설** 곰팡이균에 의한 사비병에 강한 품종은 로부스타종이다. 즉, 사비병이 퍼짐에 따라 상대적으로 저항성이 좋은 로부스타종이 번성하게 된다.

19 세계 커피 생산량의 약 30%를 차지하는 세계 최대의 커피 생산국은?

① 에티오피아   ② 콜롬비아
③ 미국   ④ 브라질

20 '커피의 원산지'라는 자부심을 가지고 있으며 커피를 단지 음료가 아닌 전통 문화로까지 계승하고 있는 나라는?

① 에티오피아   ② 브라질
③ 그리스   ④ 독일

 01. ③ 02. ④ 03. ④ 04. ② 05. ① 06. ①
07. ② 08. ① 09. ② 10. ③ 11. ① 12. ③
13. ① 14. ② 15. ④ 16. ① 17. ③ 18. ③
19. ④ 20. ①

21 커피를 마시고 난 후에 잔을 엎어서 커피가 그리는 모양으로 자신의 앞날을 예측하는 커피점(占)으로 유명한 나라는?

① 오스트리아　　　② 체코
③ 그리스　　　　　④ 에콰도르

22 다음은 이탈리아의 커피 문화에 대한 설명이다. 잘못 설명한 것은?

① '카푸치노'로 유명한 문화이다.
② 이른 아침 노천 카페와 길거리에서 수다스러운 입담과 함께 커피를 마신다.
③ 강하게 볶은 원두를 곱게 분쇄한 커피 가루를 사용하여 데미타스 잔에 담아 그대로 마신다.
④ '틴토(tinto)'를 마시는 나라이다.

해설　'틴토(tinto)'는 콜롬비아의 대표적 커피이다.

23 다음은 무엇에 관한 설명인가?

> 뜨거운 물속에 흑설탕을 넣고 끓여서 녹인 후 불을 끄고 커피 가루를 넣고 저은 뒤 가루가 모두 가라앉을 때까지 5분쯤 두었다가 맑은 커피만을 마시는 것

① 러시안 커피(Russian Coffee)
② 콜롬비아의 틴토(tinto)
③ 카페라떼
④ 카페오레

24 커피존 또는 커피 벨트가 있는 지구상의 위치는?

① 북위 23~남위 24도 사이
② 북위 28~남위 30도 사이
③ 북위 20도 이하
④ 남위 10도 이상

25 다음은 각 나라와 대표적인 커피를 연결한 것이다. 올바르지 못한 것은?

① 러시아 - 러시안 커피(Russian Coffee)
② 프랑스 - 카페오레
③ 오스트리아 - 카페 로열
④ 콜롬비아 - 틴토(tinto)

해설　오스트리아는 비엔나 커피로 유명하다. '카페 로열'은 커피에 코냑을 넣어 먹는 프랑스 문화이다.

26 다음은 어느 나라의 커피 문화에 대해 열거한 것인가?

> ㉠ 차(茶)에 세금을 부과한 타운젠트 법안이 통과되면서 커피를 마시기 시작
> ㉡ 하루 4천5백만 잔의 커피를 마셔대는 대량 소비국

① 미국　　　　　② 영국
③ 이탈리아　　　④ 브라질

27 커피나무 중 아라비카종에 대한 설명 중 틀린 것은?

① 재배 고도는 해발 800m 이상
② 병충해에 약함
③ 성장 속도는 빠르나 쓴맛이 강하고 향미가 약함
④ 평평한 모양으로 기다랗고 초록빛이 도는 파란색

28 커피 열매 속에는 대부분 두 쪽의 열매가 들어 있다. 그런데 씨가 하나밖에 없고 그 모양이 둥근 형태를 무엇이라고 하는가?

① 피어리　　　　② 피베리
③ 피넬리　　　　④ 피카리

29 다음에 열거한 커피 문화 중 우리나라와 관련이 있는 것들로 바르게 연결된 것은?

> ㉠ 커피를 '가배차(嘉俳茶)'라고 기록한 문헌이 있다
> ㉡ 최초의 서양식 호텔인 손탁 호텔이란 곳에 최초의 커피숍이 등장했다.
> ㉢ 최초의 커피숍은 '정동구락부'이다.
> ㉣ 커피에 의한 독살 음모 사건이 있었다.

① ㉠

② ㉠, ㉡, ㉣

③ ㉠, ㉢, ㉣

④ ㉠, ㉡, ㉢, ㉣

30 다음 빈 곳에 들어갈 말로 맞는 것은?

> 커피 과실이 숙성함에 따라 2개의 배유(胚乳)는 서로 마주본 평면 부위가 접혀 내부로 들어간 모양이 되고, 평면부의 중앙에 (   )라고 불리는 공간이 존재하게 된다. 배는 배유(胚乳)의 가운데 모여 있고, 과육과 내과피(內果皮)의 사이, 내과피(內果皮)와 은피(銀皮)의 사이, 은피(銀皮)와 배유(胚乳)의 사이 및 (   ) 내에서는 점질물이 모여 있다.

① flat bean

② mucilage

③ silver skin

④ center cut

 flat bean: 커피 열매의 평평한 형태를 일컬어 부르는 말(flat: 평평한, bean: 콩)
mucilage: 커피 열매 내부에 들어 있는 점질물
silver skin: 은피

31 다음에 열거한 것 중 커피 열매의 내부 구조와 관련이 없는 것은?

① center cut

② cherry

③ 은피

④ 내과피

 cherry는 커피나무에 착상된 과실(커피 열매)이 외형적 색이나 형태가 앵두와 비슷하다 하여 부르는 별명

32 다음은 커피의 정제법 중 건식법에 대한 설명이다. 틀린 것은?

① 정제 기간이 약 2주 정도 필요하다.

② 비용이 많이 들기는 하지만 좋은 품질의 커피를 얻을 수 있다.

③ 아주 오랜 옛날부터 사용되던 방식으로 인공 건조와 자연 건조가 있다.

④ 건조탑이라는 설비가 필요한 것은 건식법 중 인공 건조에 해당한다.

해설 ②는 습식법에 대한 설명이다.

33 다음은 커피의 정제법 중 건식법에 대한 설명이다. 틀린 것은?

① 별도의 설비에 대한 투자가 필요하지 않을 수 있다.

② 자연법이라고도 하며 기계를 사용하거나 자연광을 이용해 3일 정도 건조시킨다.

③ 체리의 윗부분과 아랫부분을 자주 고루 섞어주어야 하며, 밤에는 이슬을 피하기 위해 한 곳에 모아 덮개를 씌워주어야 한다.

④ 인건비가 비쌀 때는 건조탑이라는 시설을 이용하여 자연 건조시킨다.

해설 건식법은 2~3주 정도의 건조 기간이 소요된다.

정답 21. ③ 22. ④ 23. ② 24. ② 25. ③ 26. ①
27. ③ 28. ② 29. ④ 30. ④ 31. ② 32. ②
33. ②

34 다음은 커피의 정제법 중 습식법에 대한 설명이다. 틀린 것은?

① 시멘트나 콘크리트로 만들어진 건조장이나 맨땅을 이용한다.

② 비교적 현대적인 방법이다.

③ 비용은 많이 들지만 좋은 품질의 커피를 얻을 수 있다.

④ 대부분 아라비카 커피의 생산국에서 사용되고 있는 방법이다.

해설 ①은 건식법에 해당된다.

35 다음은 커피의 정제법 중 습식법에 대한 설명이다. 맞는 것은?

① 끈적끈적한 점액질(pectin)을 제거하기 위해 기계(huller)를 이용한다.

② 좋은 품질을 얻기 위해 출하와 무관하게 내과피를 빠르게 제거해야 한다.

③ 발효의 과정을 거친다.

④ 외피와 과육을 제거하기 위한 별도의 장비가 필요치 않는 것이 특징이다.

36 하루에 50kg에서 100kg의 체리를 수확하는데 이중 원두가 차지하는 비율은?

① 10% ② 20%

③ 30% ④ 40%

37 배합의 법칙 중 틀린 것은?

① 콩의 성격을 잘 알아야 한다.

② 원두는 품질이 안정된 것을 사용한다.

③ 개성이 있는 원두를 주축으로 하고 그 위에 보충의 원두를 배합한다.

④ 원두의 품질은 불규칙적으로 변화 가능성 있는 것이 좋다.

38 배전 방식의 분류 중 틀린 것은?

① 롱 타임 로스팅(Long time roasting)

② 숏 타임 로스팅(Short time roasting)

③ 원 타임 로스팅(One time roasting)

④ 인터메디에이트 타임 로스팅(Intermediate time roasting)

39 다음은 어떤 종류의 배전기에 대한 설명인가?

가장 오래되고 가장 일반적인 배전기로 원통형의 드럼을 가로로 눕힌 형태를 하고 있다. 드럼이 회전하는 것에 의해 원두가 골고루 섞이며 배전되고, 배전이 끝나면 앞쪽의 문을 열어 원두가 냉각기(cooling car)로 방출되도록 하는 방식을 택하고 있다.

① 직화식 배전기(Conventional Roaster)

② 열풍식 배전기(Rotary fluidized bed roaster)

③ 숯불 배전기(Charcoal Roaster)

④ 마이크로 웨이브 배전기(Micro-wave roaster)

40 배전기 중 1970년대 일본에서 개발된 것으로 열원으로 숯을 이용하는 것은?

① 숯불 배전기

② 직화식 배전기

③ 열풍식 배전기

④ 마이크로 웨이브 배전기

41 원두를 이용, 우리가 마시는 음료를 만들기 위해서는 배합(blending)을 거친 후 세 가지 공정을 반드시 거쳐야 하는데 그 공정에 속하지 않는 것은?

① 배전(roasting) ② 분쇄(grinding)

③ 제조(making) ④ 추출(brewing)

42 두 가지 종류 이상의 커피를 혼합하는 것으로, 궁합이 잘 맞는 커피들끼리 혼합하여 맛과 향의 상승 효과를 목적으로 하는 과정은 무엇인가?

① 배전(roasting)
② 분쇄(grinding)
③ 배합(blending)
④ 추출(brewing)

43 커피 블렌딩(Coffee Blending)에 관한 설명이다. 맞지 않는 것은?

① 맛보다는 경제적인 목적, 즉 원가 절감 차원에서 커피 블렌딩이 이루어지는 경우도 상당히 많다.
② 커피를 볶는 과정으로 우리가 마시기 위해 반드시 거치게 된다.
③ 우리나라에서 볼 수 있는 원두커피는 국산이건 수입이건 관계없이 거의 100% 블렌딩 커피이다.
④ 커피 블렌딩의 시점은 로스팅 전 생두 블렌딩과 로스팅 후 원두 블렌딩으로 구분된다.

해설 ②는 배전(roasting)에 관한 설명이다.

44 훌륭한 블렌딩의 요령으로 적합하지 않는 것은?

① 원두는 신선하고 좋은 것이어야 한다.
② 각 원두의 특성을 정확하게 파악하여야만 한다.
③ 브라질 등 짙은 맛이 있는 원두를 베이스로 특성 있는 원두를 배합한다.
④ 유사한 맛이 있는 원두 배합이 이상적이다.

해설 유사한 맛이 있는 원두 배합은 피하는 것이 좋다.

45 좋은 블렌딩을 위한 준비로 맞지 않는 것은?

① 특유의 맛과 향을 혀로 익히려고 스트레이트로 마시는 것은 좋지 않다.
② 상반되는 성질의 커피를 사용하여 밸런스가 좋은 커피를 만들어 본다.
③ 같은 성질의 커피를 축으로 하고 다른 성질의 커피를 액센트로 사용하여 일부 맛을 강조한 커피를 만들어 본다.
④ 특정의 커피를 축으로 하고, 이 특징을 잃지 않을 정도로 다른 커피를 가하여 특정의 커피 특징을 살리면서도 조화롭고 중후한 커피를 만들어 본다.

해설 오히려 여러 종류를 스트레이트로 마셔 특유의 맛과 향을 혀로 익히는 것이 좋다.

46 배전(roasting)에 관한 설명이다. 맞지 않는 것은?

① 우리가 커피를 먹기 위해서 볶는 과정을 말한다.
② 커피는 배전에 의해 연한 초록색에서 갈색으로 변하는 것이 일반적이다.
③ 무게는 10~20% 증가하게 된다.
④ 수분 함량이 떨어지며 부피가 2배 정도 증가한다.

해설 무게는 10~20% 줄게 된다.

 정답 34. ① 35. ③ 36. ② 37. ④ 38. ③ 39. ①
40. ① 41. ③ 42. ③ 43. ② 44. ④ 45. ①
46. ③

47 배전(roasting)에 관한 설명이다. 맞지 않는 것은?

① 원두는 약하게 볶으면 신맛이 강해진다.
② 원두는 강하게 볶으면 쓴맛이 강해진다.
③ 원두의 부피와 무게의 변화는 200℃ 이상의 고온에서 일어난다.
④ 강하게 볶으면 볶을수록 향이 점점 강해진다.

해설 ▶ 너무 강하게 볶으면 향이 없어지게 된다.

48 배전 시 물리적, 화학적 변화에 대한 설명이다. 맞는 것은?

① 부피가 약 50% 팽창하고 내부가 다공성으로 변한다.
② 무게가 14~20% 증가한다.
③ 당분의 일부는 SO_2 가스로 변화하고 방출되기 시작한다.
④ 당분의 일부는 기체화되어 간다.

49 커피 분쇄 시 유의해야 할 사항을 나열한 것이다. 틀린 것은?

① 전용 그라인더를 갖추는 것이 좋다.
② 미분과 삽피의 제거를 게을리하지 말아야 한다.
③ 처음에는 약간의 원두만을 분쇄한 후 그 분쇄 커피를 버린 다음에 본격적인 커피 분쇄를 한다.
④ 미리 분쇄한 커피를 밀폐 용기 등에 담아 놓고 추출할 때마다 꺼내 쓰면 신선하고도 원두의 맛을 제대로 살린 커피를 즐길 수 있다.

해설 ▶ 가능하다면 커피를 추출하기 직전에 원두를 분쇄해야 신선하고도 원두의 맛을 제대로 살린 커피를 즐길 수 있다.

50 다음은 배전(roasting)의 과정 중 어느 것에 관한 설명인가?

하프시티 로스트로 알려져 있다. 커피를 캔으로 포장해 수출할 때 주로 사용되는 방법인데 질 좋은 커피를 이 방법으로 볶는 것은 현명하지 못하다.

① 라이트 로스트 (Light Roast)
② 미디엄 로스트 (Medium Roast)
③ 하이 로스트(High Roast)
④ 시나몬 로스트 (Cinnamon Roast)

51 다음은 배전(roasting)의 과정 중 어느 것에 관한 설명인가?

뛰어난 신맛을 갖는 원두이며 그 신맛을 즐기고 싶다면 이 원두가 최적이다. 누런색이던 원두가 계피색을 띠게 된다.

① 라이트 로스트 (Light Roast)
② 미디엄 로스트 (Medium Roast)
③ 시티 로스트 (City Roast)
④ 시나몬 로스트 (Cinnamon Roast)

52 다음은 배전(roasting)의 과정 중 어느 것에 관한 설명인가?

시티, 아메리칸, 레귤러, 아침 식사용 로스트라 불린다. 다목적이며 미국 사람들이 특히 좋아하며 아침 식사용 또는 우유와 설탕을 넣어 마시는 일반적인 커피에 좋다.

① 라이트 로스트 (Light Roast)
② 미디엄 로스트 (Medium Roast)
③ 다크 로스트 (Dark Roast)
④ 시나몬 로스트 (Cinnamon Roast)

53 다음은 배전(roasting)의 과정 중 어느 것에 관한 설명인가?

> 단맛이 나기 시작하는 단계이다. 가장 일반적인 단계로 갈색의 커피가 된다.

① 시티 로스트 (City Roast)
② 미디엄 로스트 (Medium Roast)
③ 하이 로스트 (High Roast)
④ 에스프레소 로스트 (Espresso Roast)

54 다음은 배전(roasting)의 과정 중 어느 것에 관한 설명인가?

> 하이, 비엔나 로스트라 불린다. 원두에서 나온 기름이 막 표면을 가열하기 시작했을 때의 콩이며 색은 짙은 황갈색이며 기름 때문에 약간 광택이 난다.

① 다크 로스트 (Dark Roast)
② 미디엄 로스트 (Medium Roast)
③ 프렌치 로스트 (French Roast)
④ 에스프레소 로스트 (Espresso Roast)

55 다음은 분쇄 과정에 관한 설명이다. 틀린 것은?

① 좋은 한 잔의 커피를 얻기 위한 4대 요소 중 하나다.
② 물과 커피 입자의 접촉 시간이 길어질수록 분쇄된 커피 입자의 크기는 커져야 한다.
③ 장식용으로도 많이 애용되는 핸드밀의 경우 정교하지 않은 제품으로도 고른 분도를 얻을 수 있다.
④ 커피 추출 시간이 길면 굵게 분쇄하고, 짧으면 곱게 분쇄한다.

 장식용으로도 많이 애용되는 핸드밀의 경우 웬만큼 정교한 고급품이 아니고는 고른 분도를 기대하기 어렵다.

56 로스팅된 커피 원두의 가치를 최대한 살려내기 위한 바람직한 커피 분쇄 방법이 아닌 것은?

① 추출 방법에 알맞은 분도를 선택한다.
② 장식용으로도 많이 애용되는 핸드밀을 선택한다.
③ 분쇄 과정에서 발열과 미분을 최소화하면서 분쇄 커피에 섞여 있는 삽피를 가능한 많이 걸러낸다.
④ 선택된 분도에 따라 분쇄된 커피 입자의 크기가 일정하게 고른 분도를 유지한다.

57 다음은 분쇄 과정에 관한 설명이다. 틀린 것은?

① 분쇄 시 발생하는 삽피는 커피 맛에 긍정적인 영향을 끼친다.
② 분쇄할 때 생기는 커피 먼지 같은 미분이 커피의 맛과 향에 부정적인 영향을 끼친다.
③ 커피 원두를 분쇄할 때 원두에 가해지는 강한 충격과 동시에 발생되는 마찰열로 인하여 미분이 발생한다.
④ 커피를 분쇄할 때 그라인딩 방식은 마찰열이 많이 발생하게 된다.

 커피 원두를 분쇄하고 나면 커피 원두 내부에 숨겨져 있었던 커피 껍질(실버스킨)이 나타나게 된다. 이 껍질을 '삽피'라고 한다. 이 삽피는 불쾌한 쓴맛과 떫은맛으로 커피 맛에 부정적인 영향을 끼친다.

 47. ④ 48. ① 49. ④ 50. ① 51. ④ 52. ②
53. ③ 54. ① 55. ③ 56. ② 57. ①

58 생두를 볶아서 분쇄한 커피(ground coffee)로부터 물을 이용하여 맛과 향을 내는 가용성 성분을 최대한 용해시켜서 뽑아내는 과정을 무엇이라고 하는가?

① 배전(roasting) ② 분쇄(grinding)
③ 배합(blending) ④ 추출(brewing)

59 다음은 추출에 관한 설명이다. 틀린 것은?

① 커피 향미 성분들이 각각 다른 속도로 추출되기 때문에 추출 방법에 따라서도 달라질 수도 있다.
② 일반적으로 추출 시간이 길면 가는 입도가, 짧으면 굵은 입도가 적합하다.
③ 일반적으로 좋은 성분이나 향기, 상큼한 맛, 달콤한 맛은 먼저 추출된다.
④ 추출 커피의 품질은 향미 성분의 농도와 추출 수율의 균형에 의하여 결정된다.

> **해설** 일반적으로 추출 시간이 길면 굵은 입도가, 짧으면 가는 입도가 적합하다.

60 다음은 추출의 방법을 설명한 것이다. 바른 것은?

> 침출식 커피 추출의 한 변형으로, 하부 챔버에서 만들어진 수증기압은 뜨거운 물을 커피가 담겨 있는 상부의 챔버로 밀어 옮기고 일정하게 저으면서 가용 성분을 침출한다.(사이폰 추출기)

① 삼출(percolation)
② 진공 여과 (vacuum filtration)
③ 드립 여과(drip filtration)
④ 가압 추출(pressurized infusion)

61 다음은 추출의 방법을 설명한 것이다. 바른 것은?

> 분쇄 커피를 뜨거운 물에 넣고 일정한 시간 끓이는 방법으로 가용성 성분이 많이 추출된다.

① 삼출(percolation)
② 진공 여과(vacuum filtration)
③ 달이기(decoction, boiling)
④ 가압 추출(pressurized infusion)

62 다음은 추출의 방법을 설명한 것이다. 바른 것은?

> 뜨거운 물과 커피 추출액이 반복하여 커피층을 통과하면서 가용 성분을 추출한다.

① 삼출(percolation)
② 진공 여과 (vacuum filtration)
③ 드립 여과(drip filtration)
④ 가압 추출(pressurized infusion)

63 다음은 추출의 방법을 설명한 것이다. 바른 것은?

> 2-10기압의 뜨거운 물이 커피층을 빠르게 통과하면서 가용성 향미 성분과 불용성인 커피 기름, 미세한 섬유질 그리고 가스를 함께 유화시켜 짙은 농도의 커피를 만든다.

① 삼출(percolation)
② 진공 여과 (vacuum filtration)
③ 달이기(decoction, boiling)
④ 가압 추출(pressurized infusion)

64 다음은 추출의 방법을 설명한 것이다. 바른 것은?

> 뜨거운 물이 커피층을 한번 통과하면서 가용 성분을 추출한다.

① 삼출(percolation)
② 진공 여과 (vacuum filtration)
③ 드립 여과(drip filtration)
④ 가압 추출(pressurized infusion)

65 커피 맛을 내기 위한 좋은 물에 대한 설명이다. 바르지 않는 것은?

① 수질(水質)은 커피의 품질만큼이나 중요하다.
② 약간의 경도가 있는 물은 여과 속도를 높여 커피 맛에 좋지 않은 영향을 준다.
③ 철분과 염소 성분은 소량이라도 커피 맛에 나쁜 영향을 준다.
④ 나트륨 이온으로 용해된 무기질을 치환하는 '연수 처리'는 알칼리도를 높여서 커피 맛에 좋지 않은 영향을 준다.

66 다음은 여과 매체에 관한 설명이다. 맞는 것은?

> 금속판의 작은 구멍들을 통하여 커피 추출액을 여과하는 매체로, 추출액을 맑게 여과하지는 못하여 미세한 입자들이 추출액에 혼합되는 단점이 있다.

① 다공성 금속 여과판(perforated metal plate)
② 금속 여과망(metal strainer)
③ 여과포(filter cloth)
④ 여과지(filter paper)

67 다음은 여과 매체에 관한 설명이다. 맞는 것은?

> 재질과 조밀도에 따라 여과가 달라지는 여과 매체로 반복하여 사용하면 기름이 배어 커피 맛을 변질시킨다.

① 다공성 금속 여과판(perforated metal plate)
② 금속 여과망(metal strainer)
③ 여과포(filter cloth)
④ 여과지(filter paper)

68 다음은 여과 매체에 관한 설명이다. 맞는 것은?

> 가장 맑은 추출액을 여과하나 재질이 약하고, 여과가 늦어 과도한 추출을 하기도 한다.

① 다공성 금속 여과판(perforated metal plate)
② 금속 여과망(metal strainer)
③ 여과포(filter cloth)
④ 여과지(filter paper)

69 커피의 품종 중 로부스타종에 대한 설명으로 맞지 않는 것은?

① 쓴맛은 강하고 향기가 떨어지지만 가격이 저렴하다.
② 주로 해발 800m 이상에서만 생산된다.
③ 다른 커피와 배합하거나 인스턴트 커피를 제조하는 데 주로 사용한다.
④ 강인한 종자로 어려운 환경에서도 잘 자란다.

 ② 아라비카종에 관한 설명이다.

정답 58. ④ 59. ② 60. ② 61. ③ 62. ① 63. ④
64. ③ 65. ② 66. ① 67. ③ 68. ④ 69. ②

70 커피의 품종 중 아라비카종에 대한 설명으로 맞지 않는 것은?

① 주로 인스턴트 커피를 제조하는 데 사용한다.
② 병충해에 약할 뿐만 아니라 기온이 섭씨 30℃ 이상으로 올라가면 해를 입는다.
③ 단맛, 신맛, 감칠맛 그리고 향기가 뛰어나 가격이 비싸다.
④ 커피 생두의 모양이 평평하고 길이가 길며 가운데 새겨진 고랑이 굽어 있다.

해설 ①은 로부스타종에 관한 설명이다.

71 커피의 품종 중 로부스타종에 대한 설명으로 맞지 않는 것은?

① '콩고'가 원산지이다.
② 카페인 함량이 많으며(2~2.5%) 쓴맛이 강하다.
③ 로부스타종은 모든 것에 잘 견디며 결빙도 예외는 아니다.
④ 서아프리카와 같은 열대 삼림 지대의 습하고 더운 기후에서 자란다.

해설 로부스타종은 결빙에 약하다.

72 커피의 품종 중 로부스타종에 대한 설명으로 맞지 않는 것은?

① 열대 삼림 지대에서 야생 상태로 자라던 로부스타가 재배되기 시작한 것은 18세기부터이다.
② 20세기 초 네덜란드에서 로부스타를 이식하여 재배하기 시작한 나라는 인도네시아이다.
③ 브라질에서 생산하는 로부스타 주요 품종은 코닐론(Conilon)이다.
④ 브라질에서 생산되는 로부스타는 브라질 전체의 30% 이상을 차지한다.

해설 브라질 전체 생산량의 15% 정도만 생산

73 커피의 품종 중 아라비카종에 대한 설명으로 맞지 않는 것은?

① 커피의 2대 원두 중 하나인 '코페아 아라비카'의 열매를 일컫는다.
② 다 자란 크기가 5~6m이고 평균 기온 20℃, 해발 1,800m의 고지대에서 재배된다.
③ 원두가 둥글고 홈이 곧고 회청색을 띤다.
④ 30도 이상의 온도에서 2일 이상을 견디지 못하는 등 기후, 토양, 질병에 상당히 민감하다.

해설 ③은 로부스타종의 설명이다.

74 아라비카종의 성장 조건이다. 바르게 묶인 것은?

> ㉠ 평균 20~25℃의 기온
> ㉡ 지나치게 습하지 않는 규칙적인 비
> ㉢ 지나치게 강렬하지 않은 충분한 햇빛
> ㉣ 가급적이면 화산 지대이거나 비옥한 토양

① ㉠, ㉢
② ㉠, ㉡
③ ㉡, ㉢
④ ㉠, ㉡, ㉢, ㉣

75 커피의 품종 중 리베리카종에 대한 설명으로 맞지 않는 것은?

① 에티오피아가 원산지이다.
② 열매의 크기가 크고 병충해에 강하여 재배하기 쉽다.
③ 저지대에서도 잘 자란다.
④ 수출보다는 대개 자국 소비에 그치며 쓴맛이 지나치게 강하다.

해설 ①은 아라비카종에 관한 설명이다.

76 커피 생산지 브라질에 관한 설명이다. 바르지 못한 것은?

① 브라질의 본격적인 커피 생산은 포르투갈로부터 독립한 1822년부터다.
② 다른 나라들에 비해 비교적 낮은 고도의 대규모 농장에서 경작된다.
③ 1900년 이후 양(量)에 치우친 생산 증대 정책에도 여전히 최상품의 커피가 생산되고 있다.
④ 생두의 밀도는 비교적 낮은 편이다.

해설 오늘날 브라질 커피는 중저급의 아라비카 커피로 평가되고 있다.

77 커피 생산지인 브라질에 관한 설명이다. 바르지 못한 것은?

① 아라비카를 생산할 뿐 로부스타는 생산하지 않는다.
② 커피의 대부분은 상파울루의 산토스(Santos) 항구로 집결되어 수출된다.
③ 상파울루(San Paulo)는 브라질의 주요 커피 산지 중 하나다.
④ 브라질의 유명 커피로는 'Brazil Santos NY 2'가 있다.

해설 브라질에서는 코닐론(Conilon)이라는 로부스타 커피 또한 생산되고 있다.

78 커피 생산국인 콜롬비아에 대한 설명이다. 바르지 못한 것은?

① 세계 2위의 커피 생산국이다.
② 콜롬비아 커피는 마일드 커피(Mild Coffee)의 대명사이다.
③ 콜롬비아의 커피 정책은 최대 커피 생산을 늘리는 양적 증가에 목적이 있다.
④ 한 나라에서 생산되는 커피의 품질로만 본다면 세계 1위의 고급 커피이다.

79 커피의 품종 중 아라비카종에 대한 설명으로 맞는 것은?

① 병충해에 강하다.
② 성장 속도는 느리나 향미가 풍부하다.
③ 열대 지방에서 다 자란 나무 높이는 13~15m이다.
④ 열매의 모양이 둥글다.

해설 ①, ③, ④는 로부스타종에 대한 설명이다.

80 커피의 품종 중 로부스타종에 대한 설명으로 맞는 것은?

① 적정 성장 온도는 15~24℃이다.
② 카페인 함유량이 적다.(0.8~1.4%)
③ 해발 1,000~2,000m 정도에서 자란다.
④ 주로 인스턴트 커피 및 배합용으로 사용된다.

해설 ①, ②, ③은 아라비카종에 대한 설명이다.

81 콜롬비아 커피에 대한 설명이다. 바르지 못한 것은?

① 아라비카 커피만을 생산하며 모두 수세 건조 방법으로 가공된다.
② 대형 커피 농장이 별로 없다.
③ 대부분 '카페테로(Cafetero)'라고 불리우는 농부들에 의해 생산되고 있다.
④ 건식법을 이용하여 커피를 정제한다.

해설 습식법을 이용한다.

정답 70.① 71.③ 72.④ 73.③ 74.④ 75.①
76.③ 77.① 78.③ 79.② 80.④ 81.④

82 콜롬비아 커피에 대한 설명이다. 바르지 못한 것은?

① 커피의 주 생산지는 안데스산맥 지대에 분포한다.
② 주요 커피로 '콜롬비안 엑셀소(Colombian Excelso)'가 있다.
③ 콜롬비아 최고급 커피들의 대부분은 '타라주(Tarrazu)' 품종이다.
④ 습식법을 이용한다.

> 해설 콜롬비아 최고급 커피들의 대부분은 티피카(Typica)와 카투라(Caturra) 품종이다.

83 아래는 커피 생산국에 관한 설명이다. 어느 나라일까?

> ㉠ 세계적인 커피로는 단연 '타라주(Tarrazu)'다.
> ㉡ 쿠바로부터 이식되면서 커피가 경작되기 시작했다.
> ㉢ 타라주 중에서도 '라미니타(La Minita)' 농장의 커피가 최상급으로 알려져 있다.
> ㉣ 완벽한 맛과 향의 조화, 너무나 완벽하게 깨끗한 생두의 생산으로 찬사받는다.

① 브라질
② 코스타리카
③ 자메이카
④ 과테말라

84 과테말라의 대표적 커피로 쏘는 듯한 스모크 향과 깊고 풍부한 맛, 살며시 느껴지는 초콜릿 맛이 일품인 것은?

① 타라주
② 안티구아
③ 엑셀소
④ 산토스

85 다음 설명은 커피 생산지 중 어느 곳을 말하는가?

> ㉠ 화산재 토양에서 고급 커피를 생산하는 나라로 유명하다.
> ㉡ 스모크 커피의 대명사인 '안티구아(Antiqua)' 커피를 생산한다.
> ㉢ 전형적인 커피 품종인 티피카(Typica)와 버본(Bourbon)이 주로 경작되고 있다.
> ㉣ 그늘 경작법을 많이 사용하고 있다.

① 자메이카
② 멕시코
③ 코스타리카
④ 과테말라

86 커피 생산지인 자메이카에 대한 설명이다. 틀린 것은?

① 커피의 황제라고 불리는 블루마운틴 커피를 생산한다.
② 온화한 기후, 연중 고른 강수량 등 이상적인 커피 재배 환경을 갖추고 있다.
③ 마일드 커피(Mild Coffee)의 대명사로 평가된다.
④ 식민 정부가 커피 산업 지원 정책을 실시하면서 커피 생산량이 증가했다.

> 해설 ③ 콜롬비아 커피에 관한 설명이다.

87 다음 설명에 맞는 커피는 무엇인가?

> ㉠ 커피의 황제, 세계 최고의 커피
> ㉡ 부드럽고도 조화로운 커피 맛
> ㉢ 타 지역 커피에 비해 밀도가 높은 커피

① 블루마운틴
② 안티구아
③ 산토스
④ 타라주

88 다음 설명에 맞는 커피 생산지는 어디인가?

> ㉠ 커피의 80%는 일본으로 수출되고, 나머지 20%를 가지고 세계가 나누어 먹고 있다.
> ㉡ 커피의 황제라고 불리는 블루마운틴 커피를 생산한다.
> ㉢ 일본의 투자로 기계적인 생두의 고속 습식 가공법으로 생두를 가공한다.

① 브라질
② 과테말라
③ 자메이카
④ 푸에르토리코

89 자메이카 커피로 바르게 짝지어진 것은?

> ㉠ 블루마운틴 (Blue Mountain)
> ㉡ 하이 마운틴 (High Mountain)
> ㉢ 프라임 워시드 (Prime Washed)
> ㉣ 프라임 베리 (Prime Berry)

① ㉠, ㉡
② ㉠, ㉡, ㉢
③ ㉡, ㉢
④ ㉠, ㉡, ㉢, ㉣

90 다음은 무엇에 관한 설명인가?

> ㉠ 17스크린 이상의 No.1
> ㉡ 16스크린 수준의 No.2
> ㉢ 15스크린 수준의 No.3
> ㉣ JBM(Jablum)

① 블루마운틴
② 안티구아
③ 산토스
④ 타라주

해설 자메이카의 블루마운틴을 로스팅(Roasting)하여 포장까지 마친 완제품 커피를 자블럼(JBM, Joblum)이라고 한다.

91 멕시코에 관한 설명이다. 바르지 않는 것은?

① 원래 전통적인 멕시코 커피는 고급 백포도주의 풍미와 흡사하다고 했다.
② 중저급 커피인 '프라임 워시드(Prime Washed)'를 생산한다.
③ 중앙아메리카 저급 커피의 대명사였다.
④ 가격이 품질에 비해 저렴하여 커피 구매자들에게 매력 있는 커피를 생산한다.

해설 ②는 자메이카의 블루 마우틴에 관한 설명이다.

92 푸에르토리코에 관한 설명이다. 바르지 않는 것은?

① 화산재 토양에서 고급 커피를 생산하는 나라로 유명하다.
② 부드러우면서도 거친 듯, 과실의 달콤함으로 카리브해 최고의 커피로 평가된다.
③ 대표 커피는 '야우코 셀렉토(Yauco Selecto)'이다.
④ 커피 정책의 가장 큰 문제는 높은 생산원가(높은 임금)이다.

해설 ①은 과테말라에 관한 설명이다.

93 쿠바에 관한 설명이다. 바르지 않는 것은?

① 커피존의 끝자락에 위치해 있다.
② 세계 최고급 커피인 '터퀴노(Turquino)'를 생산한다.
③ 미국의 52번째 자치주다.
④ 2,000개가 넘는 커피 농장을 보유한 카리브해의 커피 강국이었다.

해설 ③은 푸에르토리코에 관한 설명이다.

정답 82. ③ 83. ② 84. ② 85. ④ 86. ③ 87. ①
88. ③ 89. ④ 90. ① 91. ② 92. ① 93. ③

94 도미니카 공화국에 관한 설명이다. 바르지 않는 것은?

① 카리브해의 커피 중 가장 부드럽고 깔끔한 것으로 알려져 있다.
② 주로 미국에서 많이 소비된다.
③ '산토도밍고 바니(Santo Domingo Bani)'라는 상표로 유명하다.
④ 세계 4위의 커피 생산국이다.

해설 ④는 멕시코에 관한 설명이다.

95 엘살바도르에 관한 설명이다. 바르지 않는 것은?

① 천혜의 자연 조건을 갖추고 있으면서도 복잡한 정치 상황 등으로 어려움을 겪고 있다.
② 식민 정부가 커피 산업 지원 정책을 실시하면서 커피 생산량이 증가했다.
③ 아라비카 커피만을 생산한다.
④ 유명 커피로 '파카마라'가 있다.

해설 ②는 자메이카에 관한 설명이다.

96 엘살바도르에 관한 설명이다. 바르지 않는 것은?

① 전 국토의 약 12%가 커피 농장으로 조성되어 있다.
② 최고급 커피인 '터퀴노(Turquino)'를 생산한다.
③ SHG(Strictly High Grown)가 전체 생산량의 약 35%를 차지한다.
④ 생두는 모두 습식 가공으로 처리되고 대부분의 커피는 그늘 경작법으로 생산되고 있다.

해설 ②는 쿠바에 관한 설명이다.

97 니카라과에 관한 설명이다. 바르지 않는 것은?

① 양은 많지 않으나 고급으로 평가되는 커피를 생산한다.
② 중앙아메리카의 많은 고원 지대 커피와는 달리 날카로운 신맛이 거의 없다.
③ 아라비카 커피만을 생산하고 있다.
④ 주요 커피로 '보케테(Boquete)'가 있다.

해설 ④는 파나마에 관한 설명이다.

98 파나마에 관한 설명이다. 바르지 않는 것은?

① 카리브해의 커피 중 가장 부드럽고 깔끔한 것으로 알려져 있다.
② 무게는 가벼우나 달콤하고 알맞은 신맛, 균형 잡힌 깊고 풍부한 맛과 향을 가진 고급 커피로 평가되고 있으나 생산량이 그리 많지 않다.
③ 고급 커피로 '보케테(Boquete)' 커피가 있다.
④ 아라비카 커피만을 생산하며 생두의 가공은 거의 습식법으로 이루어지고 있다.

해설 ① 도미니카 공화국에 관한 설명이다.

99 페루에 관한 설명이다. 바르지 않는 것은?

① 남아메리카 유기농 커피의 리더로 빠르게 부상하고 있다.
② 일반적인 그냥 '페루비안(Peruvian)'이라고 불려지고 있다.
③ 일부에서는 자메이카 블루마운틴보다 못할 것이 없다는 평가를 듣기도 한다.
④ 생산과 가공의 여건이 여의치 못해 불순물과 결점 있는 생두가 많이 섞여 있는 커피를 생산하고 있다.

해설 ③은 파나마에 관한 설명이다.

100 다음은 커피 생산국과 그 대표 커피를 연결한 것이다. 틀린 것은?

① 브라질 - 산토스 NY 2
② 콜롬비아 - 콜롬비안 수프리모(Colombian Supremo)
③ 코스타리카 - 타라주(Tarrazu)
④ 과테말라 - 야우코 셀렉토(Yauco Selecto)

해설 ④는 푸에르토리코의 대표 커피이다.

101 다음은 커피 생산지와 그 대표 커피를 연결한 것이다. 틀린 것은?

① 자메이카 - 블루마운틴(Blue Mountain)
② 쿠바 - 산토 도밍고 바니(Santo Domingo Bani)
③ 멕시코 - 알투라 코아테펙(Altura Coatepec)
④ 푸에리토리코 - 야우코 셀렉토(Yauco Selecto)

해설 ②의 '산토 도밍고 바니(Santo Domingo Bani)'는 도미니카 공화국 커피가 미국에서 많이 소비되면서 붙여진 상표명

102 하와이에 관한 설명이다. 바르지 않는 것은?

① 세계적인 최고급 커피의 하나인 '코나(Kona)' 커피의 생산지다.
② 낮은 고도에서 경작됨에도 불구하고 고지대에서와 같은 고급 품질의 커피가 생산되고 있다.
③ 와인과 과실에 비유되는 단맛과 신맛, 산뜻하고도 조화로운 맛과 향을 가진 부드러운 커피로 평가받고 있다.
④ 중저급의 커피인 '프라임 워시드(Prime Washed)'를 생산한다.

해설 ④는 자메이카에 관한 설명이다.

103 다음은 커피 생산지와 그 대표 커피를 연결한 것이다. 틀린 것은?

① 쿠바 - 터퀴노(Turquino)
② 엘살바도르 - 파카마라
③ 온두라스 - 타라주(Tarrazu)
④ 파나마 - 보케테(Boquete)

해설 ③의 '타라주(Tarrazu)'는 코스타리카의 대표 커피이다.

104 다음 커피 생산지와 그 대표 커피가 바르게 연결된 것은?

㉠ 브라질	ⓐ 산토스(Santos)
㉡ 코스타리카	ⓑ 타라주(Tarrazu)
㉢ 쿠바	ⓒ 야우코 셀렉토(Yauco Selecto)
㉣ 푸에르토리코	ⓓ 터퀴노(Turquino)

① ㉠ 과 ⓐ
② ㉡ 과 ⓒ
③ ㉢ 과 ⓑ
④ ㉣ 과 ⓓ

105 인도에 관한 설명이다. 바르지 않는 것은?

① 전체 커피 생산량의 약 60% 정도를 로부스타가 차지하고 있다.
② 화산재 토양에서 고급 커피를 생산하는 나라로 유명하다.
③ 유명한 커피는 몬수니드 말라바르(Monsooned Malabar)가 있다.
④ 습식법으로 가공된 로부스타 커피는 '파치먼트 로부스타'라고 부른다.

해설 ②는 과테말라에 관한 설명이다.

 정답 94. ④ 95. ② 96. ② 97. ④ 98. ① 99. ③
100. ④ 101. ② 102. ④ 103. ③ 104. ①
105. ②

106 인도네시아에 관한 설명이다. 바르지 않는 것은?

① 아시아 유기농 커피의 리더이다.
② 아시아 최고의 커피 생산국이다.
③ 녹병균에 의해 전체 커피 농장들이 초토화되기까지는 세계의 커피 산업을 이끌었다.
④ 90% 이상 로부스타를 생산한다.

107 에티오피아에 관한 설명이다. 바르지 않는 것은?

① 커피가 처음 발견된 곳이다.
② 빌헬름(Mt. Wilhelm)산을 중심으로 한 고원지대에서 PNG 커피가 생산되고 있다.
③ 커피를 '분(Bun)'이라고 부르고 있으며, 거의 대부분의 커피가 전통적인 유기농법과 그늘 경작법으로 재배되고 있다.
④ 커피 생산의 90% 정도가 '가든 커피(Garden Coffee)'라고 불려지는 소규모 커피 농가에서 생산되고 있다.

> **해설** ②는 파푸아 뉴기니에 관한 설명이다.

108 에티오피아에 관한 설명이다. 바르지 않는 것은?

① 고유한 본래의 아라비카 품종만이 생산되고 있다.
② 아라비카 품종은 원래 에티오피아 하라(Harrar) 지방의 고유한 커피 품종이다.
③ 유명한 커피는 몬수니드 말라바르(Monsooned Malabar)가 있다.
④ 아프리카에서 유일하게 서구 열강의 식민지가 되지 않아 커피의 경작에서도 그 전통이 그대로 살아 있다.

> **해설** ③은 인도에 관한 설명이다.

109 인도네시아의 커피를 생산하는 섬으로 맞지 않는 것은?

① 자바(Java)
② 수마트라(Sumatra)
③ 술라웨시(Sulawesi)
④ 하라(Harrar)

> **해설** ④는 에티오피아의 생산지

110 에티오피아에서 생산되는 커피가 아닌 것은?

① 하라(Harrar)
② 예가체프(Yirgacheffe)
③ 시다모(Sidamo)
④ 코나(Kona)

111 에티오피아에서 생산되는 커피 중 '에티오피아의 축복'이라고 불려지는 것은?

① 하라(Harrar)
② 예가체프(Yirgacheffe)
③ 시다모(Sidamo)
④ 코나(Kona)

112 예멘에 관한 설명이다. 바르지 않는 것은?

① 세계 최초로 커피가 경작되었으며 한때 세계 최대의 커피 무역항이었던 모카(Mocha)가 있는 나라다.
② 아라비카(Arabica)라는 말도 아라비아, 즉 예멘의 커피에서 유래되었다.
③ '가든 커피(Garden Coffee)'라고 불려지는 소규모 커피 농가에서 커피가 생산되고 있다.
④ 하위 그룹의 커피 생산국이다.

> **해설** ③은 에티오피아에 관한 설명이다.

113 에티오피아에서 생산되는 커피 중 가장 세련되고 매끄러운 최고급 커피는?

① 하라(Harrar)
② 예가체프(Yirgacheffe)
③ 시다모(Sidamo)
④ 짐마(Djimmah)

114 예멘에 관한 설명이다. 바르지 않는 것은?

① 전 세계에서 가장 뚜렷한 개성을 가진 커피를 생산한다.
② '마타리(Mattari)'가 예멘 최고의 커피다.
③ 세계 최대의 커피 무역항이었던 모카(Mocha)가 있다.
④ '아이-커퍼(Eye-Cupper)'들이 즐겨 찾는 커피다.

> 해설 ④ 예멘 커피는 '아이-커퍼(Eye-Cupper)'들이 기피하는 커피다.

115 다음 중 예멘을 대표하는 커피가 아닌 것은?

① 리무(Limmu)
② 마타리(Mattari)
③ 이스마일리(Ismaili)
④ 히라지(Hirazi)

> 해설 ①은 에티오피아의 커피

116 다음 중 모카의 의미로 볼 수 없는 것은?

① 커피라는 의미이다.
② 아라비아 전 지역에서 생산 유통되는 커피라는 의미이다.
③ 예멘에서 생산되는 커피의 이름이다.
④ 연유가 들어간 음료나 음식이다.

117 케냐에 관한 설명이다. 바르지 않는 것은?

① 가장 신뢰할 수 있는 최고급의 커피를 생산하는 아프리카 최고의 커피 생산국이다.
② 그늘 경작법을 주로 사용하고 있다.
③ 품질 개발, 기술 교육 그리고 경매 시스템을 통해 커피 산업을 육성하고 있다.
④ 최근 병충해에도 강하면서 수확량이 많은 '루이루11' 품종의 커피 생산을 확대하고 있다.

118 탄자니아에 관한 설명이다. 바르지 않는 것은?

① '커피의 신사'라고 불리는 킬리만자로(Kilimanjaro) 커피를 생산한다.
② 바나나나무와 함께 경작되어 자연스러운 그늘 경작이 이루어지고 있다.
③ 커피를 생산하는 농부들이 숙련된 기술을 지니고 있어 생산량이 증가하고 있다.
④ 커피 산업이 후진성을 면하지 못하고 있다.

119 다음은 아프리카 커피의 문제점을 나열한 것이다. 틀린 것은?

① 정치적 불안정과 낙후된 경제 상황, 열악한 인프라 구조
② 가장 큰 문제로 지적되는 운송 문제
③ 세련되지 못한 경작과 생두 가공 기술, 부족한 가공 시설
④ 자연적인 커피 경작 조건의 부적합성

> 해설 아프리카의 커피 경작 조건 자체는 훌륭하다.

---

 106. ①   107. ②   108. ③   109. ④   110. ④
111. ①   112. ③   113. ②   114. ④   115. ①
116. ④   117. ②   118. ③   119. ④

120 일반적으로 사람들이 커피가 몸에 좋지 않다고 여기는 이유는 커피의 어떤 성분 때문인가?

① 카테킨　　　　　② 카페인
③ 폴리페놀　　　　④ 바르비투르산염

해설 커피가 건강에 좋지 않다고 하는 가장 큰 이유 중 하나로 많은 사람들이 커피의 성분인 카페인을 지적하고 있다.

121 다음은 카페인에 관한 설명이다. 틀린 것은?

① 정상적인 성인에게는 해를 끼치지 않는 무독성이다.
② 카페인은 녹차에도 얼마간 함유되어 있다.
③ 섭취 후 몇 시간 이내에 모두 배설된다.
④ 카페인은 혈중 또는 체내에 일정량이 축적된다.

해설 카페인은 혈중 또는 체내에 축적되지 않는다.

122 다음은 카페인에 관한 설명이다. 틀린 것은?

① 뜨거운 물에 대단히 잘 녹는다.
② 불에 탄 냄새가 나고 쓴맛이 난다.
③ 중추신경계, 심장, 혈관, 신장을 자극하는 효과가 있다.
④ 특정 약물에 대한 해독제로 사용되기도 한다.

해설 냄새가 없다.

123 다음 중 카페인의 긍정적인 효과로만 묶인 것은?

> ㉠ 운동 수행 능력 증가
> ㉡ 피로감 감소
> ㉢ 감각 기능 증가
> ㉣ 민첩성의 증가

① ㉠
② ㉡, ㉢
③ ㉠, ㉢, ㉣
④ ㉠, ㉡, ㉢, ㉣

124 볶은 커피 원두의 경우 카페인 함유량으로 올바른 것은?

① 보통 2~3%　　　② 보통 3~4%
③ 보통 1~2%　　　④ 보통 2~5%

125 인스턴트 커피 한 잔에 함유되어 있는 카페인 함유량으로 올바른 것은?

① 45mg　　　　　② 60~100mg
③ 100~150mg　　④ 150~185mg

126 영양학적 측면에서 볼 때 우리 몸에 도움을 주는 커피의 두 가지 성분은?

> ㉠ 나이아신　　　㉡ 요산
> ㉢ 단백질　　　　㉣ 칼륨

① ㉢, ㉡
② ㉠, ㉣
③ ㉡, ㉢
④ ㉠, ㉢

127 전문가들이 건강상 바람직하다고 말하는 1일 카페인 섭취량은?

① 100mg 이하　　② 200mg 이하
③ 300mg 이하　　④ 400mg 이하

128 1일 권장량 이상의 카페인을 섭취할 경우 대표적으로 유발되는 현상으로 바르게 묶인 것은?

> ㉠ 탈수 현상　　　㉡ 정서 불안
> ㉢ 저혈당　　　　㉣ 불면

① ㉠
② ㉠, ㉡
③ ㉠, ㉡, ㉣
④ ㉠, ㉡, ㉢, ㉣

129 커피 속에 함유된 성분 중 당뇨와 고혈압의 위험을 줄이는 효과가 있는 성분은?

① 항산화 물질인 폴리페놀
② 폴리에스텔
③ 단백질
④ 칼슘

130 우리나라가 커피의 수입을 개방한 시기로 맞는 것은?

① 1975년   ② 1988년
③ 1990년   ④ 1995년

131 커피 속의 성분으로 일정량 이상을 섭취하면 위액의 분비를 자극하고 장내에서 분해되며 방향족 화합물로 배설되는 물질은?

① 알칼로이드   ② 메틸크산틴
③ 요산   ④ 클로로겐산

132 다음은 카페인 제거법이다. 틀린 것은?

① Traditional Process
② Swiss - Water Process
③ H_2O - European Process
④ CO_2 - Water Process

133 카페인을 제거하는 방법 중 아세트산에틸을 용매로 사용하는 방법으로 맞는 것은?

① Traditional Process
② Swiss - Water Process
③ H_2O - European Process
④ CO_2 - Water Process

 Traditional Process: 아세트산에틸이라는 용매로 카페인만을 선택적으로 제거한다.

134 카페인을 제거하는 방법 중 가장 일반적으로 사용되고 비용이 저렴한 방법으로 맞는 것은?

① H_2O - European Process
② CO_2 - Water Process
③ Traditional Process
④ Swiss - Water Process

135 커피의 영양 성분 중 가장 많은 비율을 차지하고 있는 것으로 맞는 것은?

① 당질   ② 단백질
③ 지질   ④ 회분

 커피 100g 중 당질 약 61.9g, 단백질 20.0g, 지질 0.3g, 회분 8.2g의 성분이 들어 있다.

136 커피의 영양 성분 중 당질에 관한 설명이다. 틀린 것은?

① 음용되고 있는 커피 영양 성분의 60% 이상을 차지한다.
② 당질의 대부분은 수용성 갈색 물질 멜라노이딘이다.
③ 배전 과정에서 커피의 색, 향이나 맛의 기호성 성분을 결정하는 성분 간의 반응이 일어난다.
④ 클로로제닉산류의 페놀 화합물과 반응하여 적색 물질이 된다.

 클로로제닉산류의 페놀 화합물과 반응하여 갈색 물질이 된다.

정답
120. ②	121. ④	122. ②	123. ④	124. ③
125. ②	126. ②	127. ④	128. ③	129. ①
130. ②	131. ④	132. ③	133. ①	134. ③
135. ①	136. ④			

137 커피가 생체 대사에 미치는 영향에 관한 설명이다. 틀린 것은?

① 체내에 흡수된 카페인은 5분 이내에 몸 전체로 확산된다.
② 혈관을 수축, 팽창시키는 역할을 한다.
③ 흡수된 카페인은 기초 대사 속도를 감소시킨다.
④ 암모니아염으로부터 형성되는 요소의 양을 감소시킨다.

해설 우리 몸에 흡수된 카페인은 기초 대사 속도를 증가시킨다. 섭취 후 1~3시간 사이에 최대 기초 대사 속도를 나타내는 것으로 보고된 바 있다.

138 커피가 중추신경에 미치는 영향에 관한 설명이다. 틀린 것은?

① 대뇌의 피질을 흥분시키고 요추를 자극시킨다.
② 졸음과 피로를 경감시키는 작용을 한다.
③ 사고를 집중시킬 수 있도록 하는 작용을 한다.
④ 알코올 중독 그리고 마약 중독으로 인한 고통을 증가시킨다는 점은 문제점이다.

해설 신경 과민, 알코올 중독 그리고 마약 중독으로 인한 고통의 경감에 매우 효과적이다.

139 커피가 신장에 미치는 영향에 관한 설명이다. 바르게 묶인 것은?

> ㉠ 이뇨를 촉진시키고 신장을 통한 혈액순환을 증가시킨다.
> ㉡ 많은 오줌을 생성하게 하여 체내 노폐물 정화를 증진시키는 역할을 한다.
> ㉢ 신장에서 수분의 재흡수를 감소시킨다.
> ㉣ 음용을 중단하면 체내 노폐물이 누적되어 메스꺼움, 구토를 일으킬 수도 있다.

① ㉠, ㉡   ② ㉠, ㉡, ㉣
③ ㉡, ㉣   ④ ㉠, ㉡, ㉢, ㉣

140 커피가 심장에 미치는 영향에 관한 설명이다. 틀린 것은?

① 혈관의 수축에 의한 혈류의 감소가 일어난다.
② 혈압과 맥박수는 변화가 있거나 사람에 따라 없기도 한다.
③ 하루 1g 정도의 카페인을 섭취하면 혈압을 낮추어 부종을 치료하는 데 도움이 된다.
④ 한두 잔의 커피는 심장의 활동을 활성화시킨다.

해설 심장에 카페인이 미치는 주작용으로 혈관의 팽창에 의한 혈류의 증가다.

141 커피가 우리 신체에 미치는 영향을 나열한 것이다. 틀린 것은?

① 중추신경계를 자극하여 정신을 맑게 깨운다.
② 칼슘 이온의 농도가 증가하여 심박수와 심박출량이 늘어난다.
③ 고혈압, 심장 질환을 일으킬 수도 있다.
④ 소변의 양을 감소시킨다.

해설 이뇨제의 역할을 하여 소변의 양을 늘린다.

142 커피가 우리 신체에 미치는 영향을 나열한 것이다. 틀린 것은?

① 위를 자극하여 위산의 분비를 촉진하며 지나치면 위궤양이 생기기도 한다.
② 이뇨제의 역할을 하여 소변의 양을 늘린다.
③ 심장의 기능을 약화시킨다.
④ 과다 복용은 불면을 초래할 수 있다.

해설 심장의 기능을 촉진시킨다.

143 커피를 마시면 졸음을 방지하는 효과가 있다. 그것은 커피의 어떤 성분 때문인가?

① 카페인   ② 카테킨
③ 폴리페놀   ④ 바르비투르산염

144 카페인과 수면과의 관계를 설명한 것 중 틀린 것은?

① 코코아와 초콜릿을 잠자리 직전에 섭취해도 수면 장애가 있을 수 있다.
② 잠자기 전 카페인을 섭취하게 되면 잠드는 데 소요되는 시간이 길어지고 밤에 자주 깬다.
③ 카페인에 대한 만감성과 감내성의 정도는 누구나 비슷하다.
④ 잠자리에 들기 전 4~6시간 전에는 카페인을 삼가는 것이 수면에 도움이 된다.

해설 카페인에 대한 만감성과 감내성의 정도가 사람에 따라 서로 다르다.

145 커피를 마시면 간암 발생률을 감소시키는 성분은?

① 알칼로이드　　② 메틸크산틴
③ 요산　　　　　④ 클로로겐산

146 카페인과 음주와의 관계를 설명한 것 중 틀린 것은?

① 카페인은 간 기능을 활발하게 해 독성 물질인 아세트알데하이드 분해를 빠르게 한다.
② 카페인은 항이뇨 호르몬의 분비를 억제한다.
③ 카페인은 알코올 성분을 체외로 빠르게 배출하는 작용을 한다.
④ 음주 후 카페인은 인체에 흡수되면서 중성이 되어 머리를 상쾌하게 해 준다.

해설 인체에 흡수되면 알칼리성이 된다.

147 발암 물질인 'OH'의 발암성을 억제하는 경향이 있는 커피 속 성분으로 맞는 것은?

① 요산　　　　　② 클로로겐산
③ 알칼로이드　　④ 메틸크산틴

148 커피와 질병과의 관계를 설명한 것이다. 바르지 않은 것은?

① 커피는 중성지방을 증가시켜 동맥경화를 촉진하는 경향이 있다.
② 췌장에서 인슐린을 분비하는 베타 세포를 자극함으로써 성인 당뇨병을 감소시킨다.
③ 발암 물질의 하나인 'OH'의 발암성을 억제한다.
④ 연구 결과 끓인 커피를 마시는 사람은 필터 커피를 마시는 사람에 비해 당뇨병 위험이 3배 높았다.

해설 커피는 오히려 동맥경화를 예방하는 HDL(좋은 콜레스테롤)을 증가시킨다.

149 커피와 담석(擔石)에 대한 연구 결과를 설명한 것이다. 틀린 것은?

① 미 하버드 보건센터 실험 결과 커피를 마시면 담석 진행이 현저하게 감소되는 것으로 나타났다.
② 라이츠만 박사는 하루에 커피를 2~3잔 마시면 마시지 않는 사람에 비해 담석의 위험이 40% 감소한다고 했다.
③ 라이츠만 박사는 카페인 제거 커피 역시 동일한 효과가 있다고 말했다.
④ 커피와 달리 홍차나 다른 음료는 담석 예방 효과가 없다.

해설 라이츠만 박사는 커피는 반드시 카페인이 함유된 것이어야 하며 카페인을 제거한 커피는 효과가 없다고 강조했다.

정답 137. ③　138. ④　139. ④　140. ①　141. ④
142. ③　143. ①　144. ③　145. ④　146. ④
147. ②　148. ①　149. ③

150 카페인 중독의 증상이다. 틀린 것은?

① 침착하지 못하고 안절부절 못한다.

② 불면증이 있다.

③ 얼굴이 홍조를 띠며 상기된다.

④ 조용한 상태로 침착성을 잃지 않는다.

> **해설** 1일에 커피를 4잔 이상 마시는 사람은 마시지 않는 사람에 비해 간경변의 위험률이 5분의 1로 감소되었다.

151 리버만 박사의 카페인과 운동 능력과의 관계에 대한 결과로 틀린 것은?

① 카페인이 체력 소모가 심한 작업을 수행하는 시간을 연장시킨다.

② 카페인은 피로하기 쉬운 작업의 능률을 향상시킨다.

③ 카페인은 근육의 피로를 막아 주고, 지방의 연소와 당분의 분해 능력을 증가시킨다.

④ 카페인은 손가락을 조정하는 작업 또한 향상시켜 미세한 작업을 가능케 한다.

> **해설**
> 카페인은 바늘에 실을 꿰거나 작은 목표물을 맞추거나 다트를 던지는 것 같은 손가락 조정을 하는 작업에 악영향을 미치기도 한다.

152 커피와 건강과의 관계를 설명한 것이다. 틀린 것은?

① 커피의 카페인은 기관지를 넓혀주고 천식 환자들이 숨쉬기 편하게 해준다.

② 카페인이 테오필린처럼 젊은 천식 환자들에게 기관지 확장제로서 효과가 있다.

③ 카페인은 알레르기성 비염을 발생시킬 수 있다.

④ 카페인은 호흡기 근육의 피로를 경감시켜 숨쉬는 것을 쉽게 해준다.

> **해설** PliliShapiro에 따르면 약간의 가려움을 느꼈을 뿐 비염이 호전되었다고 한다.

153 커피와 건강과의 관계를 설명한 연구 결과이다. 바르지 않는 것은?

① 당뇨병과 커피 섭취의 인과관계는 없다.

② 커피 음용과 통풍의 인과 관계는 없다.

③ 커피를 1일 4잔 이상 마시면 간경변의 위험이 있다.

④ 8종의 암 부위 가운데 커피와 상관 있는 것이 위암이다.

154 오래 전부터 알레르기성 천식의 치료 방안으로 쓰였던 커피로 맞는 것은?

① 블랙모카 커피

② 블루마운틴 커피

③ 비엔나 커피

④ 카페 로열

155 카페인과 임신과의 관계를 설명한 것이다. 틀린 것은?

① 임신 중 적당량의 카페인 섭취는 신생아의 저체중 또는 선천성 기형의 발생 가능성을 증가시키지 않는다는 연구 결과가 있다.

② 커피를 하루 4잔 이상 마시면 임신 가능성이 줄어든다는 연구 결과가 있다.

③ 커피가 이처럼 임신 가능성을 감소시키는 것은 카페인 성분 때문이다.

④ 전문가들은 임신 중에만 카페인의 섭취를 제한하면 그 이후 아기에게 아무런 이상이 없다고 발표했다.

> **해설** 전문가들은 카페인이 아기의 뇌 발달에 영향을 미칠 위험을 무시할 수 없기 때문에 모유를 먹이는 산모도 카페인 섭취를 제한해야 한다고 말하고 있다.

156 커피와 두통과의 관계를 설명한 것이다. 틀린 것은?

① 두통에 커피를 이용하면 큰 부작용이 없다.

② 카페인은 뇌혈관을 넓혀 두통을 없애준다.

③ 두통 해소에 커피는 쉽고 간편하게 이용할 수 있는 방법이다.

④ 두통이란 혈관이 팽창하면서 머리 부분의 신경을 눌러 발생하는 것이다.

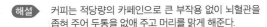 커피는 적당량의 카페인으로 큰 부작용 없이 뇌혈관을 좁혀 주어 두통을 없애 주고 머리를 맑게 해준다.

157 커피와 수면과의 관계를 설명한 것이다. 틀린 것은?

① 카페인은 잠이 들기까지 걸리는 시간, 입면(入眠) 시간을 연장시킨다.

② 연구 결과는 뇌파의 변화와 카페인과는 직접적인 영향이 없었다.

③ EEG 수치 변화는 깊은 수면을 취하지 못한다는 것을 의미한다.

④ 카페인은 숙면을 방해하여 총 수면 시간을 감소시킨다.

해설 수많은 연구 결과 카페인에 의해 뇌파가 변한다는 것이 밝혀졌다.

158 커피가 담석증의 발병 가능성을 감소시키는 이유로 틀린 것은?

① 카페인이 담석이 발생하지 않도록 혈관을 수축시키기 때문이다.

② 카페인이 콜레스테롤이 담석으로 굳어지지 않도록 하기 때문이다.

③ 우리 몸의 신진대사를 증가시켜 지방 축적을 낮추기 때문이다.

④ 담석 형성을 진행시키는 분비물의 흡수를 낮추는 역할을 수행하기 때문이다.

159 커피에 곁들이는 재료 중 다이어트에 가장 도움이 되지 않는 것은?

① 각설탕　　　　　② 프림

③ 시럽　　　　　　④ 계피

160 커피가 다이어트를 돕는 이유를 설명한 것이다. 바르지 않는 것은?

① 지방을 분해하고 이뇨 작용을 활발하게 하기 때문이다.

② 혈액 순환을 원활하게 하고 쓸모없는 노폐물을 몸밖으로 배출해주기 때문이다.

③ 커피가 혈관을 확장시켜 신진대사를 더디게 하기 때문이다.

④ 인체의 에너지 소비량을 10% 증가시키기 때문이다.

 커피는 혈관을 수축시키는 작용을 하기 때문에 신진대사를 증가시켜 다이어트에 효과가 있다.

161 유기농 커피로 관장을 함으로써 체중을 감량시키는 요법을 무엇이라 하는가?

① 추나 요법

② 킬레이션 요법

③ 거슨 요법

④ 흡입 요법

 유기농 야채즙과 곡식으로 구성된 무염 식이와 제독을 위한 커피 관장을 큰 특징으로 하는 요법이 거슨 요법이다.

---

 150. ④　151. ④　152. ③　153. ③　154. ①
155. ④　156. ②　157. ②　158. ①　159. ①
160. ②　161. ③

162 커피 관장이 다이어트에 도움이 되는 이유를 설명한 것이다. 틀린 것은?

① 커피 관장을 함으로써 체내에 축적된 각종 독소들이 빠져나가기 때문이다.

② 커피의 풍부한 무기 물질과 독특한 성분들이 지방 분해를 도와주기 때문이다.

③ 커피 관장이 지방 분해에 뛰어난 효과를 내는 것은 팔미테이트와 카페인 성분 때문이다.

④ 카페인을 많이 마시면 담즙이 분비되는 것을 도와주어 지방을 효과적으로 분해하기 때문이다.

해설 ▶ 카페인은 많이 마시면 해롭지만 직장을 통해 간으로 바로 흡수되면 담즙이 분비되는 것을 도와주기 때문에 지방을 효과적으로 분해시킨다.

163 다이어트에 도움이 되는 커피의 팔미테이트 성분이 가지는 기능을 바르게 설명한 것은?

① 해독 기능을 가진 효소들을 활성화시키는 성질 때문이다.

② 생리 대사 기능을 활발하게 하기 때문이다.

③ 운동 에너지를 증가시키기 때문이다.

④ 우리 몸의 근육을 성장시키기 때문이다.

164 커피의 분쇄 시점, 분쇄 입도 및 산패와의 관계이다. 바르지 못한 것은?

① 분쇄된 커피는 공기와의 접촉면이 많아지므로 빠르게 산패가 진행된다.

② 분쇄된 커피는 내부에 남아 있었던 탄산 가스와 휘발성 향의 방출로 빠르게 진행된다.

③ 분쇄 커피에 비해 원두커피가 그 신선도 유지 기간이 짧다.

④ 커피를 추출하기 직전에 분쇄해야 신선도의 유지에 도움이 된다.

해설 ▶ 원두 상태의 커피에 비해 분쇄 커피는 그 신선도 유지 기간이 1/4 미만인 것으로 알려져 있다.

165 커피 관장법에 관한 설명이다. 바르지 못한 것은?

① 힘들게 굶지 않고 지방을 분해하므로 요요 현상 없는 다이어트법이다.

② 장을 깨끗이 씻어내므로 변비가 없어진다.

③ 독소가 몸 밖으로 배출되므로 여드름이나 기미 등의 피부 트러블이 없어진다.

④ 혼자서도 손쉽게 할 수 있으나 통증이 있다는 것이 단점이다.

166 커피의 유통 기한에 관한 설명이다. 틀린 것은?

① 커피 선진국일수록 출고에서 소비자에게 전달되는 기간이 매우 짧다.

② 유통 기한이란 그 신선도와 그에 따른 맛까지도 보장하는 기한이다.

③ 우리나라에서 커피의 유통 기간은 제조자가 정하도록 되어 있다.

④ 우리나라의 경우 1년이나 2년으로 표기하는 경우가 많다.

해설 ▶ 식품으로서의 가치와 안전성을 인정받을 수 있는 최소한의 품질 상태일 뿐 신선도와 그에 따른 맛까지도 보장하는 기한이 아니다.

167 우리나라 커피의 유통 기간에 관한 설명이다. 바르지 못한 것은?

① 커피의 유통 기간을 제조자가 정한다.

② 1년이나 2년으로 표기하는 경우가 많다.

③ 제조일자에 대한 엄격한 기준 시점이 적용되고 있다.

④ 일반적으로 포장이 완료된 시점을 제조일자로 하고 있다.

해설 ▶ 우리나라의 경우 제조 일자에 대한 엄격한 기준 시점이 없다.

168 커피의 신선도에 영향을 주는 요소가 아닌 것은?

① 산소　　　　　　② 온도
③ 압력　　　　　　④ 습도

 커피의 신선도는 산소와의 접촉 정도에 가장 큰 영향을 받고, 기타 보관 시의 주변 온도와 습도에 따라 영향을 받는다.

169 커피의 신선도에 영향을 주는 성분으로 바르게 묶인 것은?

| ㉠ 산소　　　　　　㉡ 부피 |
| ㉢ 습도　　　　　　㉣ 압력 |

① ㉠, ㉡　　　　　② ㉡, ㉢
③ ㉢, ㉣　　　　　④ ㉠, ㉢

170 커피를 볶으면 지속적으로 어떤 물질이 방출되어 커피에 산소 침투를 막는다. 그 물질로 옳은 것은?

① CO_2 가스　　　② CH_4 가스
③ NO_2 가스　　　④ SO_2 가스

 커피를 볶은 후부터 지속적으로 CO_2 가스가 방출되는데 CO_2 가스는 커피로 침투하는 산소를 차단하는 역할을 한다.

171 커피를 볶을 때 방출되는 CO_2 가스의 역할로 옳은 것은?

① 커피 속의 온도를 일정하게 유지하는 역할을 한다.
② 커피로 침투하는 습도를 차단하는 역할을 한다.
③ 커피로 침투하는 산소를 차단하는 역할을 한다.
④ 커피가 분쇄되지 않도록 커피 내부의 압력을 조절한다.

 CO_2 가스는 커피로 침투하는 산소를 차단하는 역할을 한다.

172 원두 상태의 커피가 가루 상태의 커피보다 향이 월등히 오래가는 데 그 이유로 옳은 것은?

① 원두 상태가 공기와 접촉하는 면이 적어지기 때문이다.
② 가루 상태가 습기 침투 가능성이 적어지기 때문이다.
③ 가루 상태는 일정 온도를 유지할 수 없기 때문이다.
④ 원두 상태가 보관이 용이하기 때문이다.

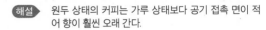 원두 상태의 커피는 가루 상태보다 공기 접촉 면이 적어 향이 훨씬 오래 간다.

173 커피의 신선도를 유지하는 방법이다. 틀린 것은?

① 2주 이내에 사용할 커피는 잘 밀봉하여 신선하고 어두운 곳에 보관한다.
② 커피 원두를 소량으로 구입하여 며칠 이내에 소비하는 것이다.
③ 커피 생산자는 대량 포장으로 커피를 공급하도록 해야 한다.
④ 일단 개봉된 커피는 최대한 빠른 시일 내에 소진한다.

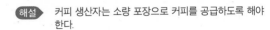 커피 생산자는 소량 포장으로 커피를 공급하도록 해야 한다.

정답 162. ④　163. ①　164. ③　165. ④　166. ②
　　167. ③　168. ③　169. ④　170. ①　171. ③
　　172. ①　173. ③

174 커피의 보관 방법을 열거한 것이다. 바르지 않는 것은?

① 일단 개봉된 커피 봉투는 공기를 최대한 뺀 후 개봉 부위를 테이프로 막고 꼭꼭 접어 보관하는 것이 좋다.

② 지퍼백의 경우 공기를 최대한 빼낸 후 지퍼를 닫고 나머지 부분은 접어서 보관한다.

③ 실온 상태로 그늘이 지고 서늘하면서 바람이 잘 통하는 장소에 보관한다.

④ 장기간 보관할 경우에는 냉장 보관한다.

> **해설** 장기간 보관할 경우에는 냉동 보관한다.

175 일반적인 커피 보관 방법에 관한 설명이다. 바르지 못한 것은?

① 커피는 보관 기간에 따라 냉동과 냉장 보관으로 구분한다.

② 장기간 보관할 경우에는 냉동 보관을, 단기간 보관할 경우에는 냉장 상태로 보관하는 것이 좋다.

③ 밸브 봉투에 담긴 분쇄 커피인 경우 통풍을 위하여 밸브 구멍 부위에 작은 통로를 만들면 좋다.

④ 냉동, 냉장 보관한 커피를 사용할 때에는 밀폐된 커피 용기를 꺼내어 실내 온도와 같아지게 한 뒤에 개봉하여 사용하는 것이 좋다.

> **해설** 밸브 봉투에 담긴 분쇄 커피인 경우에는 구입 즉시 밸브 구멍 부위를 테이프로 밀봉하는 것이 좋다. 밸브를 통해 공기가 유입되어 커피의 산패를 촉진시킬 수 있기 때문이다.

176 커피의 신선도를 결정하는 가장 중요한 시점은 언제인가?

① 상품으로 포장된 시점

② 로스팅 시점

③ 커피를 구입하여 보관하는 시점

④ 커피의 추출 시점

177 커피 보관을 위해 사용하는 밀폐 용기에 관한 설명이다. 바르지 못한 것은?

① 밀폐 용기에서 커피가 신선도를 유지하려면 용기 속에 커피가 가득 차 있어야 한다.

② 밀폐 용기 내의 여유 공간이 있더라도 커피가 내뿜은 탄산 가스와 향이 가득차 있어 산패 지연과 향 보존에 어느 정도의 역할을 한다.

③ 밀폐 용기를 사용하려면 플라스틱으로 된 것이 좋다.

④ 밀폐 용기는 습기의 유입을 막아 커피의 산패를 늦추는 효과가 있으나 소비자의 기대치 만큼의 효과를 기대하기는 어렵다.

> **해설** 밀폐 용기를 사용하려면 도자기로 된 것이 좋다. 플라스틱으로 된 것은 향과 기름을 흡수하기 때문에 시간이 지나면 나쁜 냄새가 난다.

178 커피의 보관과 사용에 관한 설명이다. 바르지 못한 것은?

① 차가운 분쇄 커피는 그대로 사용해야 커피의 맛과 향을 제대로 끌어낼 수 있다.

② 냉동, 냉장 보관하는 방법은 갓 볶은 신선한 커피여야 의미가 있다.

③ 볶은 지 2주 이상 경과된 커피는 냉동, 냉장 보관하더라도 효과가 없다.

④ 포장 봉투는 가능한 한 여유 공간이 없어야 한다.

> **해설** 차가운 분쇄 커피를 그대로 사용하면 뜨거운 물을 부을 때 추출 온도가 낮아져서 커피의 맛과 향을 제대로 끌어낼 수 없게 된다.

179 일반적인 커피의 보관과 사용에 관한 설명이다. 틀린 것은?

① 차가운 커피를 바로 개봉하여 그대로 두면 이슬이 맺혀 커피 맛의 변질을 가속화시킨다.
② 커피숍은 판매량이 많아 1kg 이상 많은 양을 포장 보관하고 개봉하여 판매하는 것이 좋다.
③ 그라인더의 용량이 크더라도 한두 시간 정도의 커피 사용량만을 넣고 사용하는 것이 좋다.
④ 포장 단위는 반드시 커피의 신선도를 고려해야 한다.

> **해설** 하루에 1~2kg 정도의 커피를 사용하는 에스프레소 커피숍이더라도 500g을 초과하는 포장 단위는 좋지 않다.

180 커피 보관법 중 봉투를 이용하고자 할 때 바르지 못한 것은?

① 포장 봉투에 커피를 담은 후 가능한 공기를 모두 빼내고 밀봉해야 한다.
② 봉투가 내용물에 비해 너무 크면 좋지 않다.
③ 일단 개봉되었던 커피라고 하더라도 밀봉만 튼튼히 하면 처음과 같은 향과 맛이 유지된다.
④ 봉투 안의 여유 공간을 최소화하는 것이 좋다.

> **해설** 일단 개봉되었던 커피는 아무리 밀봉을 잘해도 다시 개봉했을 때 처음 때와 같은 풍부한 커피 향을 결코 느낄 수 없다.

181 커피숍에서 신선한 커피를 사용할 수 있는 방법이다. 거리가 먼 것은?

① 로스팅된 지 10일 이내의 커피를 분쇄 상태로 구입한다.
② 구입한 커피 원두는 가능한 빨리 소비한다.
③ 커피 원두를 밀폐 상태로 어둡고 서늘한 곳에서 실온 보관한다.
④ 커피를 추출하기 직전에 적정량의 원두만을 분쇄하여 사용한다.

> **해설** 로스팅된 지 일주일 이내의 커피를 원두 상태로 구입한다.

182 커피의 신선도에 관한 설명이다. 바르지 못한 것은?

① 전기 커피메이커에 오래 두고 데워 마시는 것은 좋지 않다.
② 추출된 커피는 20분 이내에 마시는 것이 맛과 향이 살아 있는 커피를 즐기는 방법이다.
③ 커피메이커의 열판 위에서 20분 이상 경과되면 커피의 맛과 향은 변질되게 된다.
④ 분쇄된 커피의 경우 전기 커피메이커로 추출해 놓고, 열판 위에서 커피를 졸여가면서 마시는 것이 더 좋다.

183 커피의 산패에 관한 설명이다. 거리가 먼 것은?

① 산패란 유기물이 산화되어 지방산을 발생시키고 그로 인해 맛과 향이 변하는 현상이다.
② 커피가 공기 중의 산소와 접촉하여 산화되면서 그 맛과 향이 변질되는 것을 말한다.
③ 산패란 커피가 변질되는 것으로 부패와 같은 개념이다.
④ 산패에 영향을 미치는 것은 빛, 산소, 습도이다.

> **해설** 산패는 부패와는 조금 다른 개념이다. 부패는 물질 그 자체가 변질되는 현상이지만 산패란 물질은 변질되지 않더라도 산화되어 맛과 향이 변질됨을 말한다.

 정답 174. ④ 175. ③ 176. ② 177. ③ 178. ①
179. ② 180. ③ 181. ① 182. ④ 183. ③

184 커피의 산패에 관한 설명이다. 거리가 먼 것은?

① 산패의 관점에서 본다면 생두 상태의 커피는 몇 년 동안도 저장할 수 있다.

② 커피는 로스팅이 되고 나면 매 순간마다 변해 간다.

③ 로스팅 시점으로부터 15~20일 정도 경과하면 산패 과정에 접어들었다고 할 수 있다.

④ 분쇄 상태가 아니고 가공을 거치지 않은 원두 상태라면 산패되는 기간이 훨씬 짧아지게 된다.

해설 보관 상태가 미흡하거나 원두 상태가 아닌 가공을 거친 분쇄 상태라면 산패의 기간은 훨씬 짧아지게 된다.

185 커피의 산패 과정으로 맞는 것은?

① 증발 단계 → 성분 간 반응하여 원래 향미 상실 → 내부 성분 변질

② 성분 간 반응하여 원래 향미 상실 → 증발 단계 → 내부 성분 변질

③ 증발 단계 → 내부 성분 변질 → 성분 간 반응하여 원래 향미 상실

④ 내부 성분 변질 → 증발 단계 → 성분 간 반응하여 원래 향미 상실

186 커피의 로스팅과 산패에 관한 설명이다. 바르지 못한 것은?

① 강한 로스팅일수록 산패가 빨리 진행된다고 볼 수 있다.

② 강한 로스팅이 다공질 조직이 되며 함수율이 낮다.

③ 함수율이 낮다는 것은 커피가 그만큼 건조함을 의미한다.

④ 원두 표면의 기름은 습기를 차단한다.

해설 원두 표면의 기름은 습기를 차단한다기보다는 기름기 그 자체가 산소와 접촉하면서 오히려 더 산패를 재촉하게 된다.

187 커피의 산패에 관한 설명이다. 바르지 못한 것은?

① 커피의 산패 과정은 생산, 유통, 소비의 모든 단계에 걸쳐 진행된다.

② 커피의 산패는 유통과 소비 단계보다는 생산 단계에서 더욱 심각하게 진행된다.

③ 커피의 산패를 지연시키기 위해 다양한 포장 기술도 개발되었다.

④ 산패 자체를 방지하는 방법은 없다.

188 우리가 알고 있는 커피의 유통 기한에 속하지 않는 것은?

① 생산~건조　　　② 로스팅~출고

③ 출고~소비자　　④ 구매자~사용 기간

189 커피의 유통 과정 중 선진국일수록 그 기간이 짧은 것은?

① 생산~건조　　　② 로스팅~출고

③ 출고~소비자　　④ 구매자~사용 기간

190 커피의 맛과 향에 관한 설명이다. 바르지 못한 것은?

① 전문가가 아니면 세분화된 커피 향의 종류를 식별하는 것은 쉽지 않다.

② 커피의 향은 아로마와 플레이버(flavor)로 구분한다.

③ 아로마는 미각적으로 느끼는 것이고 플레이버는 후각적으로 느끼는 것이다.

④ 커피의 맛과 향에는 아로마, 플레이버 외에도 바디라는 개념이 있다.

191 커피의 맛과 향에 관한 용어 중 후각적인 느낌으로 옳은 것은?

① 아로마 ② 플레이버
③ 바디 ④ 블랜드

192 커피의 맛과 향에 관한 용어 중 맛과 향의 복합적인 느낌으로 옳은 것은?

① 후미(aftertaste)
② 플레이버(flavor)
③ 바디(body)
④ 블랜드(bland)

193 커피의 맛과 향에 관한 용어 중 후미(Aftertaste)의 의미를 바르게 설명한 것은?

① 커피를 삼킨 후에 입 안에서 지속되는 커피의 맛과 향을 말한다.
② '산미'라고도 부르며 신맛이라기보다는 새콤한 맛을 뜻한다.
③ 전체적인 향의 뜻으로 향기, 아로마, 플레이버, 후미의 총괄적 개념이다.
④ 특별히 어떤 강한 맛이 없는 밋밋하고도 약한 맛의 표현이다.

194 커피의 맛과 향에 관한 용어 중 블랜드의 의미를 바르게 설명한 것은?

① 커피를 삼킨 후에 입안에서 지속되는 커피의 맛과 향을 말한다.
② '산미'라고도 부르며 신맛이라기보다는 새콤한 맛을 뜻한다.
③ 전체적인 향의 뜻으로 향기, 아로마, 플레이버, 후미의 총괄적 개념이다.
④ 특별히 어떤 강한 맛이 없는 밋밋하고도 약한 맛의 표현이다.

195 커피의 맛과 향에 관한 용어 중 미각적인 느낌으로 옳은 것은?

① 비터
② 플레이버
③ 바디
④ 더티

196 커피의 맛과 향에 관한 용어 중 Bouquet의 의미를 바르게 설명한 것은?

① 중간 정도의 로스팅 과정에서 생성되는 버터, 사탕, 꿀과 같은 종류의 냄새를 표현한다.
② 강한 로스팅 커피에서 느껴지는 탄맛을 뜻한다.
③ 전체적인 향의 뜻으로 향기, 아로마, 플레이버, 후미의 총괄적 개념이다.
④ 달콤한 맛과 흡사하며 혀끝에서 살짝 느껴지는 맛이다.

197 커피의 맛과 향에 관한 용어 중 Body의 의미를 바르게 설명한 것은?

① 농도와 비슷한 개념으로 입안 가득히 느껴지는 느낌이며 진하다, 연하다, 중후하다 등으로 표현된다.
② 흙냄새, 텁텁하고 시큼한 맛, 곰팡이 냄새 등 불쾌한 맛이다.
③ 거칠고 조화롭지 못한 맛이다.
④ 달콤한 맛과 흡사하며 혀끝에서 살짝 느껴지는 맛이다.

 184.④ 185.① 186.④ 187.② 188.①
189.③ 190.③ 191.① 192.② 193.①
194.④ 195.③ 196.③ 197.①

198 커피의 맛과 향에 관한 용어 중 Delicate의 의미를 바르게 설명한 것은?

① 특별히 어떤 강한 맛이 없는 밋밋하고도 약한 맛의 표현이다.
② 흙냄새, 텁텁하고 시큼한 맛, 곰팡이 냄새 등 불쾌한 맛이다.
③ 거칠고 조화롭지 못한 맛이다.
④ 달콤한 맛과 흡사하며 혀끝에서 살짝 느껴지는 맛이다.

199 커피의 맛과 향에 관한 용어 중 Mild의 의미를 바르게 설명한 것은?

① 농도와 비슷한 개념으로 입안 가득히 느껴지는 느낌이며 진하다, 연하다, 중후하다 등으로 표현된다.
② 흙냄새, 텁텁하고 시큼한 맛, 곰팡이 냄새 등 불쾌한 맛이다.
③ 쓴맛, 신맛, 단맛, 향미 등 전체적인 커피의 느낌이 부드럽고 조화를 이루는 맛의 표현이다.
④ 생두 자체가 품고 있었던 냄새 성분으로 약하게 로스팅되었을 때 강조되는 향이다.

200 커피의 맛과 향에 관한 용어 중 Rich의 의미를 바르게 설명한 것은?

① 주로 커피를 삼킬 때 느껴지는 고소한 향미로 땅콩 같은 볶은 견과류에서 느껴지는 냄새다.
② 맛과 향, 후미 등 커피의 느낌을 평가하는 전체적인 부분에 사용되며 그 맛과 향이 진하고 풍부할 때 사용된다.
③ 혀에서 느껴지는 날카로우면서도 소금기가 있는 듯한 메마른 느낌을 표현한다.
④ 생두 자체가 품고 있었던 냄새 성분으로 약하게 로스팅되었을 때 강조되는 향이다.

201 커피의 맛과 향에 관한 용어 중 Dirty의 의미를 바르게 설명한 것은?

① 특별히 어떤 강한 맛이 없는 밋밋하고도 약한 맛의 표현이다.
② 흙냄새, 텁텁하고 시큼한 맛, 곰팡이 냄새 등 불쾌한 맛이다.
③ 거칠고 조화롭지 못한 맛이다.
④ 달콤한 맛과 흡사하며 혀끝에서 살짝 느껴지는 맛이다.

202 커피의 맛과 향에 관한 용어 중 Dry-Aroma의 의미를 바르게 설명한 것은?

① 농도와 비슷한 개념으로 입안 가득히 느껴지는 느낌이며 진하다, 연하다, 중후하다 등으로 표현된다.
② 흙냄새, 텁텁하고 시큼한 맛, 곰팡이 냄새 등 불쾌한 맛이다.
③ 로스팅된 커피 원두로부터 기체 상태로 발산되는 향기를 의미한다.
④ 달콤한 맛과 흡사하며 혀끝에서 살짝 느껴지는 맛이다.

203 커피와 함께하는 물에 관한 설명이다. 바르지 못한 것은?

① 커피 음료는 99%가 물로 이뤄져 있다.
② 수돗물은 염소 소독으로 인하여 냉동시켰다가 해동하여 사용하는 것이 좋다.
③ 수돗물의 염소 냄새를 완전히 제거할 수 없을 경우에는 정수기를 설치하는 것이 좋다.
④ 물탱크의 물은 일단 저장해 놓았다가 사용하는 것이 좋다.

해설 수돗물은 소독 과정에 사용된 염소에서 강한 냄새가 있기 때문에 언제나 끓여서 사용해야 한다.

204 커피의 맛과 향에 관한 용어 중 Cup-Aroma의 의미를 바르게 설명한 것은?

① 로스팅된 커피 원두로부터 기체 상태로 발산되는 향기를 의미한다.
② 커피의 기본적인 맛은 극단적으로 말하면 쓴 맛이 강약과 질에 있다고 할 수 있다.
③ 전체적인 향의 뜻으로 향기, 아로마, 플레이버, 후미의 총괄적 개념이다.
④ 추출된 커피로부터 증발되는 향기를 의미하며 모두 후각으로 느끼는 느낌이다.

205 커피의 맛과 향, 로스팅의 관계를 설명한 것이다. 틀린 것은?

① 로스팅의 강약 정도는 추출된 커피의 맛과 향에 결정적인 영향을 미친다.
② 숙련된 커피 로스터는 맛과 향을 미리 예측하고 로스팅의 정도를 결정해야 한다.
③ 같은 종류의 원두는 로스팅의 정도와 방법도 같게 해야 한다.
④ 블랜드 커피를 로스팅할 경우 원두별 맛과 향의 정도를 어떻게, 어느 정도에서 조화시킬 것인가까지 계산해야 한다.

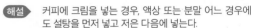 같은 원두일지라도 어떤 맛과 향을 목적으로 하느냐에 따라 로스팅의 정도가 달라진다.

206 커피를 맛있게 마시는 방법에 관한 설명이다. 바르지 못한 것은?

① 연수보다는 광물질이 섞인 경수를 사용하는 것이 좋다.
② 물의 온도는 섭씨 85~95℃가 최적이다.
③ 물과 커피의 배합비는 인스턴트 커피의 경우 1인분에 커피 1.5~2g 정도가 적당하다.
④ 커피에 크림을 넣는 경우 설탕을 먼저 넣고 저은 다음에 넣는다.

 광물질이 섞인 경수보다는 연수가 적당하다.

207 커피를 맛있게 마시는 방법에 관한 설명이다. 바르지 못한 것은?

① 레귤러 커피의 경우 10g 내외의 커피를 130~150cc의 물을 사용하여 100cc를 추출하는 것이 좋다.
② 커피를 잔에 따랐을 때의 최적 온도는 66℃ 내외가 되면 좋다.
③ 커피에 크림을 넣는 경우 설탕과 함께 넣어 저으면 된다.
④ 커피는 다시 데우지 말고 그때그때 마실 만큼만 만든다.

 커피에 크림을 넣는 경우, 액상 또는 분말 어느 경우에도 설탕을 먼저 넣고 저은 다음에 넣는다.

208 커피를 맛있게 마시는 방법에 관한 설명이다. 바르지 못한 것은?

① 커피 맛과 향을 완벽하게 얻기 위해 가장 짧은 시간에 추출한다.
② 한 번 걸러낸 원두는 재사용하지 않도록 한다.
③ 커피메이커에 알맞은 굵기로 원두를 갈도록 한다.
④ 냄새가 나는 물은 사용하지 않는다.

해설 커피 맛과 향의 완벽한 추출을 위해서는 충분한 시간이 필요하다. 맛과 향이 담긴 섬유 조직이 팽창되고 와해되어야만 하기 때문이다.

정답 198. ④ 199. ③ 200. ② 201. ② 202. ③
203. ② 204. ④ 205. ③ 206. ① 207. ③
208. ①

209 커피를 맛있게 마시기 위한 여러 온도에 관한 설명 중 바르지 못한 것은?

① 물의 온도는 섭씨 85~95℃가 최적이다.
② 물의 온도가 100℃가 넘으면 카페인이 변질된다.
③ 물의 온도가 70℃ 이하이면 독특한 에스프레소 커피의 맛이 살아난다.
④ 커피향은 86℃의 온도에서 가장 잘 유지된다.

해설 ▶ 물의 온도 70℃ 이하에서는 탄닌의 떫은맛이 난다.

210 커피에 크림을 넣는 경우에 관한 설명이다. 틀린 것은?

① 설탕을 먼저 넣고 저은 다음에 크림을 넣는다.
② 커피의 온도가 85℃ 이하로 떨어진 후에 크림을 넣어야 한다.
③ 고온의 커피에 넣으면 크림의 단백질이 걸쭉한 형태로 응고되는 현상이 나타난다.
④ 설탕을 먼저 넣고 저은 다음에 크림을 넣는 것은 분말 커피에는 해당되지 않는다.

해설 ▶ 액상 또는 분말 어느 경우에도 설탕을 먼저 넣고 저은 다음에 넣는다.

211 커피에 우유를 넣는 경우에 관한 설명이다. 틀린 것은?

① 커피와 가장 잘 어울리는 식품은 우유다.
② 커피의 단점이 우리 몸의 비타민을 파괴하는 것인데, 우유가 이를 보완해 준다.
③ 커피에 우유를 넣어 마시는 유명한 카페오레도 원래 의료용으로 개발되었다.
④ 커피 맛이 부드러워지고 우유의 유당으로 단맛까지 난다.

해설 ▶ 커피의 단점 중 하나는 칼슘의 일부를 소변으로 배출시키는 것인데 우유에는 칼슘 함량이 높아 커피의 부족분을 채워줄 수 있다.

212 커피와 함께하면 좋은 식품 중 일반적으로 가장 잘 어울리는 식품으로 옳은 것은?

① 초콜릿
② 버터
③ 우유
④ 술

213 커피에 크림을 넣는 경우에 관한 설명이다. 바르지 못한 것은?

① 우유를 사용하면 수분이 많아 커피를 많이 희석시키기 때문에 크림을 많이 사용한다.
② 분말 크림은 지방 함량이 매우 높기 때문에 다이어트 시 피해야 할 품목이다.
③ 분말 크림은 인스턴트 커피와 잘 어울린다.
④ 액상 크림은 원두커피와는 잘 어울린다.

해설 ▶ 액상 크림은 동물성 크림으로 지방 함량이 매우 높기 때문에 다이어트를 하는 사람에게는 피해야 할 품목이다.

214 식품 위생은 음식물과 관련 있는 비위생적인 요소를 제거해야 하는데 그 요소가 아닌 것은?

① 첨가물
② 기구
③ 용기
④ 업장 외부

해설 ▶ 업장 외부가 아닌 포장이다.

215 다음은 어떤 식중독에 대한 설명인가?

> 사람이 균을 가지고 있을 때 식품을 오염시킬 수도 있고, 때로는 닭고기나 달걀 등에 처음부터 균이 존재하는 경우도 있으며, 병에 걸린 동물의 분변이 식품에 오염되는 경우도 있다.

① 장염 비브리오 식중독
② 살모넬라 식중독
③ 웰치균 식중독
④ 포도상 구균 식중독

216 세균이 생존·증식하기 위한 필수 조건이 아닌 것은?

① 수분   ② 영양
③ 토양   ④ 온도

217 포도상 구균 식중독의 독소는?

① 엔테로톡신   ② 삭시톡신
③ 뉴로톡신   ④ 테트로도톡신

218 다음은 무엇에 대한 설명인가?

> 식품 관리자들에게 잠정적인 위험 요인을 사전에 알려주어 즉각적인 조치를 취할 수 있도록 고안된, 품질 관리를 위한 예방 체계로 미생물적인 관리에 역점을 두고 있다. 쥐, 파리, 바퀴벌레 등에 의해 식품에 오염된다.

① HAOOP   ② HATSL
③ HACCP   ④ HECCO

219 커핑 시 일반적으로 몇 oz(온스)의 컵을 사용하는가?

① 1oz   ② 2oz
③ 4oz   ④ 6oz

220 감칠맛이 많이 느껴지는 커피 품종은?

① 케냐   ② 콜롬비아
③ 블루마운틴   ④ 코스타리카

221 덜 볶은 콩이나 오래 추출한 커피에서 발생하는 맛은?

① 떫은맛   ② 쓴맛
③ 거친 맛   ④ 단맛

222 커핑 시 후각 평가 항목이 아닌 것은?

① 원두의 향
② 분쇄 커피의 향
③ 입속에 퍼지는 커피 향
④ 바디감

223 커핑 물 붓기를 할 때 적정 물 온도는?

① 70~75℃   ② 75~80℃
③ 83~87℃   ④ 93~95℃

224 SCAA 커핑 평가에서 가루 상태의 냄새를 나타내는 것은?

① Fragrance   ② Aroma
③ Flavor   ④ Aftertaste

225 에스프레소 커피를 중심으로 하는 높은 수준의 커피에 대한 경험과 지식을 가지고, 커피의 종류와 에스프레소, 품질, 종류, 로스팅 정도, 장비의 관리, 라떼 아트 등의 커피에 대한 지식을 바탕으로 숙련된 커피를 만들어내는 사람을 무엇이라고 하는가?

① 바리스타   ② 로스터
③ 바르멘   ④ 웨이터

226 "커피는 악마와 같이 검고, 지옥과 같이 뜨거우며, 천사와 같이 순수하고, 키스처럼 달콤하다…"라고 말한 프랑스 작가는?

① 키넨   ② 막스마라
③ 돈키호테   ④ 타테랑

---

 209. ③   210. ④   211. ②   212. ③   213. ②
214. ④   215. ②   216. ③   217. ①   218. ③
219. ④   220. ③   221. ①   222. ④   223. ④
224. ①   225. ①   226. ④

227 포터필터를 장착하는 곳은?

① 그룹 헤드　　　　② 개스킷
③ 도징　　　　　　④ 넉 박스

228 더블과 같은 뜻으로 사용되는 것은?

① 리스트레또　　　② 에스프레소
③ 원샷　　　　　　④ 도피오

229 커피에서 좀 저자극적인 맛이 나도록 하기 위해 커피를 습기가 많은 온도에서 장시간 둠으로써 열매를 숙성시키는 것으로 '숙성된 커피(aged coffee)'라고도 불리는 것은?

① 케냐　　　　　　② 모카자바
③ 몬수닝　　　　　④ 마끼아또

230 커피에 휘핑한 크림을 넣어서 부드럽게 마시는 오스트리아 빈 도시의 전통 커피는?

① 비엔나　　　　　② 캐러멜 마끼아또
③ 프라프치노　　　④ 카페오레

231 오스트리아 빈에서 오후 3시에서 5시 사이에 커피를 마시는 시간을 무엇이라고 하는가?

① 슈파르제
② 아우스 레인
③ 아우스 바인
④ 야우제

232 에스프레소의 표면에 떠 있는 황금색의 거품을 무엇이라고 하는가?

① 크레마
② 크레송
③ 프리마
④ 크레이어

233 에스프레소 추출 시 분쇄 후 포터필터의 상단 부분을 두드려서 원두를 고르는 단계를 무엇이라고 하는가?

① 태핑　　　　　　② 탬핑
③ 추출　　　　　　④ 블랜드

234 에스프레소 추출 시 분쇄 후 원두를 다지는 단계를 무엇이라고 하는가?

① 태핑　　　　　　② 탬핑
③ 분쇄　　　　　　④ 혼합

235 에스프레소 추출 시 두 잔을 추출하려면 몇 g의 원두가 필요한가?

① 5g　　　　　　　② 8g
③ 10g　　　　　　④ 15g

236 1차 탬핑 시 가하는 힘의 무게는?

① 2~3kg　　　　　② 5kg
③ 7kg　　　　　　④ 10kg

237 에스프레소에 관한 설명이다. 바르지 않는 것은?

① Espresso란 빠르다는 에티오피아어에서 나온 말이다.
② 커피메이커나 드립퍼로는 에스프레소를 만들기 힘들다.
③ 제대로 추출된 에스프레소는 우선 양이 적고 맛이 매우 진하다.
④ 에스프레소에는 크레마라는 황금색 크림층이 윗부분에 형성된다.

해설　Espresso란 빠르다는 이탈리아어에서 나온 말이다.

238 에스프레소에 관한 설명이다. 바르지 않는 것은?

① 드립식에 비해 에스프레소의 추출이 1~2분 정도 훨씬 느리다.

② 약 9기압 정도의 증기를 투과시켜 추출한다.

③ 크레마가 에스프레소의 맛을 좌우한다 해도 과언이 아니다.

④ 에스프레소는 그냥 마셔도 커피 고유의 향과 감칠맛이 난다.

해설 ▶ 드립식(1~2분)에 비해 에스프레소의 추출은 20초 정도 훨씬 빠르다.

239 에스프레소에 관한 설명이다. 바르지 않는 것은?

① 에스프레소의 진정한 매력은 짙은 감칠맛과 폭발적인 향에 있다.

② 에스프레소의 맛과 향은 원두의 단백질 성분 때문이다.

③ 휘발성 향은 에스프레소로 만들어지면서 공기 중으로 방출된다.

④ 이탈리아에서는 에스프레소에 아무것도 첨가하지 않은 채 그대로 마신다.

해설 ▶ 에스프레소의 맛과 향은 원두의 지방 성분 때문이다.

240 에스프레소의 크레마(crema)에 관한 설명이다. 틀린 것은?

① 크레마는 에스프레소를 추출하는 데 있어 가장 중요한 요소이다.

② 크레마는 에스프레소의 품질을 시각적으로 판단할 수 있는 기준이 된다.

③ 영어로 프리마라는 뜻이다.

④ 크레마는 처음 추출될 때는 짙은 갈색이다.

해설 ▶ 영어로 크림이란 뜻

241 에스프레소의 크레마(crema)에 관한 설명이다. 틀린 것은?

① 크레마는 시간이 지나면서 점점 엷은 갈색으로 변한다.

② 가장 좋은 상태의 크레마는 갈색 띠가 3~4mm 정도 형성된 것이다.

③ 좋은 상태의 크레마는 표면에는 호랑이 줄무늬가 형성된다.

④ 크레마는 처음 추출될 때는 검은색에 가깝다.

해설 ▶ 크레마는 처음 추출될 때는 짙은 갈색이다.

242 에스프레소 기계 중 보일러에 물이 얼마나 들어 있는가를 표시해 주는 것은?

① 압력 게이지

② 분산 스크린

③ 스팀 노즐

④ 워터 레벨 게이지

243 에스프레소 기계 중 스팀과 물의 압력 레벨을 표시해 주는 장치는?

① 워터 노즐

② 압력 게이지

③ 개스킷

④ 포타 필터

정답
227. ① 228. ④ 229. ③ 230. ① 231. ④
232. ① 233. ① 234. ② 235. ④ 236. ①
237. ① 238. ① 239. ② 240. ③ 241. ④
242. ④ 243. ②

244 에스프레소 기계 중 분산 스크린(디퓨저)의 역할은?

① 추출할 때 고온, 고압의 물이 새지 않도록 차단하는 역할을 한다.
② 바스켓 필터의 커피에 물이 고르게 분배되도록 해준다.
③ 에스프레소에 필요한 적절한 온도로 가열하고 저장하는 역할을 한다.
④ 보일러에 물이 얼마나 들어 있는가를 표시하는 역할을 한다.

245 에스프레소 기계 중 개스킷의 역할은?

① 필터 홀더에 커피를 담아 눌러줄 때 사용하는 역할을 한다.
② 원두를 분쇄하는 역할을 한다.
③ 추출할 때 고온, 고압의 물이 새지 않도록 차단하는 역할을 한다.
④ 바스켓 필터의 커피에 물이 고르게 분배되도록 해준다.

246 에스프레소 기계 중 에스프레소에 필요한 적절한 온도로 가열하고 저장하는 역할을 하는 장치는?

① 보일러   ② 개스킷
③ 분산 스크린   ④ 그라인더

247 에스프레소 기계 중 탬퍼를 설명한 것으로 바른 것은?

① 바스켓 필터, 블랭크 필터로 구성된다.
② 필터 홀더에 커피를 담아 눌러줄 때 사용하는 도구이다.
③ 회전하는 2개의 날로 이루어졌다.
④ 디퓨저라고도 한다.

248 에스프레소 기계 중 원두를 분쇄하는 데 사용하는 기계는?

① 보일러
② 개스킷
③ 분산 스크린
④ 그라인더

249 에스프레소 추출 시 분쇄에 관한 설명이다. 바르지 않은 것은?

① 입자의 크기는 0.5mm 정도가 좋다.
② 원두를 미세하게 분쇄해야 한다.
③ 그라인더는 숫자가 낮을수록 굵기가 굵어진다.
④ 입자가 너무 고우면 쓴맛이 강한 커피가 된다.

> **해설** 일반적으로 그라인더는 숫자가 낮을수록 굵기가 가늘어지며 숫자가 높을수록 굵어진다.

250 에스프레소 머신을 이용할 경우 한 잔에 들어가는 일반적인 커피의 양으로 바른 것은?

① 4.5~5.5g
② 6~7g
③ 8~9g
④ 9~10g

251 다음은 탬핑에 관한 설명이다. 바르지 않은 것은?

① 탬핑이란 필터 홀더에 커피를 담아 꾹꾹 눌러 다지는 작업을 말한다.
② 커피가 단단하게 누르면 그만큼 향이 충분하게 우러난다.
③ 필터 주위에 원두 가루가 묻지 않도록 주의해야 한다.
④ 원두가 묻었을 경우에는 반드시 닦아주어야 하지만 균형은 중요하지 않다.

252 에스프레소 커피의 추출량에 대한 설명이다. 바르지 못한 것은?

① 사용되는 커피의 양은 보통 드립 커피를 만들 때 양의 2/3이다.
② 드립식보다 물을 훨씬 많이 넣는다.
③ 에스프레소 커피는 약 1oz 즉, 30mL를 기본 추출량으로 한다.
④ 추출량을 초과하여 커피를 추출하면 맛과 향이 떨어진다.

해설 드립식보다 물을 훨씬 적게 넣는다.

253 에스프레소 추출 시 너무 진한 크레마(Dark Crema)가 추출되었다. 원인이 될 수 없는 것은?

① 물의 온도가 95℃보다 높은 경우
② 펌프 압력이 기준 압력보다 낮은 경우
③ 포터필터의 구멍이 너무 큰 경우
④ 물 공급이 제대로 안 되는 경우

254 에스프레소 머신의 일일 점검 사항이 아닌 것은?

① 보일러 압력
② 물의 온도 체크
③ 개스킷의 마모 상태
④ 분사 홀더의 세척 상태

255 커피 위에 앉은 우유 거품의 모습이 이탈리아 카푸친 수도회의 수도사 머리를 감추기 위해 쓴 모자와 비슷하다고 하여 붙여진 이름은?

① 카푸치노
② 프라프치노
③ 룽고
④ 카페라떼

256 에스프레소 머신에 장착되는 순서대로 위로부터 나열된 것은?

A : Filter	B : Shower
C : Filter Holder	D : Shower Support
E : Gasket	

① E - B - D - A - C
② D - B - A - C - E
③ E - D - B - A - C
④ E - C - A - D - B

257 영어의 마크(Mark)와 같은 어원의 이탈리아어로 '점을 찍다', '표시하다' 등의 뜻을 가진 커피는?

① 비엔나
② 카페오레
③ 프라프치노
④ 마끼아또

258 비엔나 커피를 응용해서 만든 휘핑크림 위에 정열적인 붉은색 체리를 올려 보기에 화려하고 맛은 상큼한 커피는?

① 카페 플라멩코
② 러시안 커피
③ 스페인 커피
④ 카페라떼

 정답 244. ② 245. ③ 246. ① 247. ② 248. ④
　　　 249. ③ 250. ② 251. ④ 252. ② 253. ③
　　　 254. ③ 255. ① 256. ③ 257. ④ 258. ①

259 물 대신 커피 추출액으로 홍차를 우려내 홍차와 커피의 향을 함께 즐길 수 있는 커피는?

① 카페커피
② 티 카페
③ 스노우 커피
④ 버터 커피

260 위스키가 들어간 커피로 컵의 입술이 닿는 부문에 레몬즙과 입자가 굵은 설탕을 묻히는 커피는?

① 커피슈가
② 커피샤워
③ 커피 밀크 셰이크
④ 커피 플로트

261 아이스커피와 브랜디, 카카오 향이 같이 어우러져 가장 전통적인 분위기를 내는 커피는?

① 아이리시 커피
② 커피 플로트
③ 커피 알렉산더
④ 커피 프로스티

정답 259. ② 260. ② 261. ③

참고 문헌

- 2019 가공식품 세분시장 현황: 커피류시장, 2019, 한국농수산식품유통공사
- NCS 학습모듈 커피 기계 운용(LM1301020313_18v3, p. 12~20.)
- 강찬호 저(2013), 《문헌을 통해 본 우리나라 커피의 역사: 개화기와 일제시대를 중심으로. 관광연구》
- 《국내외 커피 시장 산업동향 분석보고서》, 2020, 비피기술거래
- 김광우 · 김기범 저, 《바리스타 커피관리론》, 2021, 한올출판사
- 김일호 · 김종규 · 김지웅 저, 《커피의 모든 것》, 2011, 백산출판사
- 김일호 · 박재연 저, 《커피의 모든 것》, 2021, 백산출판사
- 농림수산식품 수출입동향, 2020
- 박창선 저, 《커피플렉스》, 2018, 백산출판사
- 서진우 저, 《바리스타 기본서 커피 바이블》, 2018, 대왕사
- 한국직업능력개발원, 《라떼아트》, 2019
- 한국직업능력개발원, 《에스프레소 음료제조》, 2019
- 한국직업능력개발원, 《커피 생두 선택》, 2019
- 한국직업능력개발원, 《커피 원두 선택》, 2019
- 한국직업능력개발원, 《커피 음료 제조》, 2019
- 한국직업능력개발원, 《커피 추출》, 2018
- 한국직업능력개발원, 《커피 테이스팅》, 2019
- 한국직업능력개발원, 《커피 기계 운용》, 2019
- 한국직업능력개발원, 《커피로스팅》, 2019
- 한국직업능력개발원, 《커피매장 고객 서비스》, 2018
- 한국직업능력개발원, 《커피블렌딩》, 2019
- 한국직업능력개발원, 《커피 음료 우유 스티밍》, 2018
- 한국직업능력개발원, 《커피추출운용》, 2019
- 한국직업능력개발원, 《에스프레소 음료제조》, 2019
- 한국직업능력개발원, 《커피 원두 선택》, 2014
- 한국직업능력개발원, 《커피 원두 선택》, 2019
- 한국직업능력개발원, 《커피 추출》, 2018

- 한국직업능력개발원, 《커피 기계 운용》, 2019
- 히로세 유키오 저, 《더 알고 싶은 커피학》, 2010, 광문각
- 네이버, 나무위키, https://namu.wiki/w/%EB%B2%A0%EB%A6%AC%EC%97%90%EC%9D%B4% EC%85%98%20%EC%BB%A4%ED%94%BC(2022.06.05. 인출)
- 네이버, 나무위키, https://namu.wiki/w/%EB%B2%A0%EB%A6%AC%EC%97%90%EC%9D%B4% EC%85%98%20%EC%BB%A4%ED%94%BC(2022.06.05. 인출)
- 네이버, 위키백과(https://ko.wikipedia.org/wiki/%EB%94%94%EC%B9%B4%ED%8E%98%EC%9 D%B8에서 2022.6.11. 인출)
- 네이버, 위키백과(https://ko.wikipedia.org/wiki/%EB%94%94%EC%B9%B4%ED%8E%98%EC%9 D%B8에서 2022.6.11. 인출)
- 다음백과,https://100.daum.net/search/entry?q=%EC%BB%A4%ED%94%BC+%EC%B9%B5% ED%85%8C%EC%9D%BC&page=1(2022.06.05. 인출)
- 대전일보(http://www.daejonilbo.com/news/newsitem.asp?pk_no=1252242)
- 연합뉴스(https://www.yna.co.kr/view/AKR20220320025800003?input=1195m)
- 한국경제(https://www.sentv.co.kr/news/view/575220)

저자 소개

| 김광우 |
관광학 박사
현) 국제대학교 교수

| 하동희 |
호텔관광경영학 박사
현) 대림대학교, 서일대학교, 경인여자대학교 외래교수

커피학개론

초판 1쇄 인쇄 2023년 8월 5일
초판 1쇄 발행 2023년 8월 10일

저 자	김광우·하동희
펴낸이	임순재
펴낸곳	(주)한올출판사
등 록	제11-403호
주 소	서울시 마포구 모래내로 83(성산동 한올빌딩 3층)
전 화	(02) 376-4298(대표)
팩 스	(02) 302-8073
홈페이지	www.hanol.co.kr
e-메일	hanol@hanol.co.kr
ISBN	979-11-6647-365-4

커피학개론

커피학개론

커피학개론